국역 **성호선생** 언행록

國譯 星湖先生 言行錄

성호星湖 이익李瀷 (1681~1763)

조선 후기의 실학자. 자는 자신自新, 호는 성호星湖이다. 유형원柳馨遠의 학문을 계승하여 실학의 대가가 되었다. 실용적인 학문을 주장하며 평생을 학문 연구에만 몰두하여『성호사설星湖僿說』과『곽우록藿憂錄』등 수많은 저술을 남겼다. 성호는 학문의 뿌리를 경학經學에 두었지만, 당시의 사회현실에 비추어 보다 더 긴요한 것은 경세치용經世致用의 학문이라고 생각하였다. 그런 점에서 그의 학문을 탈주자학적인 수기치인의 학문으로, 당시 조선의 사회현실에 입각한 개혁사상을 의미한다고 할 수 있다. 그는 이교배척, 폐전론廢錢論·억말책抑末策, 남녀관 등에서 일정한 한계를 보이기도 했지만, 사민四民 평등의 인간관·신분관·직업관에서 근대적인 면모를 보였다. 성호의 학문과 사상은 정약용 등을 비롯한 후대 실학자들에게 큰 영향을 끼쳤다.

지은이 유경종 柳慶種 (1714~1784)

본관은 진주晋州, 자는 덕조德祖, 호는 해암海巖이다. 조부는 이조판서 유명현柳命賢, 부친은 성균진사 유뢰柳耒, 모친은 사천목씨泗川睦氏 목임일睦林一의 따님이다. 1728년 이인좌李麟佐의 난에 연루되어 해남海南에 유배 가는 부친을 따라갔다가 이듬해에 유배지에서 부친상을 당했고, 이인좌의 난 4년 뒤에 한양을 떠나 안산安山으로 낙향했다. 19세부터 21세까지 한양을 오가며 관직 진출을 꿈꾸었으나 이후 벼슬을 단념하고 안산에 거주하며 독서와 시문 창작에 전념했다. 성호의 제자로 안산 일대의 남인南人, 소북小北 문인들과 교유했다. 문집으로『해암고海巖稿』가 있다.

옮긴이 윤재환

단국대학교 국어국문학과 교수·단국대학교 부설 한국고전문학텍스트연구소장·동양학연구원 번역실장. 단국대학교 국어국문학과를 졸업하고 연세대학교와 성균관대학교 대학원에서 학업을 마친 뒤 고려대학교 민족문화연구원, 단국대학교 동양학연구원, 한국연구재단 인문강좌사무국, 성균관대학교 대동문화연구원 등을 거쳤다. 성호星湖와 순암順菴, 다산茶山 등을 중심으로 한 조선 중·후기 근기남인들의 문학세계 연구에 주력하고 있으며, 저서로『매산 이하진의 삶과 문학 그리고 성호학의 형성』·『조선 후기 근기 남인 시맥의 형성과 전개』, 역서로『상소와 비답』·『국역 송당집(공역)』·『국역 인재집(공역)』·『국역 매호유고(공역)』·『창선감의록(공역)』·『춘추번로의증(공역)』등이 있다.

성호학술총서 1

국역 성호선생 언행록

유경종 지음

윤재환 옮김

학자원

성호학술총서 1

국역 **성호선생** 언행록

2019년 9월 25일 초판 1쇄 발행

지은이 : 유경종
옮긴이 : 윤재환
펴낸이 : 김병환
펴낸곳 : 학자원
주　소 : 서울시 강동구 천호대로 1121
전　화 : 02) 6403-1000
팩　스 : 02) 6338-1001
E-mail : hakjaone@daum.net
등　록 : 2011년 3월 24일 제2011-14호

ISBN 979-11-6247-137-1
ISBN 979-11-6247-136-4 (세트)

값 20,000원

| 간행사 |

성호기념관은 2002년 개관 이래 성호 이익의 학문과 사상을 현양하기 위해 전시, 교육, 연구 활동 지원 등 다양한 사업을 추진하고 있습니다. 아울러 성호 이익 연구의 기초자료가 될 가치 있는 유물들을 수집하여, 성호학의 저변을 확장하는 데 많은 기여를 하고 있습니다.

올해는 특별히 그동안 수집한 유물들을 번역한 결과물을 토대로 〈성호학술총서〉를 발간하여 일반 대중 및 연구자들에게 공개하고자 합니다. 이번에 발간하는 성호학술총서 제1권 국역 『성호선생언행록』은 성호 이익의 후손인 이장성 선생님께서 2016년 기증해 주신 유물을 번역한 것으로, 표암 강세황의 절친한 벗이자 처남인 유경종이 기록한 총 187개의 성호 이익 관련 일화가 소개되어 있습니다. 이 책에는 그간 단편적으로만 전해졌던 성호 이익과 진주유씨 가문과의 교류 모습을 살펴볼 수 있어, 성호 이익과 안산 지역사를 연구하는데도 많은 학술적 가치가 있을 것으로 생각합니다.

이번에 발간되는 〈성호학술총서〉가 인간 성호 이익에게 한 발 더 다가갈 수 있는 계기가 되기를 바라며, 앞으로 성호 이익을 연구하는 데 소중한 기초자료로 활용되기를 희망합니다.

끝으로 성호학술총서 간행에 도움을 주신 많은 분들께 감사드리며, 국역 『성호선생언행록』의 제작을 위하여 기꺼이 번역을 맡아 주신 단국대학교 윤재환 교수님께도 감사의 마음을 전합니다.

2019년 9월

안산시장

| 일러두기 |

1. 이 책의 번역 대본은 성호기념관 소장 필사본『성호선생언행록』이다.
2. 이 책의 본문은 원문, 번역문, 주석의 순으로 배열되어 있다. 원문은 번역 대본을 충실히 옮기되, 속자나 이체자를 정자로 바꾸어 입력하고, 주석은 본문에 그대로 노출시켜 읽기에 편하도록 하였다.
3. 번역문과 주석에서 필요하다고 생각되는 경우 한자를 병기하되 글자의 크기를 줄여 가독성을 높이도록 하였다.
4. 원문과 번역문에서 원주의 경우 [ ] 속에 넣어 입력하고 번역하였으며, 글자의 크기를 줄여 본문과 구분하였다.
5. 번역문에서 원문에는 없지만, 내용의 이해를 위해 필요하다고 생각되는 부분이 있을 경우 ( ) 속에 넣어 번역문에 첨가하였다.
6. 각주의 표제어는 세 어절까지 표제어를 온전히 밝혔으며, 네 어절 이상인 경우 앞・뒤의 한 어절만 밝히고 …… 를 사용하였다.
7. 일러두기에서 밝히지 않은 부호의 경우 일반적인 사용법을 따랐다.

| 차례 |

성호선생의 삶이 보여주는 의미

-『성호선생언행록』의 해제를 대신하여-

윤재환

Ⅰ. 서론

성호기념관 소장 『성호선생언행록星湖先生言行錄』은 성호의 종조부인 청선聽蟬 이지정李志定의 후손 이장성씨가 발굴하여 소장하고 있던 것으로, 2016년 성호기념관에 기증된 유물이다. 표지에 『성호선생언행록』이라고 적혀 있으며, 내지는 모두 30장張이다. 판심版心에 성호선생星湖先生 언행言行이라고 쓰여 있고 일련번호를 31장까지 적어두었으나, 18장이 누락되어 있어 현재 확인할 수 있는 것은 모두 30장이다. 그런데 이 책의 17장이 97화話로 끝나고, 19장에서 새로운 이야기가 나와 18장이 누락된 것인지 아니면 일련번호의 기재 오류인지는 단언하기 어렵다. 괘지罫紙에 깨끗하게 정사淨寫되어 있는데, 1면 10행, 1행 20자이다.

내지의 1면 시작 부분에 후학後學 유경종柳慶種 록錄, 후학 이명구李命九 교校라고 쓴 뒤 이어서 성호선생에 관한 일화逸話가 모두 187화 나온다. 서두의 기록으로 보아 이 책은 안산安山에 세거世居하고 있었던 진주유씨晉州柳氏 가문의 해암海巖 유경종이 기록하고, 성호가계의 후손 이명구가 정리한 것으로 보인다. 두 사람 중 유경종의 경우 그의 생애와 이력을 확인할 수 있는 다양한 자료가 전하지만, 이명구의 경우 구체적으로 누구인지 확인하기 어렵다.

성호가 속한 여주이씨驪州李氏 제천공파堤川公派의 후손으로 '구九' 자를 돌림자로 쓰는 후손들은 성호의 7대 후손인 26세에 해당한다. 『여주이씨세보驪州李氏世譜』를 살펴보면 여기에 해당하는 인물이 모두 세 사람 나오는데, 지굉志宏의 후손으로 종수鍾壽의 첫째 아들과 역시 지굉의 후손으로 종락鍾洛의 첫째 아들로 태어나 형 종갑鍾甲의 양자로 입후入後된 인물, 그리고 지유志裕의 후손으로 종화鍾華의 둘째 아들로 태어나 형 종양鍾陽에게 입후된 인물이다. 그런데 『여주이씨역대인물지驪州李氏歷代人物誌』를 살펴보면 『여주이씨세보』에 나오는 종갑의 아들이 누락되어 있고, 대신 지유의 후손으로 종한鍾漢의 아들에 이명구가 나온다. 이들 가운데 『성호선생언행록』을 정리한 인물이 누구인지는 분명하지 않지만, 종수의 아들은 자가 경현敬賢으로 1839년부터 1910년까지 생존하였으며, 종양의 아들은 자가 학수鶴叟로 1842년부터 1895년까지 생존하였으며, 종한의 아들은 자가 백순伯舜, 호가 우란友蘭으로 1852년부터 1913년까지 생존하였다. 종갑의 아들에 대해서는 구체적인 자료를 확인하기 어렵다.

이들 중 종양의 아들이 1880년 증광별시문과增廣別試文科에서 병과丙科로 급제하여 남학교수南學敎授, 홍문관 교리弘文館校理, 지제교知製敎, 경연시독관經筵侍讀官, 춘추관 기주관春秋館記注官 등을 거친 뒤 갑신정변甲申政變 이후 관직을 그만두었고, 가문의 역사에 대해 깊은 관심을 가져 『여강세승驪江世乘』 1권에 가문의 선대사先代事에 대한 글을 남기고 있으며, 서산瑞山에서 거주했다는 점에서 『성호선생언행록』의 정리자가 아닐까 추정된다. 그러나 이들 중 누가 정리했다고 하더라도 기록자인 유경종의 생몰연대(1714～1784)로 볼 때 기록과 정리 사이에는 거의 100년에 가까운 시간상의 거리가 발생하며, 이들의 거주지가 안산이 아니었다는 점에서 유경종이 쓴 이 책을 정리하게 된 과정에 대한 추가적인 검토가 필요하다.

Ⅱ. 성호와 진주유씨 가문

『성호선생언행록』을 기록한 유경종은 조선후기 안산 지역에서 활동한 문인이다. 관향은 진주晋州, 자는 덕조德祖, 호는 해암海巖이며, 조부는 이조판서를 역임한 유명현柳命賢, 부친은 성균진사였던 유뢰柳耒, 모친은 사천목씨泗川睦氏 목임일睦林一의 따님이다. 그의 가문은 조선후기 대표적인 남인南人 가문이었으나 경신환국庚申換局과 갑술환국甲戌換局 이후 정치적으로 실세하였고, 숙부 유래柳徠가 이인좌李麟佐의 난에 연루되어 장살되었다. 유경종의 부친도 이인좌의 난으로 해남海南에 유배 갔으며, 유배된 이듬해 유배지에서 운명하였다.

이인좌의 난 이후 유경종의 집안은 정치적으로 재기할 수 없는 곤경에 처하게 되었으며, 이에 따라 그의 집안은 이인좌의 난이 일어난 4년 뒤 한양을 떠나 안산으로 낙향하였다. 이후 유경종은 19세부터 21세까지 안산과 한양을 오가며 관직 진출을 꿈꾸었지만, 곧 벼슬을 단념하고 운명할 때까지 안산에 거주하며 독서와 시문 창작에 전념하였다.

유경종의 집안이 안산과 인연을 맺게 된 것은 그의 종증조부 유적柳頔이 선조宣祖의 부마駙馬로 안산安山의 부곡동釜谷洞 일대를 사패지賜牌地로 하사받으면서부터였는데, 이런 상황은 성호의 8대조 경헌공敬憲公 계손繼孫이 계유정난癸酉靖難 이후 정난원종공신靖難原從功臣 2등에 녹훈錄勳되어 안산에 사패지를 하사받아 안산의 첨성리瞻星里에 터전을 만든 것과 유사한 것이다. 하지만 유경종의 집안이 이 시기까지 완전히 안산에 정착했었다고 보이지는 않는다. 유경종의 집안이 본격적으로 안산에 정착하게 된 것은 그의 종조부 유명견柳命堅이 갑술환국 이후 실각하여 안산의 부곡동에 정착하고, 여기에 더해 이인좌의 난 이후 유경종의 집안이 안산으로 거처를 옮기면서부터라고 할 수 있다. 안산에 정착한 이후로도 유경종은 정치적 곤경에서 벗어나지 못했으나 종증조부 유적 이후 안산 지역에서 지니고 있었던 경제적 여유와 조부대에 만든 청문당淸聞堂 등에 소장된 서적들을 통해 여유로운 생활과 학문 활동을 할 수 있었다.

유경종이 성호와 직접적인 인연을 맺게 된 것은 안산으로 거처를 옮긴 뒤 벼슬에 대한 뜻을 버린 20대 초반 경이라고 생각되는데, 유경종이 성호를 찾아 사사하게 된 것은 성호의 학문적 위상이나 이들이 안산이라는 동일 지역에 거주하였다는 생활공간의 친연성뿐만 아니라 선대부터 이어져 온 가문의 세교에도 상당한 영향을 받은 것으로 보인다. 성호의 조부 이지안李志安과 유경종의 종증조부 유근柳根이 교유하였고, 성호의 부친 이하진李夏鎭은 유경종의 조부대인 유명견·유명천柳命天·유명현 형제들과 교유하였는데, 성호의 손자 이구환李九煥이 쓴 「경서해암공가장소권동고기후敬書海巖公家藏小卷同苦記後」를 보면 이하진과 유명천·유명현이 성남城南에서 함께 과거 공부를 했었다는 것을 알 수 있다. 또 목창명睦昌明에게 시집간 이하진의 큰 딸이 낳은 1남 1녀 중 딸이 유명견의 아들 유채柳采에게 시집가서 안산에 거주하였다. 유명견의 며느리가 성호의 나이 많은 생질녀甥姪女라는 점에서 성호와 유경종은 인척이었다. 그래서인지 유경종의 『성호선생언행록』에는 당시 안산의 모산촌茅山村에 거처하고 있었던 유명견과 성호에 얽힌 이야기가 많이 나온다.

성호와 유경종에게 이어진 세교는 성호의 후손들에게도 그대로 전해진다. 유경종의 『성호선생언행록』에 성호가 조카 이용휴李用休와 유경종이 벗하기를 바랐다는 내용이 나오는 것으로 보아 성호의 후손들과 유경종을 비롯한 진주유씨 가문과의 교유에는 성호의 영향도 적지 않게 작용했다고 보인다. 또 두 가문의 세교와 함께 유경종이 성호 문하의 제자였던 점, 성호장과 진주유씨의 세거지가 인접해 있었던 점, 진주유씨 가문의 경제적 여유와 장서藏書가 성호 가문을 비롯한 안산 일대 문인들의 다양한 활동 배경이 되었던 점에서 볼 때 성호 가문과 진주유씨 가문의 교유는 성호 사후에도 계속되었다고 생각된다.

그런데 지금까지 확인된 다양한 주변 자료로 볼 때 성호와 이용휴, 유경종을 중심으로 한 성호 가문과 진주유씨 가문의 교유가 상당히 깊었다고 생각되지만, 성호와 이용휴뿐만 아니라 유경종의 문집에서도 두 가문의 교유를 구체적으로 보여주는 글이 그다지 보이지 않는다. 당대의 정치적 상황을 바탕으로 한 다양한 이유 때문이라고 추정되지만 구체적인 이유는 확인하기 어렵다. 따라서 이들의 교유를 명확하게 밝힐 수 없다는 문제가 적지 않았다. 이런 상황에서 성호와 유경종을 중심으로 한 성호 가문과 진주유씨 가문의 교유를 구체적으로 보여주는 유경종의 『성호선생언행록』은 다양한 지점에서 중요한 의미를 가지는 소중한 자료라고 할 수 있다.

Ⅲ. 『성호선생언행록』에 보이는 성호의 삶

유경종의 『성호선생언행록』은 유경종이 직접 접한 성호의 언행言行을 모두 187화로 나누어 기록한 책이다. 이 책에 기록된 이야기 각각의 분량은 내용에 따라 다른데, 적게는 채 1행이 되지 않는 짧은 것에서부터 많게는 거의 1면에 가득 차는 것도 있다. 또 기록된 이야기의 배열 기준에 대한 언급이 없어 각각의 이야기들이 어떤 원칙에 따라 배열된 것인지도 단언하기 어렵다. 유경종이 한 번에 쓴 것이라면 기억나는 순서에 따라, 그때그때 기록한 것이라면 시간 순서에 따른 것이라고 할 수 있지만 확인하기는 쉽지 않다.

현재 『성호선생언행록』은 이 책 이외에도 단국대학교 연민기념관에 소장되어 있는 이삼환李森煥(1729~1813)의 『성호선생언행록(연민, 고 850.819 이818사/S528289)』 한 종류가 더 있으나 이 두 책 사이의 연관성이나 공통점이 보이지 않는다. 이삼환의 『성호선생언행록』은 34장의 필사본 1책인데, 이 책에는 109항목의 일화가 학문 37조, 덕행 58조, 훈의 6조, 의론 8조로 나뉘어 기록되어 있어 체재 면에서 유경종의 『성호선생언행록』과 다른 모습을 보일 뿐만 아니라 기록된 내용 역시 동일하지 않다. 유경종과 이삼환의 『성호선생언행록』에 각각 수록된 187개 항목과 109개 항목의 이야기에서 동일한 내용이 보이지 않는다는 점으로 보아, 이 두 종류의 책은 서로 전혀 알지 못하는 상황에서 기록된 것이거나 아니면 뒤에 기록된 책이 앞의 책과 중복된 내용을 배제하고 서술된 결과라고 할 수 있다.

유경종의 『성호선생언행록』은 이삼환의 책보다 장수는 적지만 수록된 내용은 더 다양하다. 특히 진주유씨 가문을 중심으로 성호 가계 이외의 인물과 관계되는 이야기가 많다는 특징을 보여주는데, 이런 특징은 기록자가 유경종이라는 점에 기인한 것으로 보인다. 또 이삼환의 기록과 달리 내용에 따라 항목을 구분하지 않아 다양한 내용이 뒤섞여 나온다는 특징도 보여준다.

유경종의 『성호선생언행록』에서 성호에 대해 가장 많이 언급한 것은 가난한 삶을 견디기 위해 근검·절약을 강조하는 성호의 모습이다. 성호는 모친상을 마친 이후 집안의 재물을 모두 종가로 돌려보냈다. 이후 그의 삶은 가난의 연속이었지만, 성호는 가난한 자신의 삶을 원망하거나 신세를 한탄하기보다 절약하는 삶을 강조했는데, 유경종의 기록을 통해 이런 성호의 모습을 구체적으로 확인할 수 있다.

특히 성호가 "여름철에는 보리밥에 푸성귀를 삶아 먹으면서도 진귀하고 맛있는 음식처럼 달게 먹으며 사람들이 먹고 마시는 것을 제일 첫 번째 일로 여긴다고 하니 우스운 이야기(13화)"라고 했다는 것이나 "하루 종일 배고픔을 참다가 저녁이 되어 죽을 먹으면 그 맛이 엿처럼 다니 이것이 바른 맛(48화)"이라고 했던 것, "채식을 오래하여 고기 맛을 잊은 지 이미 오래 되었으니 채소 맛이 고기 맛과 다르다는 것을 깨닫지 못하겠다(50화)"고 했던 것 등을 통해 성호가 음식의 절제에 상당히 주의하였음을 알 수 있다. 이와 함께 성호가 "사람이 만약 욕심을 억제하여 이들이 각각 아들딸을 낳고 그만두어 다른 곳에 정력을 낭비하지 않게 한다면 어찌 고질병이나 젊어 일찍 죽는 슬픔이 있겠는가(54화)"라고 했던 것이나, "옛날의 예법禮法에 술에 대한 경계가 고기보다 무거웠으니, 술은 여색女色을 부르기 때문(166화)"이라고 했던 것으로 볼 때, 성호가 식욕과 함께 성욕에 대해서도 상당히 주의하였음을 알 수 있다.

식욕에 대한 절제를 위해 성호는 많이 먹는 행위를 삼갔으며 점심을 먹지 않았는데 이런 행동을 그 자신이 실천했을 뿐만 아니라 주위 사람들과 후손들에게도 권했다. 또 성욕에 대한 절제를 위해 부부간의 예를 강조하였는데, 성호가 스스로 술을 삼간(81화) 것이나 여자 아이들의 교육에 특히 엄격하였고(5화), 부녀자의 화장과 꾸밈을 금한(95화) 이유도 이것과 관계되는 것이 아닐까 생각되기도 한다.

성호는 가난한 삶을 견디면서 자신이 해야 할 도리를 다하기 위해 절약을 강조하는 한편 상황과 처지에 맞는 예법의 적용과 실질적인 소득을 가지고 올 수 있는 활동을 역설하였다. 성호가 감나무를 접붙여 열매를 맺은 일(20화)에 대해 이야기한 것이나 콩으로 만든 다양한 음식(26화)에 대해 이야기한 것에서 이런 모습을 볼 수 있는데, 이런 모습은 단순히 가난을 참고 견디려는 것이 아니라 가난 속에서도 적절한 수준의 삶을 영위하기 위해 노력하였음을 보여주는 것이라고 할 수 있다.

이렇게 본다면 성호는 세상에 대한 물욕物慾을 전혀 가지지 않은 사람이라고도 할 수 있지만, 책에 대해서만큼은 상당한 욕심을 지니고 있었다. 유경종이 오래전에 빌려준 책을 돌려달라고 청하자, 책을 돌려주면서 "그대가 보려고 하는가, 아니면 혹 다른 사람이 빌려달라고 하는가. 하루아침에 보내려고 하니 마치 엄한 스승과 존경하는 벗이 내 곁을 떠나가는 것 같아 몹시 서글픈 마음이 든다(125화)"고 했던 것이나, "그대가 보려 한다면 진실로 돌려주어야 하겠지만, 만약 다른 사람에게 빌려주려고 한다면 차라리 우리 집에 두어서 내가 오랫동안 살펴보게 해 주는 것이 더 나을 것(127화)"이라고 했던 것, 또 유경종의 집에 가서 그 집의 장서를 보고 "내가 늘 다른 곳으로 옮겨가 살 뜻을 가지고 있지만, 그대 집안의 책들을 버리고 가기는 어렵겠네(109화)"라고 했던 것을 보면 학문의 도구로써 책을 소중히했던 성호의 모습을 볼 수 있다.

하루하루 닥쳐오는 가난을 견디기 위해 노력했으면서도 책에 대한 욕심을 접지 않았던 성호는 늘 독서를 강조했지만, 읽어야 할 책과 관심두지 않아야 할 책이나 공부에 대해서는 엄격하게 구분했다. 초목草木과 사물의 이름에 대해서 많이 알고 있었고, 그 성질과 맛에 대해서도 훤히 알고 있었던 성호였지만, 『요산당기堯山堂記』나 『서호지西湖志』, 『서유기西遊記』, 『수호전水滸傳』 연의演義 등과 같은 책은 일체를 금지하였다. 특히 풍수風水에 관한 것은 누차 금하기를 권장했는데, "내 선친先親께서 청淸나라에 가셔서 서적을 구입하셨을 때 심지어 소설小說까지도 모두 구입하셨지만, 풍수설風水說에 관한 책만은 한 권도 없었다(102화)"고 했던 것이나 삼종손三從孫 이중환李重煥의 『택리지擇里志』에 대해 "어떻게 알아서 그렇게 말한 것인지 모르겠다(8화)"고 했던 것을 보면 성호가 풍수를 어떻게 생각하고 있었는지 잘 알 수 있다.

그런데 풍수와 해몽解夢, 귀신鬼神과 사후 세계死後世界, 『주역周易』과 음양오행陰陽五行의 풀이 같이 스스로 생각하기에 믿거나 신뢰할 수 없는 불가지不可知 한 것에 대해 그 스스로는 부정적인 의식과 태도를 견지했지만, 이와 같은 자신의 생각을 주변 사람들에게 강요하지 않았다. "내가 죽은 뒤에 손자에게 주의를 주어서 초혼招魂을 하거나 제사祭祀를 지내지 말도록 해라. …… 사람이 죽어서 아는 것이 없으면 그것으로 그만인 것이고, 만약 아는 것이 있다면 어찌 이 반 칸짜리 집을 지켜 계속 머물려고 하겠는가(99화)"라고 했던 것이나 "이웃 주민 중에 귀신鬼神에게 제사祭祀 지내는 사람이 있었는데 금지하지 않으셨던(126화)" 것에서 앞서 언급한 성호의 의식과 행동을 확인할 수 있다. 이런 모습은 성호가 자신이 알지 못하고 믿지 못하는 것을 스스로에게는 하지 않았으나, 그것이 보장하거나 단언할 수 있는 것이 아니었기 때문에 다른 사람에게 강요하지 않았다고 할 수 있다.

이런 행동은 성호가 가능한 한 다양한 많은 것을 익혀야 하고, 학습의 결과는 실생활에 도움을 줄 수 있는 것이어야 한다는 의식을 가지고 있었기 때문이었다고 생각된다. 성호는 인간의 기본적인 국량局量 차이를 인정했으나 세상에 가르칠 수 없는 사람은 없고 가르친다면 모두 이룰 수 있다고 생각했다. 이를 위해 성호는 교육 내용에 부합하는 보조 도구를 충실히 이용하여 교육했으며, 아이들의 교육에서 기본적인 사항의 암기를 강조했다. 엄격함과 자상함을 아우르고, 다양한 보조 도구를 사용하는 성호의 교육 방법 중에서 성호가 가장 중요하게 생각했던 것은 독서였다. 성호가 독서를 강조했던 사실은 『성호선생언행록』에서 누차 반복되어 나오는데, 성호가 독서를 강조했던 이유는 독서를 통해 스스로 깨달아 자득自得하기를 바라서였다고 생각된다. 이에 따라 성호의 문하에서 학문한 사람들의 경우 대부분 학문을 성취成就하였지만 그 성취의 방향이 일률적일 수 없었다. 그것은 성호의 제자들이 성호를 통해 익힌 것은 학문의 내용이 아니라 학문하는 방법이었기 때문이다.

Ⅳ. 맺음말

유경종의 『성호선생언행록』에서 볼 수 있는 성호의 모습은 이삼환의 『성호선생언행록』이나 이전까지 성호에 대해 언급된 글에 나오는 것과 대동소이하다. 그런 점에서 이 책은 무엇보다 먼저 성호라는 인물의 언행이 시간과 장소, 대상에 따라 달라지는 것이 아니었다는 점을 확인하게 해 준다. 하지만 이 책을 조금 더 자세하게 살펴보면 이전까지 피상적이고 개략적으로 언급되었던 성호를 보다 구체적으로 확인할 수 있을 뿐만 아니라 그간 알지 못했던 성호의 다양한 면모를 살펴볼 수 있다.

앞서 간략하게 언급한 내용만을 놓고 보더라도 성호에게 닥친 가난이라는 것이 어느 정도였고, 또 그 가난에 대응한 성호의 삶이 어떠했는지를 구체적으로 보여준다. 특히 이 부분에서 주목할 것은 성호가 결코 가난을 벗어나려고 하지 않았다는 것이다. 가난한 삶이 가져오는 다양한 어려움에 대해 성호는 근검·절약, 절제를 강조하고 가난한 삶 속에서 인간의 도리를 다하기 위해 노력했을 뿐 그 이상의 재물을 갖기 위해 애쓰지 않았다. 일반적인 인간의 시선으로 볼 때 이해하기도, 인정하기도 어려운 모습이지만 성호는 당연한 것으로 여겼다고 생각된다.

그러면서도 성호는 자신의 지적 욕구를 숨기거나 감추지 않았다. 책에 대한 욕구와 독서에 대한 열망은 자신이 처한 상황의 여부와 관계없이 언제나 성호를 감싸고 있는 것이었고, 성호에게는 숨을 쉬기 위한 공기와도 같은 것이었다. 그리고 이 지적 욕구는 그의 주변과 후손, 그리고 문하 제자에 대한 교육의 열정으로 확장되었다.

읽어야 할 책과 읽지 말아야 할 책, 알아야 할 것과 불가지不可知한 것으로 내버려 두어야 할 것, 배워야 할 것과 관심 두지 말아야 할 것에 대한 엄격한 구분과 강조는 후학들의 교육과 학습이 올바른 방향에서 이루어지기를 바라는 성호의 의지를 보여주는 것이다. 이런 모습을 통해 가난하고 힘든 삶을 살았지만, 인간의 진정한 가치는 경제적인 소유와 관계없는 것임을 보여주고 실천한 시대의 스승 성호를 읽을 수 있다.

성호가 추구한 실용적인 학문 역시 이와 같은 것이었다. 현실적인 생활에 도움을 줄 수 있는 학문을 추구했던 성호였지만, 그가 추구했던 실생활의 도움이란 인간이 인간으로 최소한의 도리를 행하기 위해 없어서는 안 될 것에 대한 채움을 의미하는 것이지 넉넉함과 여유로움을 의미하는 것이 아니었다.

그러나 성호의 이런 모습을 성호가 진정으로 원했던 것이라고 단언하기는 쉽지 않다. 그것은 『성호선생언행록』 안에서 현실에서 일어나는 다양한 부조리들의 근본적인 원인에 대한 성호의 대응과 극복 의지를 찾아보기 어렵기 때문이다. 당대 사회의 수많은 문제들을 근본적으로 극복하기 위해서는 문제의 근원을 찾아 그것부터 개혁해 나가야 하지만, 『성호선생언행록』에서 성호는 문제의 원인들을 비판하고 극복하거나 부정하고 개혁하기 위한 자신의 의지를 보여주지 않는다. 그것보다는 오히려 상황에 따라 대응하는 대증적對症的인 처방을 보여주거나 교육을 통해 인간과 사회를 변화시키고자 하는, 성호 당대까지 이어져 온 전통적이고 보수적인 도덕적 관념을 유지하고 있을 뿐이다.

상황에 따른 대증적 처방이나 교육을 중시하는 성호의 도덕적 관념을 잘못된 것이라고 할 수 없다. 오히려 어떤 면에서 당시 성호의 처지에서는 어쩔 수 없었던 것이라고 볼 수도 있다. 하지만 성호에 관한 다양한 글에서 당대의 현실을 날카롭게 비판하는 성호를 선명하게 볼 수 있는데, 정작 그의 언행록에는 여기에 대한 언급이 거의 나오지 않는 상황은 다양한 고민을 하게 한다. 성호의 현실 비판이 진실한 것이었다면, 언행록이라는 사적인 기록에서 보이는 이런 현상은 성호 스스로가 자신의 언행을 극도로 삼간 결과라고도 볼 수 있고, 언행의 주체인 성호나 기록한 유경종, 또는 정리한 이명구 한 사람, 또는 두 사람, 혹은 세 사람 모두의 자기 검열에 의한 것이었다고도 볼 수 있다.

『성호선생언행록』에서 성호가 "선비가 문장과 재주・명망으로 세상에 이름이 거론되는 것은 몹시 두려운 일인데, 하물며 서울에 거주하여 손님들이 찾아오고, 내가 한 이야기가 입을 벗어나 헐뜯고 비방하는 말을 쉽게 부르니 이것은 몸을 보전하는 방법이 아니다. 시골에서 사는 것이 조금 나으니, 교유할 때의 말도 스스로 간략하게 할 뿐이다. 세상에 대한 생각을 끊어버리고 희망을 두지 않으면 거의 면할 수 있을 것(44화)"이라고 했던 것이나, 유경종이 "『성호사설星湖僿說』을 남들에게 보여주지 않으셨는데, 이전에 말씀하시기를 '자네는 볼 수 있지만, 다른 사람은 안 된다.'고 하셨는데, 혹시라도 다른 사람이 보면 선생께서는 매우 불편해 하셨다(187화)"고 했던 것을 보면 성호가 당시의 정치 현실에 대해 상당한 불안감을 지니고 있었다고 추정할 수 있다.

그런 점에서 어쩌면 유경종의 『성호선생언행록』은 유경종이 접한 성호의 언행 전체나 그 자체가 아니라 성호의 언행 중에서도 세상에 알려져 문제가 되지 않을 수 있는 것들을 정리하여 모은 책이라고 할 수 있다. 이런 추정은 성호와 이용휴, 유경종이 가졌던 교유의 깊이와 달리 이들의 문집에 서로에 대한 글이 거의 보이지 않는 것과도 이어지는 것이다.

하지만, 이와 같은 의문의 여지에도 불구하고 당대 정치적 곤경 속에 몰려 있던 성호 가문과 진주유씨 가문 사이의 구체적인 교유의 실상을 보여주면서, 인간 성호가 살아왔던 삶의 현장을 눈으로 보듯 선명하게 그려주는 유경종의 『성호선생언행록』은 성호나 성호 가문과 진주유씨 가문의 가문사와 개인사뿐만 아니라 성호 당대의 정치사와 사회사 검토를 위해 중요한 가치를 지니는 자료라고 할 수 있다.

성호학의 개념 정립을 위한 시론*

-적용의 가능성과 쟁점의 제시를 중심으로-

Ⅰ. 서론

성호星湖 이익李瀷(숙종肅宗 7～영조英祖 39, 1681년 10월 18일～1763년 12월 17일)은 조선朝鮮의 17·8세기를 대표하는 지식인이자 학자이다. 정치·경제·사상사 분야에서 거대한 업적을 이루어 당대부터 지금까지 조선의 대표적인 학자로 거론된다. 그런 만큼 성호에 대한 연구는 다양한 방면에서 다채롭게 진행되었다.[1] 비록 성호에 대한 연구가 정치와 사상사 분야를 중심에 두고 있기는 하지만, 문학과 역사를 비롯한 경제·사회 등 여타 분야에서의 연구 역시 적다고 하기는 어렵다.

이와 같은 연구의 결과 현재 성호의 학문세계에 대한 분석이 상당한 정도로 이루어졌다. 그런 점에서 지금 다시 성호에 대해 논한다는 것은 불필요한, 또는 그다지 의미 없는 작업이라고도 할 수 있다. 하지만 다시 돌이켜보면 우리가 현재 성호에 대해 파악하고 있는 것

---

* 이 글은 『동양고전연구』 67집에 같은 제목으로 수록된 논문을 이 책의 성격에 맞춰 수정·보완한 것이다.

1 尹載煥, 「『星湖全集』 속 '實'을 바라보는 두 가지 視線」, 『대동한문학』 49, 대동한문학회, 2016, 289면.

이 정확한 것인지, 혹은 우리가 규정하고 있는 개념에는 문제가 없는 것인지 아직까지 많은 부분에서 의문의 여지가 남아있음을 느끼게 된다.

가장 먼저 생각해 볼 수 있는 것이 흔히 말하는 '성호학星湖學'이라는 단어의 개념이다. 일반적으로 '성호학'이라는 단어를 성호의 학문세계 전반을 의미하는 용어로 사용하지만, 문제는 그 실체가 무엇인지 선명하지 않다는 것이다. 성호의 광대한 학문세계 전체를 '성호학'이라는 하나의 단어로 설명이 가능한 것인지, 가능하다면 그것은 무엇인지, 가능하지 않다면 '성호학'이란 무엇을 의미하는 것인지 또는 성립이 가능하기나 한 것인지 모호하기만 하다.

한 사람의 학문세계 전체를 하나의 용어로 규정하기 위해서는 그 사람의 학문세계 전반을 관류하는 성격이 규명되어야 하며, 그 성격은 그 사람만이 가진 독특한 것이어야 한다. 그런 점에서 '성호학'이라는 용어를 사용하기 위해서는 성호의 학문세계 전반을 관류하는 어떠한 특성이 규명되어야 하며, 성호의 학문세계 전반을 관류하는 그 특성은 성호만의 독창적인 것이어야 한다. 만약 그렇지 않는다면 '성호학'이라는 용어는 실체가 없는 것이 될 수밖에 없다. 이렇게 볼 때 현재 우리들이 흔히 사용하고 있는 '성호학'이라는 용어는 새로운 분석의 대상으로 다가온다.[2]

'성호학'에 대한 의문은 성호의 문인들에게 시선을 둘 때 더 크게

2 필자의 寡聞 탓이겠지만, 성호에 대한 다양한 선행 연구에서 '星湖學'의 개념에 대해 명시적으로 밝힌 내용을 찾기 힘들다. 최근 이성무가 '星湖學'에 대해 "성호 이익의 학풍과 이를 계승・발전시킨 제자들의 학풍을 통칭한 것(이성무, 「왜 또 성호학인가」, 『성호학보』 14, 2013, 7면)"이라고 하였지만, 이 역시 그간의 수많은 선행 연구와 같이 모호한 개념이라 보인다.

느끼게 된다. 흔히 성호의 학문을 '성호학'으로, 성호의 문인과 성호 가문의 후손들을 아울러 '성호학파星湖學派' 또는 '성호학통星湖學統', '성호학맥星湖學脈'이라고 명명하는데, 이와 같은 용어의 사용에 문제가 없는 것인지 의문을 금하기 어렵기 때문이다.

이 글은 현재 우리들이 흔히 사용하는 '성호학'이라는 용어가 선험적先驗的 인식認識에 기반한 추상적 개념이 아닌가 하는 반성에서 시작되었다. 따라서 이 글에서는 '성호학'이라는 개념을 규정하기 위해 먼저 고려해 보아야 할 여러 사항들을 살펴보고, 그 전제들을 포괄할 수 있는 개념의 설정이 가능한 것인지 확인하여 가능성이 확인된다면 그에 따른 '성호학'의 개념을 유추해 보도록 하겠다.

Ⅱ. 개념 규정의 전제

일반적으로 '성호학星湖學'을 '성호 이익의 학문' 또는 '성호 이익의 학문과 성호 제자들의 학문'을 통칭하는 용어로 사용하고, '성호학파星湖學派'를 "성호를 정점으로 하여 이루어진 학파"로 규정한다. 이와 같은 설명에 대해 부정하는 사람은 없다. 그러나 이 설명에 대해 "성호학이라 규정한 성호 이익의 학문은 무엇(어떤 것)인가." 또는 "성호를 정점으로 구성된 학파의 학문은 무엇(어떤 것)인가."라고 묻는다면 누구도 답하기 쉽지 않다. 그것은 아마도 성호의 학문세계가 지니는 광대함과 다양함 때문일 것이다.

'성호학' 개념 규정의 어려움은 성호와 그의 문하 제자들을 아우르는 '성호학파'·'성호학통星湖學統'·'성호학맥星湖學脈'이라는 용어의 개념 규정에도 그대로 나타난다. 그것은 '성호학파'·'성호학통'·'성호학맥'이라는 용어 역시 '성호학'의 개념이 규정되어야 해명할 수 있는 것이기 때문이다. '성호학파'를 성호 이익에서 발단하여 학맥을 이룬 학파로, 근기학파近畿學派 또는 경세치용파經世致用派에 속하는 최대 학맥이며 이기심성론理氣心性論의 문제를 새롭게 해석하고, 효제孝悌와 같은 실천적인 행위에 중점을 두어 성정性情을 함양하는 한편 사회적 모순을 극복하기 위해 실증과 실용에 기반을 둔 비판적인 학문을 한 집단[3]으로 규정하기도 하지만, '성호학'의 성격을 분명하게 규정할 수 없다면 이와 같은 개념 규정은 관념적觀念的인 혹은 선험적先驗的인 것이 되고, '성호학파'나 '성호학통' 혹은 '성호학맥'은 결국 성호를 정점으로 이어진 문인門人이나 가계家系 내 후손後孫과 같이 단순히 학문적 사사관계師事關係나 혈연관계血緣關係를 의미하는 용어로 규정될 수밖에 없다. 이 경우 '성호학파'나 '성호학통'·'성호학맥'은 학문적 성격보다 인간적 관계성에 중점을 두는 용어가 된다.

사전적 의미로 학파學派란 "학문에서 주장 또는 학설을 달리 하여 갈라진 갈래 또는 그러한 사람들의 모임"을 의미하고, 학통學統은 "학문이 계승되거나 전해진 계보"를, 학맥學脈은 "학문적으로 서로 연결되거나 이어져 내려오는 줄기나 가닥"을 의미한다. 따라서 학문 그 자체를 이야기할 때는 학파를, 어떤 학파의 학문적 수수관계나 전승관계를 논할 때는 학통이나 학맥이라고 하는 것이 보다 정확하다고 할 수 있지만, 이 용어들 모두 학파나 학통, 학맥을 형성한 그 학문이 어떤 것인지 설명할 수 없으면 규정할 수 없다.

또 학파와 학통, 학맥이 사승관계師承關係를 기준으로 한다는 것에

3 심경호, 「성호학파의 계보」, 『성호학보』 2, 성호학회, 2006, 193면.

는 누구도 반론을 가하지 않을 것이지만, 사사師事했다는 것만으로, 스승으로 모시고 공부했다는 것만으로 학파와 학통, 학맥이 이루어질 수 있는가 하는 것에는 반론의 여지가 없지 않다. 그것은 사사관계師事關係가 학문적 수수관계, 즉 사승관계를 보장하지 않기 때문이다. 학파와 학통, 학맥의 형성은 사사관계를 바탕으로 학문적 정수가 수수授受된 사승관계가 나타나야 한다. 학문적 정수의 수수관계가 나타나지 않을 경우 동학同學들의 모임은 하나의 집단으로 가치를 지닐 수 있고, 이 모임의 의미를 최대한 확장하여 하나의 학문적 교류 집단으로까지 규정할 수는 있을지 모르지만, 이 모임은 학파나 학통, 학맥으로 확장될 수 없다. 그것은 학파와 학통, 학맥을 규정하는 기본 조건인 이어진 또는 수수된 학문의 실체를 밝힐 수 없기 때문이다.

이와 함께 동학들의 모임에서 동학 중 연장자로 오랜 기간 스승과 사제관계를 유지했다고 하더라도, 그가 스승의 학문 정수를 잇지 못했다면 그는 학파와 학통, 학맥의 언저리에 있을 수는 있지만 그 중심에 놓일 수 없다. 그것은 앞에서 언급한 것처럼 학파와 학통, 학맥이 나이나 관계 형성의 기간보다 학문적 정수의 수수관계를 중심으로 하는 개념이기 때문이다. 그런 점에서 '성호학파' 또는 '성호학통', '성호학맥'을 규정하기 위해서도 '성호학'의 실체 규명이 이루어져야 한다.

일반적으로 '~학學(~logy, philosophy, studies)'이란 앞 단어에 붙어서 그 단어를 연구하는 '학문' 혹은 그에 관계되는 '이론'이라는 뜻을 더해 주는 접미사로 쓰이지만, '성호학'이나 '헤겔학(Hegel studies)'과 같이 특정한 인명 뒤에 사용할 경우 그 사람이 이룩한 학문세계나 그 사람과 그 사람이 이룩한 학문세계에 대한 연구를 의미하기도 한다. 학문學問(Academia)이 지식을 다른 사람과 사물, 기록과 직·간접적인 경험 등으로부터 얻어 배우고 익혀서 체득하는 과정이나 결과를 의미하는 것이라면 '~학'은 학문의 결과가 일정한 이론에 의해 체계화되고 분류되어 하나의 개념으로 규정된 것이다. 따라서 '~학'이라는 용어는 오랜 기간 축적된 학문의 결과를 일정한 체계 아래 설명하는 학문 체계의 표제어標題語나 제목題目과 같은 기능을 한다.

이런 점에서 본다면 '성호학'은 성호가 이룩한 학문세계를 일정한 체계 아래 설명하는 것이다. 그런데 성호의 학문세계 전반을 하나의 체계 아래 설명해 내기 위해서는 성호의 학문세계 전반을 관류하는 공통 요소를 찾아야 하며, 이 공통 요소는 성호 학문세계만의 독창적 성격을 지니는 것이 되어야 한다. 그것은 '성호학'이라는 용어의 개념화槪念化가 "성호의 학문세계를 나타내는 여러 관념 속에서 공통적이고 일반적인 요소를 추출하고 종합하여 얻은 관념의 명시"를 의미하는 것이고, 이와 같은 관념의 명시가 이루어져야 성호의 학문세계가 일관된 기준 아래 설명되는 독창적이고 구체적인 실체를 지닌 것이 될 수 있기 때문이다.

그런데 '성호학'의 개념을 이와 같은 전제 조건에 따라 규정하기가 쉽지 않다. 그것은 앞에서도 잠깐 언급한 것처럼 성호의 학문세계가 단일한 하나의 영역으로 규정하기 어려울 정도로 폭넓고 다양하여, 그의 학문세계를 관류하는 일반적이고 공통적인 내용을 명확하게 규정하기 어렵기 때문이다. 성호 학문세계의 광대함 또는 관심 영역의 폭넓은 범위를 가장 잘 보여주는 자료는 『성호사설星湖僿說』이다. 잘 알려져 있는 것처럼 『성호사설』은 성호가 40세 전후부터 책을 읽다가 느낀 점이나 흥미로운 사실, 제자들의 질문에 답한 내용들을 그때그때 기록해 둔 것으로, 성호의 나이 80세 무렵 집안의 조카들이 정리한 책이다. 「천지문天地門」·「만물문萬物門」·「인사문人事門」·「경사문經史門」·「시문문詩文門」의 다섯 가지 문門으로 대분류大分類하여 모두 3,007개의 항목에 관한 글이 실려 있을 정도로 수록된 내용이 광범위하다.

『성호사설』에는 해와 달·별·바람과 비·이슬과 서리·조수·역법과 산맥 및 옛 국가의 강역 등 천문과 지리에 관한 내용과 복식·음식·농상·가축·화초·화폐와 도량형·병기와 서양 기기 등에 관한 내용, 정치와 제도·사회와 경제·학문과 사상·인물과 사건 등에 관한 내용, 육경사서六經四書와 중국과 우리나라 역사서에 관한 내용, 시와 문장에 대한 평에 이르기까지 성호 당대에 생각할 수 있는 거의 모든 것이 포함되어 있다. 『성호사설』의 내용으로 본다면 '성호학'은 '만물학萬物學' 혹은 '박물학博物學'이라고 할 수 있을 것 같다.

성호 학문세계의 광대함은 성호 당대부터 이미 인정되었다. 성호 스스로 그 자신의 학문 범주에 대해 무엇이라고 밝힌 것은 없지만, 그의 후손과 문하 제자들이 밝힌 내용을 보면 성호는 생존 당시부터 폭넓은 학문 범주로 다양한 칭양을 받았다. 성호의 종손 목재木齋 이삼환李森煥은 단국대본 『성호선생언행록星湖先生言行錄』에서 "선생은 읽지 않은 책이 없고 연구하지 않은 것이 없어서 그 뜻을 끝까지 밝히고 그 중 좋은 것을 취하여 자기의 소유물로 삼았다."[4]고 했는데, 안산安山의 첨성리瞻星里에서 태어나 12세의 나이로 성호의 문하에 들어간 뒤 성호가 운명하던 35세 때까지 성호의 곁을 떠난 적이 없었던 목재의 언급은 성호의 학문세계를 바로 옆에서 지켜본 결과라는 점에서 주목할 만한 것이다.

---

4 李森煥, 『星湖先生言行錄』, "先生於書無所不觀, 無所不究, 極其義, 摭其長, 而取爲己."

그래서인지 성호의 학문을 이어받았다고 하는 문중 후예들의 학문도 그 갈래가 다양하다. 다산茶山의 언급[5]과 같이 성호 가문의 후예들은 성호에게 학문을 전수받아 그 가운데 자신의 능력과 적성에 부합하는 한 부분에서 일가를 이루었다는 평가를 받는다. 이런 현상은 성호의 가문 후예들만이 아니라 그를 직접 사사師事하여 학문을 이루었다는 문하 제자들 역시 마찬가지이다. 흔히 성호의 고제高弟라 평가받는 소남邵南 윤동규尹東奎는 지리地理, 순암順菴 안정복安鼎福은 역사歷史, 하빈河濱 신후담愼後聃은 수학數學, 정산貞山 이병휴李秉休는 경학經學으로 한 시대에 이름을 떨쳤다. 이들이 각각의 분야에서 이룬 성취가 성호의 학문을 바탕으로 한 것이라고 한다면 성호의 학문세계는 이들이 이룬 모든 것을 합한 것이라고 할 수 있고, 그만큼 성호의 학문세계를 관류하는 공통적이고 일반적인 내용을 찾기 어려워진다.

그래서인지 현재까지 이루어진 성호의 학문세계에 대한 언급도 연구자 개개인이 자신의 해당 전공 영역을 중심으로 성호의 학문세계를 분석한 것이다. 성호의 학문세계를 설명할 때 공통된 대체적인 견해는 성호가 경세치용經世致用의 경학經學을 수립했고 민족의 주체성을 밝혔으며, 서학을 합리적으로 수용했고 사회의 개혁을 주장했으며, 중농주의重農主義 사상을 세웠다는 것이지만, 이와 같은 설명은 '성호학'의 실체를 보여주는 것이 아니라 광범위한 성호의 학문세계에 대한 설명으로, '성호학'의 개념 설정이 어려운 이유를 보여주는

5 丁若鏞, 「貞軒墓誌銘」, 『與猶堂全書』 卷 15, "我星湖先生天挺人豪, 道德學問, 超越古今, 子弟之親炙服習者, 皆成大儒. 貞山秉休治周易三禮, 萬頃孟休治經濟實用, 惠寰用休治文章, 長川嘉煥博洽如張華干寶, 木齋森煥習禮若崇義繼公, 剡村九煥亦以繩祖武名, 一門儒學之盛如此."

것이다. 그것은 성호의 학문이 각각의 단위 학문 영역에서 이룩한 학문의 내용과 성격이 달라 학문 영역 사이에서 어긋나고 동떨어진 모습까지 지니고 있기 때문이다. 경세치용을 위해 서학의 과학적인 기능까지 받아들여 사회의 개혁을 주장했던, 당대의 선구적인 지식인 성호와 화폐 경제와 상업의 억제, 유교적 도덕관념의 회복을 강력하게 주장했던 당대의 지극히 보수적인 학자 성호의 모습은 그의 학문세계가 구체적인 학문 영역에서 각기 다른 모습으로 구현되고 있었음을 보여주는 것이면서 그만큼 그의 학문세계 전반을 관류하는 공통점을 찾기 어려움을 말해준다. 그래서인지 앞서 언급한 성호의 학문세계에 대한 개괄적인 설명이 성호 학문세계의 개별 영역으로 들어가면 조금씩 달라진다.

개별 연구자들의 전공 영역으로 세분화한 성호 학문세계의 해명을 거칠게나마 개략적으로 살펴보면 대략 다음과 같이 정리할 수 있을 듯하다. 우선 경학 분야에서 볼 때 성호는 주자의 주석을 절대적으로 존신尊信하던 당시 주자학자들의 해석과 현격하게 구별되는 성향을 가져, 주자의 주석을 존신尊信하지 않고 상대적으로 수용하여 경문經文의 본지를 탐구하고 의리義理를 발명하려고 하였다는 평가를 받는다. 성호가 전대前代 선현先賢의 설을 취사선택取捨選擇하여 보다 합리적이고 객관적인 의리를 밝히려고 했다[6]고 인정된 것이다.

정치 분야에서 볼 때 성호는 인의仁義를 바탕으로 민본론民本論을 편 맹자의 왕정론王政論을 충실히 이었으되 공리적 측면의 개인적 이익 추구와 제한적이나마 패도覇道를 인정하는 모습을 보인다[7]는 것과

6 최석기, 「星湖의 大學・中庸 解析과 意味」, 『성호 이익 연구』, 사람의 무늬, 2012, 82~84면.

함께 탈주자학적 성격을 바탕으로 새로운 사유를 개척하여 주자학의 덕치론德治論과 인치론人治論을 벗어나는 모습을 보였고 지주제 해소, 붕당 혁파 대책, 인재의 선발과 등용 대책 등 다양한 논의를 개진하였다[8]고 평가 받는다.

사회・경제 분야에서 성호는 기술 발전과 제도 개혁을 통한 생산의 증진, 가례家禮와 국례國禮를 통한 절약의 제도화, 경자유전耕者有田 원칙과 토지공개념에 입각한 영업전永業田의 설정, 10% 조세제도와 잡세의 금지, 양출위입量出爲入과 양출위입의 원칙을 종합적으로 활용한 재정의 합리적 운용, 부정부패의 효과적인 방지책 제시 등의 사회 개혁과 부국안민책富國安民策을 제시했지만, 지방 장시場市를 억제하고 동전 사용을 금지하자는 등[9] 상업과 신분제, 화폐에 대한 복고적 인식을 지녀 경제 발전과 실학적 흐름을 거스르는 주장을 하기도 했다[10]고 평가된다.

역사 분야에서 성호는 한국사의 정통이 단군, 기자에서 마한으로 이어진다고 보았고, 역사지리와 강역을 중시했던 인물로 대명의리론을 바탕에 두고 송, 명의 역사에 정통성을 부여하던 당시의 분위기에서 벗어나 중국사에서 요, 금, 원, 명의 정통을 구분할 필요가 없으며, 원과 명의 교체를 화이론으로 평가하는 것은 무리라고 본 중국 중심

7 정만조, 「星湖의 政治思想」, 『성호 이익 연구』, 사람의 무늬, 2012, 173~175면.

8 정호훈, 「성호학파의 정치사상, 연구 성과와 전망」, 『성호학의 연구 성과와 방향』, 2015년 추계 성호학술회의 발표 자료집, 성호학회, 2015, 11~20면.

9 이헌창, 「星湖의 安民富國論」, 『성호 이익 연구』, 사람의 무늬, 2012, 256~261면.

10 유현재, 「성호 이익의 경제사상 연구의 현황과 과제」, 『성호학의 연구 성과와 방향』, 2015년 추계 성호학술회의 발표 자료집, 성호학회, 2015, 58면.

적인 세계관에서 탈피한 인물[11]로 평가받기도 하지만, 성호가 춘추필법을 역사 서술의 전범으로 삼아 포폄褒貶을 엄격히 적용하였고 시시비비에 따른 도덕적 시세론을 주장하여 사상적 지체의 측면을 보였다[12]는 논의도 있다.

과학 분야에서 성호는 자연법칙을 인간사회의 도덕원칙으로부터 분리하여 리理를 개개 사물의 조리條理로 재해석하였고, 전통 학문의 토대 위에서 서학西學을 수용함으로써 새로운 자연학적 지식을 습득한 인물[13]로 평가받는다.

이렇게 선행 연구를 중심으로 살펴본 성호의 학문세계는 개별 학문 영역에 따라 다양하고 각 영역에 대한 해명이 독자성을 지닌다.[14] 그렇다면 문제는 '성호학'을 무엇이라고 규정해야 할 것인가 하는 것이다.

만약 '성호학'을 '성호의 학문세계 전부'라고 규정한다면 '성호학'은 앞서 살펴본 것처럼 '박물학博物學' 혹은 '만물학萬物學'이 될 수밖에 없고, 그 성격도 하나로 정리할 수 없다는 점에서 '성호학'의 개념 설정은 불가능해진다. 혹 개념을 설정한다고 하더라도 그 규정된 개념이 극히 모호할 뿐만 아니라 성호 학문세계의 전체적인 실상과 부합

---

11 김문식, 「星湖의 歷史認識」, 『성호 이익 연구』, 사람의 무늬, 2012, 318~322면.

12 박인호, 「성호학파의 역사인식과 역사학」, 『성호학의 연구 성과와 방향』, 2015년 추계 성호학술회의 발표 자료집, 성호학회, 2015, 35면.

13 구만옥, 「星湖의 西學觀과 科學思想」, 『성호 이익 연구』, 사람의 무늬, 2012, 381~383면.

14 이 글에서 인용한 성호의 학문세계에 대한 해명이 개별 영역으로 나누어 살펴본 성호의 학문세계에 대한 학계의 공통된 또는 유일한 해명이라고 할 수 없기 때문에 이 논의는 언제든 수정될 수 있는 것이다. 이 글에서는 우선 편의상 대체적인 주장을 중심으로 인용했음을 밝힌다.

하기 어렵다는 문제가 생긴다. 이와 같은 문제를 극복하기 위해 정치나 사회·경제와 같이 성호의 학문세계 전체 영역에서 가장 중요하다고 판단되는 어느 한 영역의 성격을 바탕으로 '성호학'의 개념을 규정할 수도 하지만, 이 경우 그 개념이 성호 학문세계의 다른 영역이 지닌 성격과 적확的確하게 부합하지 않는다는 문제가 있다.

또 개별 학문 영역 각각을 대상으로 '성호학'의 개념을 규정할 수도 있지만 이 경우 '성호학'은 학문 영역마다 각기 다른 성격을 지니는 것이 되어 공통적이고 보편적인 일관된 개념으로 규정할 수 없게 된다. 특히 이렇게 '성호학'을 학문 영역마다 각기 다른 성격을 지니는 것으로 규정할 경우 개별 학문 영역에서 성호와 유사한 주장을 했던 다른 이들의 주장과 성호의 논의가 지니는 차이점을 바탕으로 성호의 논의가 가지는 독창성을 분명하게 밝혀야 '성호학'이라는 개념이 성립되는데 그렇게 하기 쉽지 않다는 문제가 있다.

경학經學 분야를 예로 들어 볼 때 성호가 주자의 주석을 존신尊信하지 않고 상대적으로 수용하여 경문經文의 본지를 탐구하고 의리義理를 발명하려고 했다는 점에서 성호의 학문은 당대의 보편적 학문 경향과 구분되지만, 그와 같은 학문 내용이 당대 성호만의 것이 아니었다는 점에서, 성호의 학문이 당대 그와 유사한 견해를 가졌던 이들과 비교하여 어떠한 특성을 지니는가 하는 점이 분명하게 밝혀지지 않는다면 하나의 학문 영역 안에서도 '성호학'은 그 성격을 분명히 하기 어려운 용어가 될 수밖에 없다.

Ⅲ. 회의懷疑와 자득自得, 그 적용의 타당성

성호 학문세계의 개별 영역들이 지닌 성격의 공통점을 찾아 성호 학문세계의 특성을 추출하고 이를 바탕으로 '성호학星湖學'의 개념을 규정하는 작업이 가지는 어려움은 '성호학'의 개념 규정이 지니는 어려움을 말해주는 것이면서 동시에 '성호학'의 개념을 성호의 학문세계가 보여주는 결과적인 모습이나 실제적인 양태樣態 이외의 것에서 찾아보도록, '성호학'의 개념에 대한 접근의 방향을 옮기게 한다. 즉 '성호학'을 성호의 학문세계가 지니는 결과적인 구체적 실상이 아니라 성호가 결과적인 구체적 실상을 만들어 나간 방법에서 찾게 만든다.

성호의 학문 자세, 사유 방법, 학풍學風은 일찍부터 여러 사람들에 의해 논의되었다. 수사학적洙泗學的 수기치인修己治人의 학學[15]이라거나 당시 학풍에 대한 반성과 변화에 대한 인식을 바탕으로 자득自得을 통한 실득實得과 실용實用의 학문을 추구했다[16]고 보거나 회의懷疑와 자득自得[17]을 주된 학문 자세와 사유 방법으로 보는 것 등이 그것이다.

성호에 관한 다양한 기록들과 성호 스스로 밝힌 내용으로 보아 성호가 자신의 학문세계를 만들어 나간 방법, 그리고 후예와 문하 제자들을 교육한 방법을 '회의와 자득'으로 보아 큰 문제는 없을 듯하다. 목재木齋 이삼환李森煥이나 해암海巖 유경종 柳慶種이 그들 스스로 접했던 성호의 언행을 기록한 두 종의 각기 다른 『성호선생언행록星湖

15 韓㳓劤, 『星湖 李瀷 硏究』, 서울대학교 출판부, 1980, 28~46면.

16 崔錫起, 『星湖 李瀷의 學問精神과 詩經學』, 중문, 1994, 9~34면.

17 원재린, 『조선후기 星湖學派의 학풍 연구』, 혜안, 2003, 65~159면.

先生言行錄』을 보면 학문의 방법으로 '회의와 자득'을 추구했던 성호의 모습이 구체적으로 드러난다.

> 선생은 기억력이 남보다 뛰어나 거의 눈으로 보기만 하면 글을 외웠으나 언제나 스스로 만족하지 않고 반드시 정밀히 연구하고 자세히 해석하여 위아래 글의 흐름과 뜻이 막힘없이 통하고 난 뒤에 그쳤다. 선생의 학문은 어릴 때부터 늙을 때까지 대부분 사색에 도움을 받았다. 그래서 일찍이 『관자管子』의 "생각하고 생각하며 또 거듭 생각하라. 생각하여도 통하지 못하면 귀신이 통하게 해줄 것이다"라는 말을 들어 "생각하기를 오래한 뒤에 홀연히 이해하는 것, 이것이 바로 귀신이 통하게 해주는 것이다."라 하였다.[18]

> 선생이 이미 관례를 한 뒤에 족형 백아공白鵝公 육淯을 가서 뵈었는데, 백아공은 박식한 경학經學으로 세상에 이름이 났다. 선생의 겸손하고 신중한 태도를 보고 매우 사랑하여 경사자집經史子集의 가언嘉言과 의행懿行을 자세히 가르쳐주었다. 선생은 "저는 오래되면 쉽게 잊어버리니 써가지고 집으로 돌아가겠습니다." 하고는 종이와 붓을 달라고 요청하여 쓰면서 의심나는 곳이 있으면 거듭 질문하니 백아공이 매우 놀랍고 신기하게 여겼다. 그는 "내가 배우는 사람을 많이 겪어봤지만 너처럼 성실하고 부지런한 사람은 일찍이 보지 못했다. 뒷날 반드시 큰 그릇을 이룰 것이다."라고 말했다.[19]

---

18 李森煥, 『星湖先生言行錄』, "先生記性絶人, 殆能過目成誦, 然常不自足, 必精究細繹, 使上下文勢意義, 通透歷落然後止. 盖先生之學, 自少至老, 多資於思. 故嘗擧管子思之思之, 又重思之. 思之不得, 鬼神其通之之語曰, 思之之久, 忽然領解者, 此使是鬼神通之."

19 李森煥, 『星湖先生言行錄』, "先生旣冠, 往謁族兄白鵝堂公淯, 鵝堂公以經

삼환森煥이 어렸을 때 선생의 손자 구환九煥과 함께 공부하면서 외우는 것을 일삼아 정심精深하게 연구할 줄을 몰랐다. 선생은 그때마다 "너희들이 조금 기억하는 재주가 있으니 많은 책을 섭렵하더라도 나이가 노쇠하여 서리가 내리고 물이 빠지고 난 뒤에는 아득히 소멸되어 도무지 생각이 일어나지 않을 것이다. 그래서 독서하는 요령은 깊이 자득自得하는데 달려 있다. 나도 젊었을 때 기억하고 외운 것이 많았건만 지금에는 모두 잊었다. 책 가운데 자득한 곳이 비로소 나의 소유가 되니, 너희들은 뒷날 반드시 내가 한 말을 생각하고 뉘우쳐도 미칠 수 없을 것이다.[20]

선생이 어린 아이를 가르칠 때 구두句讀를 말해주지 않고, 다만 문장의 기세와 말의 맥락이 위아래에 이어지는 곳만 손으로 가리켜 주어 스스로 연구하여 알도록 하였다. 당시에는 우둔하고 막힌 듯했으나 효과가 매우 빨랐다. 문하에서 3년 동안 배우면 마침내 거칠고 경솔한 선비가 없게 되었다.[21]

'회의와 자득'을 추구했던 성호의 모습은 이 외에도 수많은 글에서

術博洽, 聞於世. 見先生謙愼, 甚愛之, 雜擧經史子集嘉言懿行, 諄諄敎諭. 先生曰, 小子久易遺忘, 請書以歸. 卽請紙筆書之, 有疑再三質問, 鵝堂大驚異曰, 吾閱學子多矣, 如爾誠勤未嘗或見. 異日必成大器."

20 李森煥, 『星湖先生言行錄』, "森煥少與先生之孫九煥同學, 頗事記誦, 不解研賾, 先生每戒曰, 若曹頗有記性, 涉獵雖多, 到年紀衰耄, 霜降水落之後, 漠然消亡, 都不能思起. 故讀書之要, 在於深造自得. 吾少時記誦不爲不多, 到今都忘之. 惟書中自得處, 方是吾有, 若曹異日必思吾言, 悔無及矣."

21 李森煥, 『星湖先生言行錄』, "先生訓蒙, 未嘗口授句讀, 惟指示文勢語脈, 上下承接處, 使自究解. 當時雖若鈍滯, 得效甚速. 蓋及門三年, 終無魯莽滅裂之士."

나타나지만, 여기에서는 우선 이 정도로 정리해둔다. 그런데 성호가 추구했던 '회의와 자득'은 그 자신의 학문을 완성해 나가는 방법이기도 했지만, 그가 문하의 제자들을 훈육하고 이끄는 방법이기도 했다는 점에서 중요한 의미를 지닌다. 성호는 그의 제자들이 스스로 학문의 주체임을 인식하고 적극적으로 각자의 학문체계를 확립해 나가도록 교육하여, 각자 스스로에게 가장 알맞은 방법이나 방책을 연구하여 대상의 본지를 정확하게 이해하도록 요구하였다.[22]

이러한 의식에 따라 성호는 문하 제자들의 구체적인 학습 방법으로 토론을 강조하였고, 개개인의 견해 차이를 인정하였다. 성호는 자신의 주장을 제자들에게 강조하지 않았는데, 이와 같은 성호의 교육 방법은 성호의 문하 제자들 사이에도 그대로 전해져 성호의 제자들 사이에서는 선배로서 자신의 견해를 정설로 확정 짓고 이 학설을 후배들에게 가르치고 지도하려는 모습을 보이지 않았다.[23]

결국 '회의와 자득'의 학문 방법은 성호뿐만 아니라 성호의 문하 제자들이 학문을 해 나간 방법으로도 의미를 지닌다고 할 수 있다. 그런데 이 '회의와 자득'의 학문 방법은 그의 부친 매산梅山 이하진李夏鎭과 중형 섬계剡溪 이잠李潛에게서도 확인할 수 있는 것이다.

『조선왕조실록』 숙종 1년 1월 18일의 기록을 보면 당시 경연의 검토관이었던 매산이 경연에서 윤휴가 "『논어』의 주를 반드시 읽을 필요는 없다."고 하자 검토관으로 윤휴의 말에 동조했던 것[24]을 볼 수

22 원재린, 『조선후기 星湖學派의 학풍 연구』, 혜안, 2003, 65~66면.

23 원재린, 『조선후기 星湖學派의 학풍 연구』, 혜안, 2003, 207~208면.

24 『朝鮮王朝實錄』 肅宗 1년 1월 18일(丁丑) 2번째 기사. "御晝講. 尹鑴亦入侍, 鑴言論語註不必讀, 同知事金錫胄曰, 論語註不可舍. 鑴曰異於科儒用工, 不必讀. 檢討官李夏鎭曰, 鑴言甚是."

있고, 성호가 중형 섬계에 대해 쓴 글을 보면 섬계 역시 매산과 같은 의식을 지녔음을 알 수 있다.

> 공은 만년에 대체로 경학에 뜻을 두었다. 늘 "선현의 주해는 경전의 문장을 깊이 연구하기 위해 필요한 것이니 경중輕重을 구별하지 않아서는 안 된다. 지금 엇갈려 섞이고 어지럽게 논하여 그 뜻이 서로 가리기도 한다. 그러므로 익숙해진 뒤에야 곧 경전의 문장에 마음을 오로지 할 수 있어 얻는 것이 남다를 것이다."라고 하였다. 어린 아이들을 가르칠 때 반드시 먼저 구두[音讀]를 바르게 하여서 법도를 얻을 수 있도록 하였다. 이 때문에 경전 하나에 대해서만 가르침을 받아 책을 읽은 사람이라도 종신토록 의지할 수 있었다. 또 "예는 익히지 않을 수 없으니 익히지 않으면 막되어 버린다. 내 후미지고 조용한 곳에 단을 쌓고 집안의 아이들과 예를 행하고 익히고 싶다."고 했다. 이 일에 뜻을 두었으나 실행하지 못했다.[25]

이 글은 섬계의 학문 태도와 방법에 대해 성호가 쓴 것이다. 소략하기는 하지만 섬계가 성현의 경전을 기본으로 하여 글자 한자 한자에 주목하여야 한다고 한 것이나 익숙해져 몸에 젖어들 때까지 익혀야 한다고 한 것과 함께 "선현의 주해는 경전의 문장을 깊이 연구하기 위해 필요한 것이니 경중을 구별하지 않아서는 안 된다."고 한 것은 그의 학문 자세 역시 부친 매산이나 동생 성호와 같이 '회의와 자

25 李瀷, 「上息山」, 『星湖全集』 卷 9, "公之晚年, 頗留意經學, 每曰, 先賢註解, 要使之究極乎經文, 非欲其無輕重之別也. 今參錯混誦, 義或相掩, 故旣熟之後, 便可專心經文, 所得自別也. 其教誨蒙士, 必先正音讀, 有以立乎程規, 故執卷者一經敎導, 終身賴之. 又曰 ; 禮不可不習, 不習則荒, 吾欲就僻靜爲壇, 與家塾子弟行且習之, 此蓋有志未就."

득'을 중심으로 하고 있었다고 생각하게 만든다.

이렇게 보았을 때 성호의 학문세계는 '회의와 자득'이라는 학문의 방법을 통해 이루어진 것이고, 이 '회의와 자득'의 학문 방법은 성호의 선대를 통해 성호에게 전해졌고, 다시 성호를 거쳐 성호의 문하 제자들에게 이어진 그들의 보편적이고 공통적인 학문 방법이자 태도였다고 할 수 있다.

'회의와 자득'의 강조는 학문하는 개개인의 주체적 역량을 강조하는 것이다. 자신의 주장을 강요하지 않을 뿐만 아니라 적극적인 토론을 통해 질문하고 상대방의 의견을 수용하여 자신의 견해를 교정해 나가는 수평적이고 상호 존중하는 학문 태도이다. 이런 학문 태도는 학습자 개개인의 견해를 바탕으로 한 다양한 이론의 확립을 가능하게 하지만, 이와 함께 집단 안에서 학습자 사이의 논쟁을 야기하여 집단 내의 계보 형성과 분파를 촉구하게 만든다. 이렇게 본다면 성호 사후死後 성호 문인들의 학문적 분열은 성호와 그의 문인들이 추구했던 학문 태도와 방법에 따른 당연한 결과라고도 할 수 있다.

또 '회의와 자득'이 학문하는 개개인의 주체적 역량을 강조하는 학문 방법인 만큼 학문의 대상에 접근해 나가는 방향이 실질적이다. 충분한 근거가 없어 판단을 보류하거나 중지하고 있는 의심을 품은 상태에서 스스로 깨달아 알아내는 경지로의 이행은 철저하게 자신이 현재 처한 처지를 바탕으로 할 수밖에 없다. 그런 점에서 성호의 학문세계가 보여주는 기본적인 모습이 현실적이라는 것은 그의 학문 방법이 '회의와 자득'에 기반한 것이라는 점에서 역시 당연하다고 할 수 있다.

이렇게 본다면 성호의 학문세계 중 사회·경제 분야에서 성호가 지녔던 상업과 화폐 제도에 대한 복고적 인식이나 역사 분야에서 보여준 사상적 지체의 모습, 사상 분야에서의 도덕적 보수성까지 설명이 가능하다. 당대 성호가 처했던 현실적인 상황을 극복하기 위해 '회의와 자득'의 태도로 현실의 문제에 접근해 갔던 성호에게 전제한 결론이 가장 타당했었던 것이라고 설명할 수 있기 때문이다. 물론 그렇다고 하더라도 드러난 결과론적인 모습에서 성호의 주장들이 학문 영역에 따라 다른 양상을 지닌다는 것은 부정할 수 없는 사실이다.

지금까지의 논의로 보았을 때 '성호학'의 개념 규정은 성호 학문세계의 개별 영역들이 지닌 성격의 공통점을 찾아 성호 학문세계의 특성을 추출하고 그 추출된 특성에 의거하여 이루어져야 하지만, 방대한 성호의 학문세계와 개별 학문 영역 간 성격의 이질성으로 인해 하나의 구체적인 개념으로 규정하기에는 지난至難한 어려움이 있음을 알 수 있다. 그와 같은 점에서 '성호학'의 개념은 성호의 학문세계가 보여주는 결과적인 모습이나 실제적인 양태樣態보다 성호가 자신의 학문세계를 만들어 나간 학문 태도와 방법을 통해 규정해야 할 필요가 있다고 할 것이다.

성호의 학문 태도와 방법을 대표하는 개념으로 '회의와 자득'을 설정할 수 있는데, '회의와 자득'의 학문 태도와 방법은 성호의 선대에서 성호를 거쳐 성호의 문하 제자들에게 이어진 그들 사이의 공통적이고 보편적인 학문 태도이자 방법이었다. 이 학문 태도와 방법은 학문하는 개개인의 주체적 역량을 강조하는 것인 만큼 학문의 대상에 접근해 나가는 방향도 개인의 처지에 기반한 실질적이고 구체적인 것이 될 수밖에 없었다. 따라서 '회의와 자득'이라는 학문 태도와 방법은 성호의 학문세계가 지닌 현실적이고 비판적인 모습뿐만 아니라 보수적이고 복고적인 모습까지도 설명해 줄 수 있는 개념이라고 할 수 있다. 이에 따라 거칠게나마 '성호학'의 개념을 규정해 본다면 "회의와 자득의 학문 태도와 방법을 통해 이룩한 성호의 학문세계 전반으로, 그 자신의 현실적 처지에 기반하여 대상에 대한 구체적이고 실질적인 인식을 드러낸 것."이라고 할 수 있을 듯하다.

Ⅳ. 남겨진 문제와 확장의 가능성

성호 학문세계의 광대한 범주와 개별 학문 영역 간 성격의 이질성으로 인해 '성호학星湖學'의 개념을 학문의 내용이 아니라 학문하는 태도와 방법에서 찾아 '성호학'을 거칠게 "회의懷疑와 자득自得의 학문 태도와 방법을 통해 이룩한 성호의 학문세계 전반으로, 그 자신의 현실적 처지에 기반하여 대상에 대한 구체적이고 실질적인 인식을 드러낸 것."으로 규정하였다. 이와 같은 개념 규정은 현재까지 성호의 학풍學風에 대해 살펴본 선행 연구들과 성호 관련 문헌들을 종합·검토해 볼 때 성호의 학문 태도와 방법을 설명하는 중심 아이콘(icon, 상像)이 '회의와 자득'이었다는 점과 성호의 학문세계가 지니고 있는 공통적인 성격이 '회의와 자득'으로 설명 가능하다는 점, 성호의 선대와 성호, 그리고 성호의 문하 제자들의 학문 태도와 방법을 모두 '회의와 자득'으로 포괄할 수 있다는 점 등에서 분명 일정한 타당성을 가진다고 할 수 있다.

그러나 '회의와 자득'이라는 학문 태도와 방법을 바탕으로 자신의 현실적 처지에 기반하여 이룩된 결과물을 '성호학'이라고 규정할 수 있다고 하더라도, 이 경우 앞서 전제한 조건들이 모두 충족되었는가 또는 해명되었는가 하는 반성反省은 이와 같은 '성호학'의 개념을 다시 살펴보게 만든다. 앞서 '성호학'은 성호가 이룩한 학문세계를 일정한 체계 아래 설명하는 것이어야 하고, 그러기 위해 성호의 학문세계 전반을 관류하는 공통 요소를 찾아야 하며, 이 공통 요소는 성호 학문세계만의 독창적 성격을 지니는 것이어야 한다고 했다. 특히 '성호학'의 개념은 다른 어떤 것보다 "성호학이라 규정한 성호 이익의 학문은 무엇(어떤 것)인가." 또는 "성호를 정점으로 구성된 학파의 학문은 무엇(어떤 것)인가."라는 질문에 답할 수 있는 것이어야 한다고 했다.

이렇게 본다면 "회의와 자득의 학문 태도와 방법을 통해 이룩한 성호의 학문세계 전반으로, 그 자신의 현실적 처지에 기반하여 대상에 대한 구체적이고 실질적인 인식을 드러낸 것."이라고 규정한 '성호학'의 개념은 전제 조건을 이상 없이 모두 충족한 것이라고 보기 어렵다. 그것은 이 개념이 학문의 내용이 아니라 학문하는 태도와 방법을 중심으로 규정된 것이기 때문에 "성호학은 무엇인가"라는 '성호학'의 학문 내용에 대한 본질적인 질문에 답하기 쉽지 않아서이다.

하지만 이와 같은 반성反省은 성호의 학문이 '회의와 자득'이라는 학문 태도와 방법을 바탕으로 현실적인 자신의 처지에 기반하여 이루어진 것이기 때문에 그의 학문세계가 근본적으로 학문 영역간의 동질성을 확보하기 어려운 것이고, 성호 학문세계의 특성만큼 성호 문하 제자들 사이에서도 학문적 일체감을 강제하기 어려운 것이었다는 설명을 통해 어느 정도 해명이 가능하다.

그것은 '회의'의 내용이나 방향이 다를 경우, '자득'의 내용이나 수준이 다를 경우, 또 그 자신이 처해 있는 현실적인 처지나 위치가 다를 경우 성호의 학문이나 성호 문인들의 학문이 각기 다른 모습을 보이는 것이 당연하기 때문이다. 이런 점에서 '성호학'이 성호의 학문 영역 사이에서, 그리고 성호 문하의 제자들 사이에서 각기 달리 구현되는 것이 당연하고, 각기 다른 그것이 바로 '성호학'이고, '성호학'은 당연히 서로 다른 것이어야 한다고까지 할 수 있다. 물론 이 다른 모습을 극단적이고 완벽한 배치背馳나 대립對立으로까지 확대 해석하기는 어렵지만, 성호나 그의 문하 제자들 모두 반드시 서로 같아야 한다거나 같기 위해 노력해야 한다는 의식에 대한 부정적否定的 회의懷疑의 태도를 품고 있었던 것만큼은 분명해 보인다.

그런데 이 문제와 함께 생각해 볼 수 있는 또 다른 문제는 '회의와 자득'이라는 학문 태도와 방법이 지니는 독창성이다. 즉 '회의와 자득'의 학문 태도와 방법, 그리고 그 자신의 현실적 처지를 바탕으로 이룩된 학문세계를 '성호학'이라고 규정했을 때, 이 '회의와 자득'이라는 학문 태도와 방법을 성호만의 것으로 볼 수 있는가 하는 것이다. 이 문제를 확대해 보면 '성호학'은 성호만의 독창성을 확보하지 못한 것이라고도 할 수 있다. 이런 문제는 학문이란 기본적으로 실질實質을 추구하는 것이니만큼 사고思考의 근거가 자신의 현실적 처지가 될 수밖에 없고, '회의와 자득'은 학문을 추구해 나가는 다양한 방법 중의 하나로 성호만 주장한 것이 아니었다고 볼 수 있기 때문에 당연히 제기될 수 있는 것이다.

성호 이전에 '회의와 자득'을 학문 자세로 견지하였던 인물이 적지 않다. 그 중 대표적인 인물로 화담花潭 서경덕徐敬德(1489(성종 20)~1546(명종 1))을 들 수 있는데, 성호 가계의 학문 연원에 화담에게서 연원하는 소북계 학풍의 영향이 적지 않았다[26]는 점에서 볼 때 '회의와 자득'만을 중심으로 본다면 '성호학'의 독창성에 대한 의문은 당연하다고까지 할 수 있다.

화담이 책이나 스승을 통하지 않고 스스로 이치를 궁구하는 '자득'을 학문의 방법으로 삼았고, '자득'의 과정에서 어떤 사물이나 사건을 두고서 끝없이 의문을 품으며 사색하는 '관물觀物'을 중시했다는 점에

26 김학수, 「성호 이익의 학문연원」, 『성호학보』 1, 성호학회, 2005, 60면.

서 그의 학문 태도나 방법 역시 '회의와 자득'으로 볼 수 있다. 물론 화담의 '자득'이 '회의'의 반복이 아니라 '회의'를 바탕에 둔 '관물觀物'을 통해 '자득'의 경지로 나아가는 것이었다는 점에서 성호와 조금 다른 모습을 보이는 것은 사실이다. 그러나 이와 같은 차이를 두고 학문 태도나 방법의 본질적인 차이라고 확대 해석하여 성호와는 완전히 다른 것이라고 주장하기는 곤란하다.

그런데 결과론적으로 완성된 성호의 학문세계와 화담의 학문세계를 견주어보면 상당한 거리를 확인할 수 있다. 성호와 화담의 거리, '성호학'과 '화담학花潭學'의 차이는 학문 태도나 방법보다 구현된 결과물, 즉 구체적으로 제시된 학문세계의 내용에서 확인할 수 있다. 이 차이는 유사한 학문 태도와 방법을 지녔던 성호와 화담의 현실적인 처지와 환경의 차이에서 기인한 것이라 보인다. 화담은 개성 지역 사대부 가문의 일원으로, 그리 넉넉하지 못한 생을 살았지만 벼슬길에 나아가기 어려웠다거나 별다른 정치적 곤경을 겪지 않고 독학하며 화담에 초막을 짓고 일생을 청빈하게 살았던 인물이다. 그와 달리 성호는 근기지역 사대부 가문의 일원으로 넉넉하지 못한 삶을 살았던 것은 화담과 같지만 일평생을 정치적 풍파에 시달리며 노심초사해야 했고, 학문적 명성이 커질수록 다양한 현실적 어려움에 시달려야 했다는 점에서 차이를 보인다. 상업商業을 중시했던 화담과 농업을 근본으로 보았던 성호의 차이는 그들이 생존했던 지역의 차이에 기인한 것이고, 도가道家의 사상과 양명학陽明學을 수용했던 화담의 학문과 주자朱子를 넘어 본원 유학을 추구했던 성호 학문 사이의 거리는 그들이 처했던 시대와 살아가던 현실적 환경의 차이에 기인한 것이라 보인다.

이렇게 보았을 때 '회의와 자득'이라는 학문 태도와 방법만으로 본다면 '성호학'은 성호의 독창적인 학문세계라기보다 당대 존재하고 있었던 다양한 학문 경향 중의 하나로 간주될 수 있지만, 이 '회의와 자득'이라는 학문 태도와 방법에 당대 성호의 현실적인 처지와 환경을 포함할 경우 '성호학'은 성호의 독창적인 것이 되어 독창성을 인정받을 수 있는 것이라고 할 수 있다.

하지만, 이 글에서 규정한 '성호학'의 개념이 비록 성호 학문세계의 전체적인 특성을 설명할 수 있는 성호의 독창적인 것이라고 하더라도 여전히 문제를 가진다. 그것은 이 글에서 규정한 개념으로도 성호의 학문세계가 지니는 내용의 다양성을 명확하게 설명해 내기 어렵다는 한계와 함께 '성호학'의 독창성이 확연하게 적시摘示되지 못한다는 모호성 때문이다. 이 한계가 극복되었을 때 흔들리지 않는 '성호학'의 개념이 정립될 수 있을 것이다.

Ⅴ. 결론

이 글에서 '성호학星湖學'을 거칠게 "회의懷疑와 자득自得의 학문 태도와 방법을 통해 이룩한 성호의 학문세계 전반으로, 그 자신의 현실적 처지에 기반하여 대상에 대한 구체적이고 실질적인 인식을 드러낸 것."으로 규정하였다. 그러나 이 개념은 완벽한 정론定論이나 입론立論이라기보다 다양한 문제점을 지닌 시론試論에 불과하다. 하지만 이 개념이 지닌 다양한 문제점에도 불구하고 이와 같은 '성호학'의 개념 규정은 성호와 성호 문인들에 대한 새로운 접근의 가능성을 제기한다.

기본적으로 성호의 학문세계를 단선적單線的인 관점에서 바라보아 현실 비판적이지만 일부 보수적인 성격을 지닌 것, 또는 적극적이고 개혁적이지만 복고적인 한계를 지닌 것으로 간주하여, 학문 영역마다 각기 다른 결론을 내리는 태도에서 벗어나 성호의 학문세계 전반을 '성호학'이라는 일관된 시선으로 바라보고 해명하는 단서를 제공할 수 있게 할 것이다.

이뿐만 아니라 흔히 '성호학파星湖學派'나 '성호학통星湖學統'이라고 지칭하는 일군의 집단이 보여주는 학문적 다양성과 이질성을 해명하는 계기가 될 수 있을 것이며, '성호학'의 전개와 발전에 관한 새로운 시선을 제공할 수도 있을 것이다. 즉 성호 사후死後 성호 문하 제자들의 분기分岐는 성호 문하 제자들의 확대·발전 과정에서 나타날 수밖에 없는 필연적이고 당연한 것이 되고, 이들이 비록 다양한 방향으로 분기分岐되었다고 하더라도 그들은 '성호학'의 개념 아래 하나로 설명될 수 있는 집단이 된다.

또 '성호학'의 개념 규정은 '성호학파'나 '성호학통'·'성호학맥'의 온전한 전승관계傳承關係 파악을 가능하게 해 줄 것이다. 앞서 언급한 것처럼 '학파學派'나 '학통學統'·'학맥學脈'의 규정이 인간관계나 친소관계가 아니라 학문 정수의 전승관계에 의해 규정된다면 '성호학파'나 '성호학통'·'성호학맥'이라는 개념 역시 구성원들의 학문적 영향관계를 바탕으로 설정하여야 할 것인데, 이 작업에서 '성호학'의 개념은 영향 관계의 설정이나 학문적 정수의 전승관계를 해명하는 근거로 작용할 수 있을 것이다.

하지만 이 글에서 규정한 '성호학'의 개념을 확고부동한 정론定論이라고 할 수 없다. 그것보다 오히려 다양한 한계를 지니는 시론試論의 하나일 뿐이라고 하는 것이 타당할 것이다. 그런 점에서 이 글에서 제기한 '성호학'의 개념은 조만간 부정되거나 수정될 수도 있을 것이다. 그와 같은 문제점과 한계에 대해 인정하면서도 이 글에서 우선 거칠게라도 '성호학'의 개념을 규정해 보고자 한 것은 이 작업이 성호에 대한 연구의 시작이 되어야 하고, 이제 더 이상 미룰 수 없는 시급한 일이라고 생각해서이다. 그리고 이와 같이 무모한 작업이 다양한 비판에 의해 수정될 때 '성호학'의 본질에 한 걸음 더 다가설 수 있지 않을까 하는 생각 때문이다. 이 글에서 제기한 '성호학'의 개념이 수정되어 누구나 인정할 수 있는 명확한 개념으로 정립定立될 때가 조금이라도 빨리 오기를 기대하며 우선 거칠게나마 '성호학'의 개념을 이렇게 제시해 본다.

성호선생 언행록

星湖先生 言行錄

후학後學 유경종柳慶種이 쓰고
후학後學 이명구李命九가 정리하다

유경종 柳慶種 (1714~1784)

본관은 진주晉州, 자는 덕조德祖, 호는 해암海巖이다. 조부는 이조판서 유명현柳命賢, 부친은 성균진사 유뢰柳耒, 모친은 사천목씨泗川睦氏 목임일睦林一의 따님이다. 1728년 이인좌李麟佐의 난에 연루되어 해남海南에 유배 가는 부친을 따라갔다가 이듬해에 유배지에서 부친상을 당했고, 이인좌의 난 4년 뒤에 한양을 떠나 안산安山으로 낙향했다. 19세부터 21세까지 한양을 오가며 관직 진출을 꿈꾸었으나 이후 벼슬을 단념하고 안산에 거주하며 독서와 시문 창작에 전념했다. 성호의 제자로 안산 일대의 남인南人, 소북小北 문인들과 교유했다. 문집으로 『해암고海巖稿』가 있다.

이명구 李命九 (1842~1895)

본관은 여주驪州, 자는 학수鶴叟이다. 여주이씨 이상신李尙信의 후손으로 생부는 이종화李鍾華이나 이종양李鍾陽의 양자로 들어갔다. 증광별시문과에서 병과로 급제하여 남학교수, 홍문관 교리, 지제교, 경연시독관, 춘추관 기주관 등을 거친 뒤 갑신정변甲申政變 이후 관직을 그만두었고, 가문의 역사에 깊은 관심을 가져 『여강세승驪江世乘』 1권에 가문의 선대사先代事에 대한 글을 남겼다.

原文 1

先生眼彩炯炯照人, 語音洪暢, 言語時, 諧笑或相雜焉. 每於嚴肅中有和悅之氣焉. 黃丈季昇 [都事黃公晛字也] 嘗言先生聲音極和暢, 姜兄光之 [豹菴字也] 言先生像恰肖朱子畫像, 其英氣傍襲, 神宇淸明, 頭骨耳根, 好而長, 望之儼然, 睦丈午溪 [睦進士達敬, 先生姊氏之孫] 言, 從祖鼻嶽, 重且厚, 壽限似長.

선생의 눈빛은 환하여 사람을 비출 정도였고, 말씀은 넓고도 통달하셨는데 말씀하실 때 농담이나 웃음이 섞여 나올 때도 있었다. 그래서 늘 엄숙하신 중에도 화기애애한 기운이 있으셨다. 황계승黃季昇[1] 어른께서 [도사都事 황현黃晛 공公의 자이다] 일찍이 '선생의 말씀은 몹시 온화하고 통달하였다.'고 하셨고, 강광지姜光之[2] 형님께서는 [표암豹菴의 자이다] '선생의 모습은 주자의 화상畫像과 몹시 닮아 뛰어난 기상이 넘쳐흐르고, 기색과 풍채[3]가 맑고 환하며, 머리의 모습과 귓불[4]이 보기 좋게 길어 멀리서 바라보면 엄숙하였다.'[5]고 하셨고, 목오계睦午溪[6] 어른께서는 [진사進士 목달경睦達敬으로 선생 누이의 손자이다] '종조부從祖父께서는 코가 우뚝하고 커서 장수하실 듯하다.'[7]고 하셨다.

주석

1 황계승 : 황현黃晛(1700～미상). 본관은 창원昌原, 자는 계승季昇이며 한성[京]에서 거주했다. 부친은 황협黃協이나 생부는 통훈대부 진주목사 황유黃瀏이고, 본생가 형은 황준黃晙이다. 1740년 증광시에서 진사가 되었다.

2 강광지 : 강세황姜世晃(1713～1791). 본관은 진주晉州, 자는 광지光之, 호는 첨재忝齋・산향재山響齋・박암樸菴・의산자宜山子・견암繭菴・노죽露竹・표암豹菴・표옹豹翁・해산정海山亭・무한경루無限景樓・홍엽상서紅葉尙書 등이다. 부친은 판중추부사 강현姜鋧이며, 모친은 광주이씨廣州李氏 이익만李

翊晩의 따님이다. 부친과 자형 임정任珽의 영향을 받았으며, 처남 유경종柳慶種 및 허필許佖・이수봉李壽鳳・심사정沈師正・강희언姜熙彦 등과 사귀었다. 6세부터 글을 지었고 8세 때 숙종 국상에 어울리는 구장鳩杖에 대한 시를 짓는 등 글재주가 뛰어났으나, 형 강세윤姜世胤이 귀양 가는 것을 보고 과거의 뜻을 버렸다. 32세 때 처가가 있는 안산安山으로 옮긴 뒤 안산에서 약 30년을 지내며 문인으로서 시・서・화를 고루 갖추어 시・서・화 삼절三絶로 불렸으며, 당시 화단에서 '예원의 총수'로 추앙받았다.

3 기색과 풍채 : 원문의 '신우神宇'는 신神에게 제사하는 집으로, 불사佛寺나 사당祠堂 등을 가리키거나 인간의 정신精神 또는 기색氣色과 풍채風采, 표정과 풍채 등을 지칭하는 말로 쓰인다. 여기에서는 두 번째 의미인 정신 또는 기색과 풍채로 풀이하였다.

4 머리의 모습과 귓불 : 원문의 '두골頭骨'은 두개골이나 머리뼈를 말하고, 이근耳根은 귓바퀴가 뺨에 붙어 있는 부분으로 귀뿌리를 말하지만, 불가에서는 안근眼根・비근鼻根・설근舌根・신근身根・의근意根과 함께 육근六根의 하나를 가리키는 말로도 쓴다. 여기에서는 다음 구절에서 '보기 좋게 길어[好而長]'라고 한 것이 '귀가 길면 오래 산다.'는 속설을 인용한 것으로 보아 두골頭骨을 골상骨相(머리의 모습)으로, 이근耳根을 귓바퀴의 아래쪽 살인 귓불로 풀이하였다.

5 바라보면 엄숙하였다 : 『논어論語』 「자장편子張篇」에 "자하가 말하기를 '군자는 세 가지 변함이 있으니, 멀리서 바라보면 엄숙하고, 그 앞에 나아가면 온화하고, 그 말을 들어 보면 명확하다[君子有三變, 望之儼然, 卽之也溫, 聽其言也厲.].'라고 하였다."는 구절이 나온다.

6 목오계 : 목달경睦達敬(1698~1743). 본관은 사천泗川, 자는 사경士擎, 호가 오계午溪로, 초명初名은 목지경睦持敬이었다. 부친은 성균 진사 목중광睦重光이고, 처부妻父는 송광겸宋光謙인데, 목중광의 부친이 목종유睦宗儒이고, 생부가 자헌대부 병조판서 목창명睦昌明이며, 목창명의 처부妻父가 성호의 부친 이하진李夏鎭이어서 목달경은 성호의 종손從孫이 된다.

7 코가 …… 듯하다 : 원문의 '비악鼻嶽'은 비악鼻岳과 같은 말로 코를 말한다. 중국의 당唐나라 후기 인물로 화산華山에 은거했던 마의선사麻衣禪師가 그의 제자 진단陳摶(?~989)에게 전한 달마선사達磨禪師의 상학相學을 기록한 『마의상법麻衣相法』에 "코는 중악이니 그 형체가 토에 속하며 얼굴의 표면으로 폐가 싹을 드러낸 것이다. …… 코가 높고 콧대가 있는 사람은 주로 장수한다[鼻爲中嶽, 其形屬土, 爲一面之表, 肺之露苗也. …… 隆高有梁者主壽.]."라고 하였다.

原文 2

先生對人講論，言語袞袞不休，不覺其多，而眞有味. 末年亦歷歷記少時事曰；雖欲忘之，何可得也.

선생께서 남들과 강론講論하실 때, 그 말씀이 끝없이 이어져 그치지 않았으나 말씀이 많다는 것을 느끼지 못했고, 참으로 맛이 있었다. 말년이 되어서도 어릴 때의 일을 또렷하고 분명하게 기억하셔서 말씀하시기를 "잊고 싶지만 어떻게 그럴 수 있는가."라고 하셨다.

原文 3

先生晩年，語及同氣間，及仲氏公事，必爲之含淚. 末年聞季姊氏訃，慟甚，人有慰之者，必受弔. 原州先墓火［山火及之］哭臨. 受人弔，爲巾帶此加痲也.

선생께서는 만년에 말씀이 형제들이나 중씨공仲氏公[1]의 일에 미치면 반드시 눈물을 머금으셨다. 말년에 막내 누님[2]의 부고를 들으시고는 몹시 애통해하셨는데, 위로하는 사람이 있으면 반드시 조문을 받으셨다. 원주에 있는 선조들의 묘에 불이 나자 [산불이 묘에까지 이른 것이다] 묘에 가서 곡을 하셨다.[3] 사람들의 조문을 받을 때에 두건과 띠[4]를 착용하시고 여기에 삼베를 두르셨다.[5]

주석

1 중씨공 : 이잠李潛(1660～1706). 성호의 둘째 형으로, 자는 중연仲淵, 호는 섬계剡溪·서산西山이다. 부친 이하진李夏鎭의 첫 번째 부인인 용인이씨龍仁李氏 이후산李後山의 따님에게서 난 세 아들 중 두 번째 아들이다. 부인은 동복오씨同福吳氏 오시복吳始復의 따님이다. 한양의 소정동小貞洞에서 출생했으며

안산의 첨성촌에 우거寓居했다. 진사시에 합격했으나 경신환국庚申換局 이후 부친과 가문이 정치적 곤경에 처하자 대과大科를 포기하고 경학經學과 예학禮學에 주력했으며, 부친이 운명한 뒤로는 성호와 집안의 자제들에게 글을 가르치며 가문의 구심점 역할을 했다. 1706년 희빈장씨禧嬪張氏의 소생인 세자 이윤李昀(경종景宗)을 부지하여야 한다는 상소를 올려 9일 동안 국문을 받다가 장살杖殺되었다.

2 막내 누님 : 성호의 셋째 누님으로, 부친 이하진李夏鎭의 두 번째 부인인 안동권씨安東權氏 권대후權大後의 따님에게서 난 성호의 바로 위 동모同母 누님을 말한다. 정득주鄭得柱에게 시집가 강원도 원주原州에서 살았다. 『성호전집』 57권의 〈제정씨자문祭鄭氏姊文〉에 "형제들이 모두 죽은 뒤 두 사람만 남았지만, 만나도 며칠을 같이하지 못하고 헤어지면 몇 년을 만나지 못해 늘 그리워했다[但同氣凋喪, 惟兩軀住世, 逢不越數日, 別輒經年, 恒落落疚懷.]."는 내용이 나온다.

3 묘에 …… 하셨다 : 원문의 '곡림哭臨'은 애림哀臨과 같은 말로, 왕이나 왕비의 초상 때 신하들이 한곳에 모여 곡하는 예식禮式이나 임금이 죽은 신하를 몸소 조문하는 것, 또는 장사葬事 지낼 때 여러 사람이 모여서 정해진 때에 슬피 우는 것이나 영전靈前에 나아가 곡하고 조문을 하는 것, 상중喪中에 곡하고 예를 행하는 것, 무덤에 가서 곡하는 것 등 다양한 의미로 사용되는데, 원주에 있는 선조들의 묘가 산불로 타버렸다는 내용에 따라 여기에서는 무덤에 가서 곡하는 것으로 풀이하였다.

4 두건과 띠 : 원문의 '건대巾帶'는 원래 상복喪服에 쓰는 삼베로 만든 두건과 띠를 말하는데, 여기에서는 다음 구절에 가마加麻라는 내용이 나와 일반적인 두건과 띠로 풀이하였다.

5 삼베를 두르셨다 : 원문의 '가마加麻'는 가질加絰이라고도 하는데, 소렴小殮 때 상제喪制가 처음으로 짚에 삼 껍질을 감은 둥근 테로 만든 수질首絰을 머리에 쓰는 것이나, 오복제五服制에는 속하지 않지만 복服을 입을 대상인 경우 머리에 마麻로 만든 수질首絰(환질環絰)만 두르는 것, 또는 겉옷이나 관冠, 대帶 등에 삼베 헝겊을 붙이는 것을 말한다. 겉옷, 관, 대 등에 삼베 헝겊을 붙이는 것은 스승이나 벗의 상에는 원래 복服이 없기 때문에 3월, 혹은 1년 동안 삼베 헝겊을 붙여 애도의 뜻을 표하는 것이다. 부모 이상 선조의 묘를 개장할 경우 복服을 입지 않기 때문에 여기에서는 겉옷이나 관, 대 등에 삼베 헝겊을 붙이는 것으로 풀이하였다.

原文 4

先生於年長二十年以上, 必致敬謹, 私室言語, 亦加恭禮. 其人有德行世誼, 尤遜謹焉. 城主或訪見, 其明日必躬造謝之, 客訪亦卽謝之.

선생께서는 (당신보다) 이십년 이상 나이가 많은 사람에게는 반드시 공경하고 삼가는 행동을 하셨는데, 개인적인 장소에서 말씀을 나누실 때도 공손하게 예의를 더하셨다. 그 사람에게 덕이 있는 행동이나 대대로 오래 사귀어 친밀해진 정이 있을 경우에는 더욱 겸손하고 삼가셨다. 혹 성주城主가 찾아와 만나면 그 다음날 반드시 몸소 찾아가 사례하셨고, 손님이 찾아와도 곧 사례하셨다.

原文 5

嘗爲子迎婦, 所入極省, 只用綿布染色爲幣, 衣服用家中所織曰 ; 未知世人何爲而有許多費財也. 又嫁女而笑曰 ; 雖欲極省, 終有所費財處. 未知古人賣一犬行禮者, 何能如此無費乎. 敎女子甚嚴, 至十歲後亦然云.

이전에 며느리를 맞이하실 때 받아들이는 것을 극히 줄이셔서[1] 단지 면과 베를 물들여 폐백幣帛으로 삼으실 뿐이셨고, 의복衣服은 집안에서 만든 것만 사용하셨으며, 말씀하시기를 "세상 사람들이 무엇 때문에 허다한 재물을 낭비하는지 모르겠다."고 하셨다. 또 따님을 시집보내실 때 웃으며 말씀하시기를 "비록 (비용을) 몹시 줄이고 싶지만 끝내 재물을 쓸 곳이 있다. 옛날 사람은 개 한 마리를 팔아서 예禮를 행했다[2]고 하는데, (요즘 사람들은) 어떻게 이렇게 쓸데없이 허비하는지 모르겠다."고 하셨다. 여자들을 가르치는 것이 몹시 엄격하셔서 (여자 아이들이) 열 살이 넘어선 뒤에도 그러셨다고 한다.

주석

1 받아들이는 것을 …… 줄이셔서 : 신부가 시댁에 와서 시부모를 비롯한 시댁 어른들에게 인사를 드리는 혼례의식을 폐백幣帛 또는 구고례舅姑禮라고 하는데, 이 때 신부는 친정에서 준비해온 대추·밤·술·안주·과일 등과 예물을 시부모와 시댁 어른들에게 차례대로 드린다. 원문의 '극생極省'은 이 예물을 줄여 대부분 받지 않았다는 말이다.

2 개 한 마리를 …… 행했다 : 보잘 것 없는 것 또는 변변치 않은 것으로 예禮를 행했다는 말이다. 『고금사문류취古今事文類聚』 후집後集 13권 「매견견가賣犬遣嫁」에 중국 진晉나라의 청백리淸白吏 오은지吳隱之가 기르던 개를 팔아 딸을 시집보낼 경비를 마련했다는 이야기가 나온다.

原文 6

嘗曰；貧家當喪服輕者，安得人人製服．只用布巾帶亦可，但布帶不可半破幅而爲，且不可太短，必要雙垂中腰容紐結之可也．

이전에 말씀하시기를 "가난한 집에서는 상복喪服의 예禮를 줄여야 하는 것이니, 어떻게 사람마다 모두 상복을 만들어 입을 수 있겠는가. 삼베로 두건과 띠를 만들어 쓰는 것만으로도 괜찮으나, 다만 삼베 띠를 반폭이 안 되게 하는 것은 안 되고 또 너무 짧아서도 안 되니 반드시 허리를 둘러 매듭을 묶고 양 끝을 드리울 수 있는 정도라면 괜찮다."고 하셨다.

原文 7

又曰；貧家入棺之具，莫善於白紙之潔精，且近家之葬，不必克滿也．結棺之索，用藁可也，紼索亦然，不必乞人麻索也．黍棺之法，尹孤山家，只用白棺，洪芝溪家，法松脂塗棺，亦佳．又孤山家，葬不擇日，只用曆書安葬日葬之．又嘗曰；吾堂叔父太湖公，解地理，卜妻葬于交河月籠山．尹判書絳過而見之，以爲旺氣太盛，傳者誤傳，去日邊［去日邊卽王字也］播于世耳．公大驚卽奔往，卽時掘移權厝他阜，倉黃不備儀，而卒無事，風水之不足取信有如此．

또 말씀하시기를 "가난한 집안의 입관入棺[1] 도구로 정결한 흰 종이보다 좋은 것이 없고, 또 가까운 집안의 장례에 반드시 (예법禮法을) 다 지켜 따를 필요가 없다. 관棺을 묶는 줄로 새끼줄을 쓰는 것도 괜찮고, 동아줄도 괜찮으니 남에게 삼으로 꼰 줄을 빌릴 필요가 없다. 관에 옻칠을 하는 예법에 있어서도 윤고산尹孤山[2]의 집안에서는 옻칠하지 않은 흰 관만 사용했고, 홍지계洪芝溪[3]의 집안에서는 송진松津으로 관을 바르는 것을 법도로 삼았는데 이것도 좋다. 또 고산의 집안에서는 장례를 치르기 위해 운수가 좋은 날을 별도로 고르지 않고, 다만 역서曆書에 나오는 장례하기 좋은 날을 택해 장례 지냈다." 고 하셨다.

또 이전에 말씀하시기를 "나의 당숙부堂叔父이신 태호공太湖公[4]께서 지리地理에 대해 잘 아셔서 부인을 교하의 월롱산[5]에 장례지내셨다. 판서判書 윤강尹絳[6]이 지나가다가 보고 '왕성한 기운[旺氣][7]이 몹시 크고 성대하다.'고 했는데, 말을 전하는 사람이 잘못 전해서 날 일자[日] 변을 빼버린 채 [날 일자 변을 빼면 임금 왕[王]자이다] 세상 사람들의 귀에 퍼졌다. 태호공께서 깜짝 놀라서 즉시 가셔서 바로 묘를 파서 다른 산기슭에 임시로 묘를 구하셨는데,[8] 허둥지둥 어찌할 바를

몰라 예법을 갖추지 못했지만 끝내 아무런 일도 없었으니, 풍수風水가 믿을 만한 것이 못되는 것이 이와 같다."고 하셨다.

주석

1 입관 : 상례喪禮에서 죽은 사람의 시신을 관棺에 넣는 과정이다. 사망 후 염습殮襲이 끝나면 곧 입관入棺한다. 입관할 때에는 시신과 관 벽 사이의 공간을 깨끗한 백지白紙나 마포麻布 또는 고인이 평상시에 입었던 옷 등으로 메워 시신이 관 속에서 흔들리지 않도록 한다.

2 윤고산 : 윤선도尹善道(1587~1671). 본관은 해남海南, 자는 약이約而, 호는 고산孤山·해옹海翁이다. 부친은 예빈시 부정을 지낸 윤유심尹唯深(묘비명에는 윤유심尹惟深)인데, 강원도 관찰사를 지낸 숙부 윤유기尹唯幾(묘비명에는 윤유기尹惟幾)에게 입양됐다. 성균관 유생으로 이이첨李爾瞻·박승종朴承宗·유희분柳希奮 등을 규탄하는 〈병진소丙辰疏〉를 올려 함경도 경원慶源으로 유배된 뒤 경상남도 기장機張으로 유배지를 옮겼다. 이후 여러 벼슬을 거쳤으나 정치적으로 열세에 있던 남인南人 가문에서 태어나 집권 세력인 서인西人에게 맞서다가 20여 년의 유배 생활과 19년의 은거생활을 했다. 저서로 『고산선생유고孤山先生遺稿』와 가첩歌帖으로 『산중신곡』·『금쇄동집고金鎖洞集古』가 있다.

3 홍지계 : 홍방洪雱(1573~1638). 본관은 풍산豊山, 자는 경망景望, 호는 지계芝溪이다. 홍우전洪禹甸의 증손으로, 조부는 홍수洪脩이고, 부친은 홍이상洪履祥이며, 모친은 김고언金顧言의 따님이다. 문음門蔭으로 출사하여 은산현감을 지냈고, 증광문과에 병과로 급제했다. 광해군 때 주로 언관직을 지냈으며, 인조 대에 외직으로 경상도 관찰사를 지냈다. 동지사와 진향사 겸 진하사로 두 차례 중국을 다녀왔다.

4 태호공太湖公 : 이원진李元鎭(1594~1665). 본관은 여주驪州, 자는 승경昇卿, 호는 태호太湖이다. 이우인李友仁의 증손으로, 조부는 이상의李尙毅이고, 부친은 판서 이지완李志完이며, 모친은 이결李潔의 따님이다. 생원으로서 대북大北의 폐모론廢母論에 반대하다가 영의정 이원익李元翼과 함께 귀양 갔다가 인조반정仁祖反正 후에 풀려났다. 별시문과에 병과로 급제한 후 지평·교리·부수찬·장령·집의 등을 거쳐 우승지에 올랐다. 효종 때 제주목사를 지냈는데, 이때 남만인南蠻人 30여 명이 제주에 표류해 오자 이들을 서울로

압송했다. 강원도 관찰사를 거쳐, 형조참의를 마지막으로 치사한 이후 삼척 부사에만 잠시 나갔다. 저서로 『탐라지耽羅志』가 있다. 『성호전집』 67권에 〈종조숙부태호공행록從祖叔父太湖公行錄〉이 나온다.

5 교하의 월롱산 : 교하交河는 경기도 파주 지역의 옛 지명으로, 고구려시대에는 천정구현泉井口縣 또는 굴화군屈火郡이라고 했는데 고려시대 양주楊州에 편입되었다가 조선 숙종 때 파주坡州에 편입되었다. 월롱산月籠山은 경기도 파주시 월롱면 덕은리에 있는 산이다.

6 윤강 : (1597~1667). 본관은 파평坡平, 자는 자준子駿, 호는 무곡無谷이다. 증참판 윤지함尹之諴의 증손으로, 조부는 좌랑 윤엄尹儼이고 부친은 공조참의 윤민헌尹民獻이며, 모친은 김찬선金纘先의 따님이다. 증광문과에 병과로 급제했고, 사은 겸 진주사의 서장관으로 청淸나라에 다녀와서 이조참의를 지냈다. 이후 가선대부에 올랐고 형조판서를 역임했다. 이후 동지사로 청나라에 다녀왔으며, 이조판서로 기로소耆老所에 들어갔다. 민유중閔維重의 탄핵으로 사퇴하여 안산安山으로 돌아온 뒤 다시 벼슬에 나가지 않았다.

7 왕성한 기운 : 원문의 '왕기旺氣'는 성대한 기운을 말하는데, 왕기旺氣가 왕기王氣로도 이해되어 왕이 나거나 왕이 될 징조를 뜻하기도 한다.

8 임시로 …… 구하셨는데 : 원문의 '권조權厝'는 가매장한 묘소로, 묘지를 구할 때까지 임시로 매장하는 것을 말한다.

原文 8

嘗曰；山之來去，吾所未知，此風水家言也．未知某[指淸潭公]何以知而言之乎．[擇里志所言]

이전에 말씀하시기를 "산세山勢가 들어오고 나가는 것은 내가 알지 못하는 것이니 이것은 풍수가風水家에서 하는 말이다. 그가 [청담공淸潭公[1]을 가리킨다] 어떻게 알아서 그렇게 말한 것인지 모르겠다. [『택리지擇里志』[2]에 언급된 내용이다]"고 하셨다.

주석

1 청담공 : 이중환李重煥(1690～1756). 본관은 여주驪州, 자는 휘조輝祖, 호는 청담淸潭·청화산인靑華山人이다. 이숭진李崇鎭의 증손으로, 조부는 이영李泳이고, 부친은 참판 이진휴李震休이며, 모친은 오상주吳相胄의 따님이다. 성호의 삼종손三從孫이자 문인이다. 영조 즉위 이후 노론老論이 집권하자 목호룡睦虎龍의 당여黨與로 지목되어 4차례 형을 받고 절도로 유배되었다. 이후 죽을 때까지의 행적에 대해서는 자세히 알려져 있지 않으나 유배에서 풀려나 전라도와 평안도를 제외한 우리나라의 전역을 답사했다고 한다.

2 택리지 : 이중환李重煥이 저술한 1책의 필사본 지리지地理志이다. 『팔역지八域誌』·『팔역가거지八域可居地』·『동국산수록東國山水錄』·『동국총화록東國總貨錄』·『형가승람形家勝覽』·『팔도비밀지지八道秘密地誌』 등 여러 이름의 필사본이 전하고 있다. 사민총론四民總論·팔도총론八道總論·복거총론卜居總論·총론 등으로 구성되어 있다. 18세기 중엽 조선의 사회를 파악하는 자료로 가장 많이 이용된다.

原文 9

不肖少嘗聞, 先生奉慈夫人, 居宗家, 及慈夫人下世, 三年喪畢盡, 以家貲付之宗姪, 而移居焉, 雖鼎瓢瑣細, 無一隨身者. [鼎省罩籬亦然]

내가 어렸을 때 들었는데, 선생께서 어머니를 모시고 종가宗家에서 사셨는데, 어머니께서 돌아가시고 삼년상을 다 마치자 집안의 재물들을 모두 종가의 조카에게 돌려보내시고 종가를 떠나 사셨으며, 비록 솥이나 바가지같이 자질구레하고 작은 것이라고 하더라도 단 하나라도 가지고 가신 것이 없으셨다고 했다. [이가 나간 솥[鼎省]이나 조리罩籬[1]까지도 그러셨다]

주석

1 조리 : 원문의 '조리罩籬'는 조리笊籬를 말한다. 조리笊籬는 쌀을 이는 데 쓰는 기구로, 가는 대오리나 싸리로 엮어 작은 삼태기 모양으로 만드는데, 손잡이가 기다랗게 달려 있다.

原文 10 又嘗聞宗姪少得病甚重, 至浹歲, 先生竆爲救護, 煎藥調飮, 或爲之徹夜整衣帶, 端坐不寐而忘其勞也. [先生仲氏改題主事, 亦賢讓宗不居]

또 이전에 들었는데, 집안 조카가 어려서 병을 얻어 몹시 위중하자 한 해가 다 가도록 선생께서 몸소 간병하고 치료하여 약을 달이고 음식을 조리하셔서 밤새도록 의관을 갖추고 단정히 앉아 주무시지 않는 경우까지 있으셨으나 그것이 힘든 줄 모르셨다고 했다. [선생께서는 둘째 형님[仲氏]의 신주神主를 고쳐 쓸 때에도, 어지셔서 종가宗家에 미루고 스스로 하지 않으셨다]

原文 11 先生嘗燕居星湖莊, 有一雉飛入窓內, 蓋爲獵者所逐竄也. 先生隱傷之, 覆以器, 待其人來索, 以五十文買, 而放之.

선생께서 이전에 성호장星湖莊에서 한가롭게 계실 때 꿩 한 마리가 창 안으로 날아드는 일이 있었는데, 사냥꾼이 쫓아와 숨으려고 하는 것이었다. 선생께서는 마음속으로 안타깝게 생각하셔서 그릇으로 덮어 숨겨주시고, 그 사람이 찾으러 올 때를 기다렸다가 오십 문文을 주고서 사서 놓아주셨다.

原文 12

先生嘗寓居茅山村時, 值荒春, 貸主家二甕醬, 捘成團片如紅花狀, 貼壁乾之, 以一鉢水和醬, 與蠻椒碎片服之, 以代飯食, 亦讀書不輟, 里婦傳之爲歎. [茅山第卽甥姪女睦氏夫人空舍]

선생께서 이전 모산촌茅山村[1]에서 사셨을 때 봄 가뭄을 만나자 주인집에서 두 단지의 장醬을 빌려 (그 장으로) 붉은 꽃 모양의 둥근 조각을 만들어 벽에 붙여놓고 말린 뒤 한 바가지의 물에 그 장 (조각)을 타서 잘게 자른 고추[2]와 드시고 식사를 대신하셨으며 (그 때에도) 독서를 그만두지 않으셨으니 마을의 부녀자들이 전해 듣고 감탄하였다. [모산촌의 집은 생질녀 목씨부인睦氏夫人[3]의 빈 집이었다]

주석

1 모산촌 : 유경종柳慶種의 종조부 유명견柳命堅의 호가 모산茅山이었던 것으로 보아 유명견이 거주하고 있었던 안산安山의 시랑촌侍郎村(시랑골)을 말하는 듯하다. 진주유씨의 경우 유경종의 종증조부 유적柳頔이 선조宣祖의 부마駙馬로 안산의 부곡동釜谷洞 일대를 사패지賜牌地로 하사받으면서부터 안산의 부곡동 일대에 터를 잡았는데, 부곡동에는 개멸, 벌터, 새마을, 시랑골, 신촌, 옹기마을, 정재골 등의 부락이 있었다.

2 잘게 자른 고추 : 원문의 '만초蠻椒'는 고추를 말한다. 고추는 만초蠻椒 외에도 남만초南蠻椒・번초蕃椒・왜초倭椒・랄가辣茄・당초唐椒・고초苦椒 등 여러 이름으로 불렸다. 이수광李睟光의 『지봉유설芝峯類說』에 "남만초南蠻椒는 독성이 매우 강한데, 왜국에서 들어왔기 때문에 세상에서는 '왜겨자'라고도 한

다[南蠻椒有大毒, 始自倭國來, 故俗謂倭芥子.].”고 했다. 『성호사설』 4권의 〈번초番椒〉에도 나온다.

3 목씨부인 : 성호의 부친 이하진李夏鎭의 첫 번째 부인인 용인이씨龍仁李氏에게서 난 3남 2녀 중 장녀로 청운靑雲 이해李瀣보다 일찍 태어난 성호의 가장 큰 누님의 딸을 말한다. 성호의 큰 누님이 1647년에 태어난 이해보다 일찍 태어났기 때문에 가장 늦게 1646년에 태어났다고 해도 성호보다 36세가 많다. 이 누님이 사천목씨泗川睦氏 목창명睦昌明에게 시집가서 1남 1녀를 낳았는데, 아들이 목중광睦重光이고, 딸은 유명견柳命堅의 아들 유채柳采에게 시집갔다. 유경종의 문집에 〈제숙모목씨문祭叔母睦氏文〉이 나온다.

原文 13

先生家雖貧, 於奉先接賓, 皆盡心焉. 先世輪行之祀, 備送祭物于京中, 油柴之屬, 亦無遺漏. 接賓亦隨力, 而嘗値荒年屢空, 遠賓至而不能設午飯, 每言之以爲歎. 自奉極簡. 夏日麥飰烹蔥, 而甘之若珍味, 嘗曰; 人以飮食爲第一事, 可笑之說也.

선생은 집안이 비록 가난하였으나 조상을 받들고 손님을 접대하는 데에는 모두 마음을 다하셨다. 번갈아 돌아가며 지내는 선대先代의 제사에도 제사에 사용할 물건을 서울 안으로 갖추어 보내셨으며, 기름이나 땔감과 같은 것들까지도 빠트리는 것이 없으셨다. 손님을 접대할 때도 형편에 따라 하셨는데, 이전에 흉년을 만나 자주 끼니를 거르셨을 때 멀리서 손님이 찾아왔으나 점심밥을 대접할 수 없자 늘 이를 두고 탄식하는 말씀을 하셨다. 스스로의 생활은 몹시 검소하셔서 여름철에는 보리밥에 푸성귀를 삶아 드셨으나 진귀하고 맛있는 음식처럼 달게 드시면서 이전에 말씀하시기를 “사람들이 먹고 마시는 것을 제일 첫 번째 일로 여기다고 하니 우스운 이야기다.”라고 하셨다.

原文 14

先生學貫天人，行盡倫常，其餘文章之高，友義之篤，經世之務，後人必賴之．翼經之見，前儒所未發，淑人之效，賙恤之惠，及於九族，洽于鄉黨．仰不愧天，俯不怍人，此窮而在下，而達施亦及于世者也．此古人所謂道義之樂而貧賤非所論也．

선생의 학문은 하늘과 사람을 꿰었고 행동은 인간이 지켜야 할 도리를 다하셨으며, 그 나머지 문장文章의 뛰어남이나 우의友義의 돈독함, 경세經世의 능력은 후인들이 반드시 (선생께) 도움을 받을 것이다. 경전(의 뜻)을 도운[補翼] 견해는 이전의 학자들이 밝히지 않은 것이고, 사람을 선량하게 만드는 효험과 가난한 사람을 구하여 도와주는 은혜는 모든 친족들[九族]에게 미치고 온 마을에 젖어들었다. 우러러 하늘에 부끄럽지 않고 굽어 사람에게 부끄러움이 없으셨으니,[1] 이것은 곤궁하여 낮은 자리에 계셨으나 (도를 펼쳐) 베푸신 것이 세상에까지 미친 것이다. 이것이 옛사람들이 '도의의 즐거움에 가난하고 천한 것은 따질 것이 아니다.'라고 말한 것이다.

주석

1 우러러 …… 없으셨으니 : 『맹자孟子』 「진심상편盡心上篇」에 "우러러 하늘에 부끄럽지 않고 굽어보아 남에게 부끄럽지 않은 것이 두 번째 즐거움이다[仰不愧於天，俯不怍於人，二樂也.]."라는 구절이 나온다.

原文 15

先生嘗謂不肖曰；君伯父言韓士得 [韓公德師字, 乙卯生] 暗誦文獻通考, 數其行墨云矣. 吾未曾見韓面, 其後逢于洛下問之, 答曰；暗誦則安可能, 傳者過耳, 蓋謙辭也. 而大抵博學行義之士也. 韓公之從弟德麟孝子也, 與先生同辛酉, 少時友也, 早逝先生每言之.

선생께서 이전에 내게 말씀하시기를 "그대의 백부伯父가 '한사득韓士得[1] [한덕사韓德師 공公의 자이니 을묘생乙卯生이다] 이라는 분이 『문헌통고文獻通考』[2]를 훤히 외워 그 글줄을 셀 수 있다.'고 했는데, 내가 일찍이 한공韓公을 만나지 못했다가 그 뒤에 한양에서 만나 물어보니 답하기를 '훤히 외운다는 것이 어떻게 가능한 것이겠는가. 말을 전하는 사람이 지나친 것일 뿐이다.'라고 했는데, 겸사이다. 대체로 널리 배우고 의義를 행하는 선비이다."라고 하셨다. 한공의 종제從弟 덕린德麟[3]은 효자로, (한덕린은) 선생과 같이 신유년辛酉年에 태어났는데 어릴 때의 벗이었으나 일찍 죽어 선생께서 늘 말씀하셨다.

주석

1 한사득 : 한덕사韓德師(1675~1727). 본관은 청주淸州, 자는 사득士得, 호는 석은石隱이다. 부친은 사헌부 감찰 한종규韓宗揆이고, 모친은 해남윤씨海南尹氏 처사 윤이구尹爾久의 따님이다. 능참봉과 봉사, 상의원 직장을 지냈다. 저서로 『석은집石隱集』이 있다. 『성호전집』 2권에 〈만한직장 덕사挽韓直長 德師〉와 50권에 〈석은집서石隱集序〉, 61권에 〈상의직장한공묘갈명尙衣直長韓公墓碣銘〉이 나온다.

2 문헌통고 : 중국의 문물과 제도에 관한 책으로 마단림馬端臨(1254~1323)이 지었으며 모두 348권이다. 두우杜佑가 지은 『통전通典』을 기초로 해서 상고시대로부터 송宋나라 영종寧宗(재위 1195~1224) 때까지의 문물제도의 연혁을 기술했다. 분류가 『통전通典』보다 상세하고, 인용한 사료가 송나라 시대에 관해서 특히 자세하다.

3 한공의 종제 덕린 : 한덕린韓德麟(1681～미상). 본관은 청주淸州, 자는 사소士昭이다. 부친은 고성군수 한종로韓宗老이며, 효행으로 정문을 하사받았다. 성호의 둘째 누님이 조하주曺夏疇에게 시집갔는데, 조하주의 7남 7녀 중 다섯 번째 딸이 한덕린韓德麟의 형 한덕용韓德龍에게 시집갔다.

原文 16

先生於朋友之際, 不以患難而替舊誼. 其於一家之親, 毋論遠近, 皆敦篤, 其於及門之人, 雖有親疏賢愚之別, 各盡其情.

선생께서는 벗과 사귀실 때 힘들고 어려운 일 때문에 예부터 지켜 오던 우의友誼를 바꾸지 않으셨다. 일가친척에 대해서도 멀고 가까운 것을 따지지 않고 모두 돈독敦篤하게 대하셨으며, 문하에 찾아오는 사람들에 대해서도 비록 멀고 가까우며 어질고 어리석은 차이가 있다고 하더라도 각각 그들에 대한 마음을 다하셨다.

原文 17

先生婦翁申公必淸, 爲順興倅, 及其赴任也, 先生與之俱訪陶山退溪, 有因地興想之契, 又觀淸凉山諸勝, 與琴氏諸儒講學. 晩年每欲重游嶺外, 而未果焉. 亦有擧家移居之意, 而勢不從矣. 不肖問申公訪松谷, 醉後相詰, 有怪駭事, 傳于世, 此何故也. 先生曰 ; 彼此老少固別, 與之論詩, 主客俱醉. 李公先失言, 申公又語侵之, 李公勃然怒, 申公遂語及其先世, 終必駭擧, 至於捽髮跨其胸上, 此又仰面辱之, 此兩俱失也. 未幾二公俱下世, 此其微兆之先見者也, 可歎也已.

선생의 장인丈人 신필청申必淸[1] 공公이 순흥부사順興府使가 되어 임지로 갈 때 선생께서 장인과 같이 도산陶山의 퇴계退溪를 방문하셨는데, 그곳의 산수山水로 인해 흥취를 일으켜 모임을 가지셨다. 또 청량산淸凉山의 여러 명승지를 유람하시면서 금씨琴氏 집안의 여러 학자들과 학문을 강론講論하셨다. 만년에 늘 다시 영외嶺外의 여러 곳을 유람하고자 하셨지만 실행하지 못하셨다. 또 온 집안을 옮겨 사실 생각을 하셨지만, 집안의 형편이 뜻을 따르지 못했다.

내가 "신공申公께서 송곡선생松谷先生[2]을 방문하셔서 취한 뒤 서로 따지고 나무라는 괴이하고 놀라운 일을 하신 적이 있었다고 세상에 전해지니 이것은 무엇 때문입니까." 하고 여쭈니 선생께서 말씀하시기를 "그 (두 분의) 나이에 늙고 젊은 분명한 차이가 있는데, 함께 시詩를 논하다가 주인과 손님이 모두 취하였다. 이공李公께서 먼저 실언을 해서 신공이 또 그에 대드는 말을 하자 이공이 발끈 화를 냈는데, 신공이 마침내 이공의 선조先祖에 대해서까지 말하자 끝내 반드시 놀랄 만한 일이 벌어졌으니 머리채를 휘어잡고 가슴 위를 올라타며, 여기에 또 얼굴을 바라보고 욕하는 지경에까지 이르렀으니, 이것은 두 분이 모두 잘못한 것이다. 얼마 지나지 않아 두 분이 모두 돌아가셨으니, 이 일은 그 은미한 조짐이 먼저 드러난 것이다. 한탄스럽다."라고 하셨다.

주석

1 신필청 : (1647~1710). 본관은 고령高靈, 자는 청지淸之, 호는 죽헌竹軒이다. 신용申涌의 증손으로, 조부는 신득치申得治이고, 부친은 신집申潗이며, 모친은 권서權緖의 따님이다. 부인은 정언영丁彦瑛의 따님이고 성호의 장인丈人(처부妻父)이다. 정시문과에서 장원을 했으나 유현儒賢을 욕되게 하고, 또 권대하權大夏와 인조仁祖를 비방하고 광해군光海君을 높였다는 이유로

사판仕版에서 삭거削去당했다. 파주목사로 이동언李東彦의 옥사에 관련되어 의금부·형조당상·삼사 관리들의 추문을 받았다. 1710년 순흥부의 임소에서 운명했다.

2 송곡선생 : 이서우李瑞雨(1633~1709). 본관은 우계羽溪, 자는 윤보潤甫, 호는 송곡松谷이다. 이성헌李成憲의 증손으로, 조부는 이길남李吉男이고, 부친은 이경항李慶恒이며, 모친은 이경유李慶裕의 따님이다. 성균관 유생으로 과제課製에 1등하여 바로 전시殿試에 응시해 증광문과에서 갑과로 급제했다. 문장 실력으로 허목許穆의 추천을 받았고, 대북大北 가문 출신으로는 처음으로 청직淸職에 올랐다. 서인西人 송시열宋時烈의 예론禮論과 그 예론을 따르는 김수항金壽恒을 공격했으며, 이수경李壽慶을 두둔하다가 파직罷職당했다. 서장관으로 청淸나라에 다녀왔으며, 남인南人으로 생활하다가 경신환국庚申換局 때 서인의 공격을 받아 유배당했으나, 기사환국己巳換局 이후 병조참의에 등용되었다. 정치 상황에 따라 출척黜陟을 반복했으나 갑술환국甲戌換局 때 삭출削黜당한 이후 다시 관직에 들어가지 못했다. 저서로 『송파집松坡集』이 있다.

原文 18

先生曰；世無不可敎之人，敎而豈有不成人之理．雖極鈍者，十回敎授，期於必熟，不厭勞苦，至難解蒙者，竟至識字．嘗侍坐，語以尙書初卷，日中星鳥，方位乖舛之說，不省蒙昧，不能領曉．又嘗承聞易卦噬嗑之說，時適設餠，敎以人於齧餠片時，鼻涕自出，噬嗑卦有此義云云．不省素昧，易義全未解，聽後每悔之已無逮矣．

선생께서 말씀하시기를, "세상에 가르칠 수 없는 사람은 없으니, 가르친다면 어찌 (그 사람을) 이루어주지 못할 이유가 있겠는가. 비록 몹시 어리석은 사람이라고 하더라도 열 번을 반복해서 가르쳐 주면 반드시 익숙해져서 어렵고 힘든 것을 싫어하지 않을 수 있을 것이니 어리석음을 벗어나기 몹시 어려운 사람이라고 하더라도 끝내 문자를 알게 될 것이다."라고 하셨다.

이전에 모시고 앉아 있을 때 『상서尙書』 첫 권에 나오는 '일중성조日中星鳥'[1]의 방위方位가 어긋났다고 하는 논의에 대해 말씀하셨는데, 내가 사리에 어둡고 어리석어서 요지를 이해하지 못했다. 또 이전에 『주역周易』의 「서합괘噬嗑卦」[2]에 대해 말씀하시는 것을 들었는데, 이 때 마침 떡이 앞에 있어서 사람들이 떡 조각을 깨물 때 눈물 콧물이 저절로 흘러나오니 「서합괘」에는 이런 뜻이 있다는 등의 말씀으로 (사람들을) 가르치셨다. 내가 자질이 어리석어 『주역』의 뜻을 완전히 이해하지 못했는데, 말씀을 들은 후에는 늘 미처 깨우치지 못한 것을 뉘우쳤다.

주석

1 일중성조 : 『서경書經』 「우서虞書」 〈요전堯典〉에 "희중에게 나누어 명하여 우이에 머물게 하시니, 양곡이라 한다. 떠오르는 해를 공경히 맞이하여 봄 농사를 고르고 질서 있게 하니, 해는 중간이고, 별자리는 조수이다. 따스한 중춘이 되면 백성들은 흩어져 살고, 새와 짐승들은 새끼를 낳는다[分命羲仲, 宅嵎夷, 曰暘谷. 寅賓出日, 平秩東作, 日中星鳥. 以殷仲春, 厥民析, 鳥獸孳尾.]."라고 하였다.

2 서합괘 : 『주역周易』의 십익十翼에 나오는 괘卦의 하나로, 64괘卦 중 21번째 괘卦의 명칭이다. '서噬'는 '씹는다'는 뜻이고, '합嗑'은 '합合'과 같은 뜻이므로 '서합噬嗑'은 '입안에 들어 있는 음식을 씹어서 위와 아래가 합하게 한다.'는 의미이다. 「단사彖辭」에서도 "턱 가운데 물건이 있는 것을 '서합'이라고 하는데, 서합하면 형통하리라[頤中有物, 曰噬嗑, 噬嗑而亨.]."라고 한 것으로 보아, '서합'은 물건을 서로 융통하는 상象이 된다. 이 괘는 부자父子 부부夫婦 군신君臣 등 친밀해야 할 인간관계가 사악한 자의 이간질에 의해 틈이 벌어져 갈등을 겪는 것을 상징한다. 입안의 음식을 씹어야 위아래의 턱이 합쳐질 수 있듯이 사악한 자를 제거해야 화합할 수 있다는 말이다.

原文 19

先生嘗言科文之弊，汩喪良心，有才自棄，虛抛一生，都在於此．尙閥之弊，只東國有是，嘗以輿地勝覽考之，今之顯仕者，只十餘姓，世貴世居城內而已，鄕曲無取也，中土又無是法矣．人才豈有遠近之別，又豈有榮枯之殊乎．今之二南，幾與西北無異，西北亦何可擯不用焉．

선생께서 이전에 과거 문장의 폐단에 대해, "양심良心을 없애버리고 재주를 스스로 버리며 한평생을 헛되이 내던지게 하는 것이 모두 과거의 문장에 있다. 문벌門閥을 숭상하는 폐단은 우리나라에만 있는데, 이전에 『여지승람輿地勝覽』[1]을 살펴보니 지금 높은 벼슬을 하는 사람들은 단지 십여 성씨姓氏가 대대로 벼슬을 이어하면서 대를 이어 성 안에서 살 뿐이고, 지방의 시골 마을에서는 사람을 등용하지 않으니 중국에는 또 이런 법이 없다. 인재가 나는 것에 어찌 멀고 가까운 차이가 있으며, 또 어찌 영화와 쇠락에 다름이 있겠는가. 지금의 이남二南 지역[2]은 거의 서북西北 지역[3]과 다른 것이 없는데, 서북지역 (사람)은 또 어째서 물리치고 쓰지 않는가."라고 하셨다.

주석

1 여지승람 : 『신증동국여지승람新增東國輿地勝覽』을 말한다. 55권 25책으로, 조선 전기의 대표적인 관찬지리서이다. 책머리에 이행李荇의 진전문進箋文·서문·교수관원 직명과 구본 『동국여지승람東國輿地勝覽』의 노사신盧思愼 진전문, 서거정徐居正의 서문 및 교수관원 직명·찬수관 직명·목록이 수록되어 있다. 책의 끝에 홍언필·임사홍·김종직의 발문이 실려 있어 간행 과정과 의도를 살펴볼 수 있다.

2 이남 지역 : 영남嶺南과 호남湖南 지역을 말한다.

3 서북 지역 : 서도西道와 북관北關 지방을 아울러 이르는 말로, 서도西道는 황해도와 평안도, 북관北關은 함경도를 말한다.

原文 20 先生嘗及種柹接培成實事曰；君輩何不爲吾略種之，不幾年見效，收實頗多，奉祭接賓，不患不足.

선생께서 이전에 감나무를 심어 접붙이고 북돋우어 열매를 맺은 일에 대해 말씀하시기를 “그대들은 어째서 나처럼 대충 심고 가꾸었지만 몇 해가 되지도 않아 효과를 보아 제법 많은 열매를 거두어 제사를 모시고 손님을 접대할 때에 부족할까 근심하지 않은 일을 하지 않는가.”라고 하셨다.

原文 21 先生曰；李東州嘗言，吾除詩文，只以讀史隨筆一部，可以傳後矣［隨筆，先生亦未之見云］

선생께서 말씀하시기를 “이동주선생李東州先生[1]이 이전에 말하기를 ‘내가 지은 시문詩文을 제외하고는 단지 『독사수필讀史隨筆』[2] 1권만 후세에 전할 만하다.’고 했다.”고 하셨다. [『독사수필』은 선생께서도 아직 보지 못했다고 하셨다]

주석

1 이동주선생 : 이민구李敏求(1589～1670). 본관은 전주全州. 자는 자시子時, 호는 동주東州・관해觀海이다. 부친은 이수광李睟光이다. 증광문과에 장원으로 급제했으며 사가독서賜暇讀書를 했다. 이괄李适의 난 때 장만張晩의 종사관으로 활동했으며, 정묘호란丁卯胡亂 때 세자를 따라 남하했다가 돌아왔고, 이조참판・동지경연사 등을 지냈다. 병자호란丙子胡亂 때 강도검찰부사로 왕을 강화로 피난시키기 위해 배편을 준비했으나 적이 길을 막

아 책임을 완수하지 못했는데, 난이 끝난 뒤 소임을 다하지 못했다 하여 아산으로 유배되었고, 다시 영변으로 이배되었다. 유배에서 풀려난 뒤 대사성·예조참판 등을 지냈다. 문장이 뛰어났고 사부詞賦에 능했으며, 저서로 『동주집東州集』·『독사수필讀史隨筆』·『간언귀감諫言龜鑑』·『당률광선唐律廣選』 등이 있다.

2 독사수필 : 이민구李敏求가 중국의 요순堯舜시대부터 진秦·한漢까지의 주요 인물과 사건에 대해 논술한 언행록言行錄이다. 8권 4책의 필사본으로, 1,073 조목으로 구성되어 있다.

原文 22

先生與楊根崔參奉道鳴氏, 生平不相識面, 而交誼甚厚, 書札往復頻數, 嘗借見其所貯周易折中 [康熙時所輯, 李光地等所解] 亟稱之, 其後亦以多所未盡. 如來之德易, 先生謂未嘗見, 只聞人所傳說者, 數條語而已.

선생께서는 양근공楊根公 참봉參奉 최도명崔道鳴씨[1]와 평생 만나신 적이 없으시지만 교의交誼가 몹시 깊어서 자주 편지를 주고받으셨으며, 이전에 그가 가지고 있던 『주역절중周易折中』[2]을 빌려 보시고는 [강희康熙 연간年間(1662~1722)에 편집한 것으로 이광지李光地[3] 등이 풀이한 것이다] 자주 칭찬하셨으나, 그 뒤에는 또 다소 미진하게 여기셨다. 내지덕來之德[4]의 『주역집주周易集註』와 같은 것에 대해 선생께서는 일찍이 보지 못했고, 다만 사람들이 전하는 이야기 몇 가지를 들었을 뿐이라고 하셨다.

주석

1 최도명 : (생몰년 미상). 본관은 강릉江陵, 자는 백겸伯謙, 호는 쌍호雙湖이다. 강릉江陵에 살다가 적성赤城에 은거했다. 사예 최기백崔基鉑의 증손으로 우담愚潭 정시한丁時翰의 문인이다. 경학이 높다하여 조정에서 효릉참봉에 추천했으나 나가지 않았다. 쌍호정雙湖亭을 짓고 중구봉重九峰·구봉龜峰에서 시문詩文을 지으면서 이름을 떨쳤다. 이현일李玄逸의 『갈암집葛庵集』 별집別集 3권 「발跋」에 〈서최백겸 도명 예론후書崔伯謙 道鳴 禮論後〉가, 이재李栽의 『밀암집密菴集』 4권 「서書」에 〈답최백겸 도명 을사答崔伯謙 道鳴 乙巳〉가 나오며, 『성호전집』 13권에 〈여최징사 도명 을묘與崔徵士 道鳴 乙卯〉가 나온다.

2 주역절중 : 청淸나라 이광지李光地가 『주역周易』에 대한 제가諸家의 학설을 모아 편찬한 22권의 책이다. 주자朱子가 쓴 『주역본의周易本義』를 제일 위에 두고 「집설集說」에 『주역周易』의 주註와 소疏를 모아 붙인 뒤 자신의 생각을 붙여 만들었다. 『임하필기林下筆記』 17권 〈군서구래群書求來〉에서는 이 책을 1723년 밀창군密昌君 이직李樴과 서명균徐命均 등이 사 왔다[景宗三年, 密昌君樴徐命均等, 齎來周易折中朱子全書等書.]고 했다. 『성호전집』과 『홍재전서弘齋全書』 등에 여러 차례 언급되었는데, 『성호사설』 27권의 〈대연수大衍數〉와 〈음양동정도陰陽動靜圖〉에도 언급되었다.

3 이광지 : (1642~1718). 청淸나라 복건福建 안계安溪 사람으로, 자는 진경晉卿, 호는 후암厚庵·용촌榕村이다. 이학理學에 능통했으며, 강희제康熙帝의 신임을 받았고, 삼번三藩의 난을 진압하는 데 공이 있었다. 『성리정의性理精義』와 『주자대전朱子大全』 등의 편찬에 참여했고, 정주학程朱學을 추숭追崇했으나 관직에만 연연했다는 평가도 있다. 저서로 『주역통론周易通論』·『상서해의尙書解義』·『용촌전집榕村全集』 등이 있다.

4 내지덕 : (1525~1604). 명明나라 산동山東 양산梁山 사람으로, 자는 의선矣鮮, 호는 구당瞿塘이다. 어려서 효행으로 이름이 났고, 양친이 돌아가시자 평생 마의麻衣를 입고 소식素食했다. 한림대조翰林待詔에 제수되었으나 고사하자, 황제가 조서를 내려 그 벼슬로 치사致仕하게 했다. 평생 학문을 연구하고 벼슬하지 않았으며, 특히 『주역周易』에 조예가 깊어 29년 동안 산속에서 혼자 노력하여 『주역집주周易集註』 16권을 지었다. 한대漢代 이후 상수학象數學의 집대성자로 불리며, 저서로 『주역집주』 외에 『이학변의理學辨疑』·『심학회명해心學晦明解』·『구당일록瞿塘日錄』이 있다.

原文 23

先生於李公栻, 昔年有往復書, 論堂室之說而未竟. 然重其人, 每稱李公行實, 又爲文字稱李高城先生. 又嘗曰 ; 毋論心學性學, 其必有所自見得者矣, 豈凡人悠悠者所及乎.

선생께서 이식李栻[1] 공公과 이전에 편지를 주고받으며 당실堂室의 주장[2]에 대해 논쟁하였으나 끝맺지 못했다. 그러나 그 사람을 중하게 여기셔서 늘 이공李公의 행실行實을 칭찬하셨고, 또 글을 쓰실 때면 고성高城 이선생李先生이라고 하셨다. 또 이전에 말씀하시기를 "심학心學과 성학性學[3]을 따질 것 없이 그도 반드시 스스로 보고 터득한 것이 있는 사람이니 어찌 하고많은 보잘 것 없는 사람들이 미칠 수 있는 바이겠는가."라고 하셨다.

주석

1 이식 : (1659~1729). 본관은 연안延安, 자는 경숙敬叔, 호는 외암畏庵이다. 이천利川 출신으로, 이제헌李齊憲의 아들이며, 정국공신 이곤李坤의 7세손이다. 효행이 뛰어났고 학문을 게을리 하지 않았으며 퇴계退溪의 학통을 따라 이기이원론理氣二元論을 지지했다. 숙종 때 학행으로 천거되어 세 고을의 수령을 지냈고, 세제익위사 익위에 임명되었다. 경연經筵에 들어가 항상 임금에게 양심養心 · 양사養士 · 양민養民 · 극기克己를 실천할 것을 진언했다. 저서로 『외암선생일기畏庵先生日記』 · 『사칠부설四七附說』이 있다.

2 당실의 주장 : 이식李栻이 42세 때인 1700년에 지은 〈당실명堂室銘〉을 말한다. 마음을 심장의 기능과 관련짓는 일반적인 견해와 달리 신장에 뿌리를 두어 마음을 설명했다. 이식의 〈당실명〉에 대해 성호는 여러 차례 편지를 보내 논쟁했는데, 『성호전집』 9권에 나오는 〈답이외암答李畏庵〉 2편과 〈상이외암上李畏庵〉 1편이 대표적이다.

3 심학心學과 성학性學 : 양명학陽明學과 성리학性理學을 말한다. 양명학은 끊임없는 탐구와 연구를 강조한 주자朱子의 성리학(理學)과 달리 내면의 성찰과 자습自習을 중시하는 학문이다. 사람의 본성은 본질적으로 선하여 그 선이

물욕으로 더럽혀지거나 소멸했다고 하더라도 자신의 노력에 의해 다시 생성·발전시킬 수 있고, 그 과정에서 도道의 가장 높은 지식을 습득할 수 있다고 보았기 때문에 심학心學이라고 부른다. 육구연陸九淵을 이어 왕양명王陽明이 완성하여 육왕학陸王學이라고도 한다.

原文 24 先生嘗於冬月謂門人曰；吾今歲有過冬之粮，有菁菹有醬有燈油，有奴爲樵柴亦可以溫堗，與君輩講學，則吾事不旣濟矣乎.

선생께서 이전 겨울 무렵에 문인門人에게 말씀하시기를 "내게 올해 겨울을 지낼 양식이 있고, 무김치·장醬·등 기름이 있으며, 종[奴]이 있어 땔감을 해서 온돌을 덥힐 수 있으니 그대들과 학문을 강론하는 것에서 내 일이 이미 어려움을 다 건넌 것이 아니겠는가."라고 하셨다.

原文 25 先生曰；大豆之軟柔者，有別種，可以作飯，不難於咀嚼. 又大豆爲粥甚好，又大豆爲戰國醬者味好. 又大豆黃卷爲菜爲菹俱好，爲三豆會三豆歌. 又曰；吾家惟種大豆于田，故能食醬，洞內族人家，皆貧甚，無有含醬者矣. 且曰；俗謂水荏者，古之靑蘇也，水浸灑曝日久之後，笮油無臭，其淸美，毋讓芝麻之油，可以調和飮食也. 遺響所謂白鹿靑蘇卽是物也.

선생께서 말씀하시기를 "대두大豆 가운데 연하고 부드러운 것에는 특별한 종류가 있어 밥을 지을 만한데 씹기 어렵지 않다. 또 대두는 죽을 만들기에 몹시 좋고, 또 대두는 빨리 먹을 수 있는 청국장[1]을 만들 수 있는데 맛이 좋다. 또 콩나물[大豆黃卷][2]은 나물 반찬을 만들거나 절인 반찬을 만들 때 다 좋아서 삼두회三豆會[3]와 삼두가三豆歌[4]를 만들었다."고 하셨다. 또 말씀하시기를 "우리 집에서 대두를 밭에 심었기 때문에 장醬을 먹을 수 있는데, 마을 안의 집안사람들 집이 모두 몹시 가난하여 장을 먹을 수 있는 사람도 없다."고 하셨다. 또 말씀하시기를 "세상에서는 '들깨[水荏]를 옛날의 청소靑蘇'[5]라고 하는데, 물에 씻어서 오랫동안 햇볕에 말린 뒤에 기름을 짜면 냄새가 나지 않으니 그 맑고 아름다움은 참기름[芝麻油][6]에 떨어지지 않아 음식을 조화롭게 할 수 있다. 「유향遺饗」에 나오는 '백록청소白鹿靑蘇'[7]가 바로 이것이다."라고 하셨다.

주석

1 청국장 : 원문의 '전국장戰國醬'은 청국장淸麴醬을 말한다. 푹 삶은 콩을 띄워서 반쯤 찧다가 소금과 막고춧가루를 넣어 만든 된장인 청국장은 제조 기간이 짧아 전시戰時에 단기간 숙성시켜 단시일에 먹을 수 있기 때문에 전국장이라고도 한다.

2 콩나물 : 갯완두[－豌豆]・황권黃卷・두권豆卷・대두황권大豆黃卷이라고도 하는데 모두 콩나물을 말한다. 그 중에서도 원문의 '대두황권大豆黃卷'은 발아시킨 콩의 모습을 비유하여 붙여진 이름이다.

3 삼두회 : 〈삼두회시서三豆會詩序〉에서 성호는 "콩죽 한 사발과 콩나물 무침 한 접시, 된장국 한 그릇으로 삼두회라고 했다[糜粥一杅, 淹爲黃卷菹一盤, 酓爲豉漿一梧, 命曰 ; 三豆會.]."라고 했는데, 콩으로 만든 세 가지 음식을 모아 놓았다는 말이다. 삼두회三豆會에 관해서는 『성호사설』 16권의 〈삼두회三豆會〉와 『성호전집』 52권의 〈삼두회시서三豆會詩序〉에 나온다.

4 삼두가 : 콩죽 한 사발과 콩나물 무침 한 접시, 된장국 한 그릇인 삼두三豆를 두고 성호가 지은 시가詩歌를 말하는 듯하다. 『성호전집』 52권에 〈삼두회시

서三豆會詩序〉가 나오는 것으로 보아 성호가 〈삼두회시三豆會詩〉를 지은 것으로 보이지만 현재 찾을 수 없다. 이삼환李森煥의 『소미산방장少眉山房藏』 1권 「시詩」에 〈삼두회시三豆會詩〉가 나오는데, 제일 앞에 성호의 이야기를 첨부해 두었다.

5 세상에서는 …… 청소 : 원문의 '수임水荏'은 들깨를 말한다. 수소마水蘇麻·유마油麻라고도 한다. 원문의 '청소靑蘇'는 풀이름으로 잎이 부드러워 먹을 수 있고, 열매와 줄기는 약에 쓰는데, 흔히 청소靑蘇의 속칭을 수임水荏이라고 하고, 그 기름을 법유法油라고 한다. '수임水荏'과 '청소靑蘇'는 모두 들깨를 말한다.

6 참기름 : 원문의 '지마유芝麻油'는 참깨를 원료로 하여 짜낸 기름인 참기름을 말한다. 지마유芝麻油의 지마芝麻는 참깨와 검은깨를 통틀어 이르는 말인데, 호마胡麻라고도 한다.

7 유향에 …… 백록청소 : 「유향遺響」은 『당음唐音』의 편명篇名이다. 『당음』은 원元나라 양사굉楊士宏이 5책 14권으로 편찬한 책으로 「시음始音」 1권, 「정음正音」 6권, 「유향」 7권으로 구성되어 있다. 이 글의 '백록청소白鹿靑蘇'는 「유향」에 수록되어 있는 이하李賀의 칠언고시 〈진궁시秦宮詩〉에 나오는 구절로, "계수 꺾고 쇠를 녹여 새벽 자리를 기다리며 백록 청소를 밤늦도록 삶네[折桂銷金待曉筵, 白鹿靑蘇半夜煮.]."라고 하였다.

原文 26

先生曰；少時松谷曰，尊先公，嘗語余曰，吾於遺響奧義，已盡知矣，爾須學於我．其時笑而不學，至今有遺悔也．松谷仍言遺響數句之旨，吾亦恨不畢聞之也．唐音絶句亦然，而今所記者，僅十數條耳．又從子抱川進士，嘗言遺響之義，無難解矣，問汝何以知之，曰見溫飛卿李長吉二集註，曉然矣．君家曾有此二書，姪子所借見，亦此書也．君見之可得之也．時吾家書借人閪失，不復得見．

선생께서 말씀하시기를 "어렸을 때 송곡선생松谷先生[1]이 선친先親[2]

을 존경한다고 말하고, 이전에 내게 '내가 「유향遺響」[3]의 심오한 이치를 이미 다 알았으니, 너는 반드시 나에게 배워야 한다.'고 했는데, 그 때 웃으며 배우지 않은 것이 지금 와서는 후회가 된다. 송곡선생이 이어 「유향」에 수록된 몇 구의 뜻을 말씀하셨는데, 나는 또 다 듣지 못한 것이 한스럽다. 『당음唐音』의 절구絶句도 그런데, 지금 기억하는 것은 겨우 십여 가지 조목일 뿐이다. 또 종자從子인 포천抱川 진사進士[4]가 이전에 「유향」의 뜻은 이해하기 어렵지 않다고 하여, '너는 어떻게 아는가.' 하고 물으니, '온비경溫飛卿[5]과 이장길李長吉[6] 두 사람의 문집 주註를 보면 환하게 알 수 있습니다.'라고 했다. 그대 집에 이전에 이 두 책이 있었으니, 조카가 빌려 본 것도 이 책일 것이다. 그대가 보면 알 수 있을 것이다."라고 하셨다. 이 때 우리 집의 책을 다른 사람이 빌려가서 잃어버렸기 때문에 다시 보지 못했다.

주석

1 송곡선생 : 이서우李瑞雨(1633~1709). 【원문 17】의 2번 주석 참조.

2 선친 : 이하진李夏鎭(1628~1682). 본관은 여주驪州, 자는 하경夏卿, 호는 매산梅山・육우당六寓堂이다. 이우인李友仁의 증손으로, 조부는 좌찬성 이상의李尙毅이고, 부친은 지평 이지안李志安이며, 모친은 영제군寧堤君 이석령李錫齡의 따님이다. 성호의 부친이다. 식년문과에 갑과로 급제하여, 벼슬을 시작한 이후 대사헌에 이르렀다. 대사간 때 영의정 허적許積의 서자인 허견許堅의 불법을 상소하다가 허목許穆이 관직에서 쫓겨나자 허목을 두둔하다가 진주목사로 좌천되었고 얼마 뒤에 파직되었다. 김석주金錫胄로 인해 운산에 유배되어 이듬해 유배지에서 운명했다. 시와 글씨에 뛰어났으며, 저서로 『육우당집六寓堂集』이 있다.

3 유향 : 『당음唐音』의 편명篇名이다. 『당음』은 원元나라 양사굉楊士宏이 5책 14권으로 편찬한 책이다. 「시음始音」 1권, 「정음正音」 6권, 「유향遺響」 7권으로 구성되어 있다. 「시음」에는 왕발王勃・양형楊炯・노조린盧照隣・낙빈왕駱賓王의 시를, 「정음」에는 성당盛唐・중당中唐・만당晩唐의 시를, 「유향」에

는 제가諸家·여자女子·승려僧侶의 시를 수록했다. 『성호사설』 28권에 〈유향遺響〉이 나온다.

4 종자인 포천 진사 : 이원휴李元休(1696~1724). 자가 정보貞甫, 호는 금화자金華子로, 성호의 셋째 형 옥동玉洞 이서李溆의 외아들이다. 1723년 식년시에 진사가 되었으나, 병약한 몸으로 부친을 잃은 슬픔과 고된 시묘살이에 병을 얻어 29세로 요절했다. 문집으로 『금화유고金華遺稿』가 전한다.

5 온비경 : 온정균溫庭筠(812~870). 본명은 온기溫岐, 자가 비경이다. 중국 당唐나라의 시인이자 사인詞人으로, 송宋나라 시대에 유행한 사詞의 형식과 관련된 새로운 문체의 작시법을 확립하는 데 기여했다. 최초의 사선집인 『화간집花間集』에서 주요 시인으로 인정받았으며, 문집으로 『온비경시집溫飛卿詩集』이 있다.

6 이장길李長吉 : 이하李賀(791~817). 중국 당唐나라의 시인으로 자가 장길長吉이다. 하남河南 복창福昌 사람이며, 당唐나라 황실 자손이라고 하는데, 26세의 나이로 요절했다. 이백李白을 천재天才, 백거이白居易를 인재人才라고 했던 것에 대해 이하李賀를 귀재鬼才라고 불렀다고 한다. 시집으로 『이장길가시李長吉歌詩』가 있다.

原文 27

先生嘗言, 東人無解文章徑路者, 如某某家, 不足言, 如溪谷稍勝耳. 又曰 ; 眉翁文最古. 如東洲撰李延原碑, 言公於昏朝杜門, 惟時時奉朝請而已, 世稱文章云. 不肖奉質曰 ; 近時如朴西溪文最有力, 且南藥泉文明愷, 可謂經世之文矣. 先生曰 ; 朴公文果善. 其後又要借鄙家南相集, 閱而還之曰 ; 君言然矣.

선생께서는 이전에 동인東人들 중에는 문장文章을 짓는 방법을 이해하는 사람이 없으니, 예를 들어 누구누구 집안은 말할 것도 없고, 계곡谿谷[1] 같은 분은 그래도 조금 나은 편일 뿐이라고 말씀하셨다. 또 말씀하시기를 "미수眉叟 어른[2]의 글이 가장 예스럽다. 동주선생東

州先生[3]이 연원부원군延原府院君 이광정李光庭[4]의 신도비명神道碑銘을 지을 때 '공은 광해조光海朝 때 문을 닫아걸고 나가지 않으며 때때로 조정의 의식에만 참여할 뿐[5]이었다.'고 한 것과 같은 것을 세상에서는 문장文章으로 칭송한다."고 하셨다. 내가 여쭈기를 "근래에는 박서계朴西溪[6]의 글이 가장 힘이 있고 또 남약천南藥泉[7]의 글이 분명하고 온화하여 경세經世의 문장이라고 합니다."라고 하니 선생께서 말씀하시기를 "박공朴公의 글은 과연 훌륭하다."라고 하셨는데, 그 뒤에 또 우리 집에 있는 남상공南相公[8]의 문집을 빌려달라고 하셔서 보시고 돌려주시면서 말씀하시기를 "그대의 말이 옳다."고 하셨다.

주석

1 계곡 : 장유張維(1587~1638). 본관은 덕수德水, 자는 지국持國, 호는 계곡谿谷·묵소默所이다. 장례원 사의 장자중張自重의 증손으로, 조부는 목천현감 장일張逸이고, 부친은 판서 장운익張雲翼이며, 모친은 판윤 박숭원朴崇元의 따님이다. 우의정 김상용金尙容의 사위로 효종비 인선왕후仁宣王后의 부친이고, 사계沙溪 김장생金長生의 문인이다. 증광문과에 을과로 급제하여 벼슬했으나 김직재金直哉의 무옥誣獄에 연루되어 파직되었으나 인조반정仁祖反正에 가담해 정사공신靖社功臣 2등에 녹훈되었고, 이괄李适의 난 때 왕을 공주로 호종한 공으로 신풍군新豊君에 책봉되었으며, 정묘호란丁卯胡亂 때 강화로 왕을 호종했다. 병자호란丙子胡亂 때 최명길崔鳴吉과 함께 강화론講和論을 주장했다. 어머니의 부음訃音으로 사퇴하여, 장례 후 과로로 병사했다. 일찍이 양명학陽明學을 접해 주자학朱子學의 편협한 학문 풍토를 비판하고, 지행합일知行合一을 주장했다. 다양한 학문에 능통했고, 서화와 문장에 뛰어나 이정구李廷龜·신흠申欽·이식과 함께 사대가四大家라는 칭호를 받았다. 시호는 문충文忠이다. 저서로 『계곡만필谿谷漫筆』·『계곡집谿谷集』·『음부경주해陰符經注解』가 있다.

2 미수 어른 : 허목許穆(1595~1682). 본관은 양천陽川, 자는 문보文甫·화보和甫, 호는 미수眉叟이다. 찬성 허자許磁의 증손으로, 조부는 별제 허강許橿이고, 부친은 현감 허교許喬이며, 모친은 정랑 임제林悌의 따님이다. 부인은 영

의정 이원익李元翼의 손녀이다. 군주권의 강화를 통한 정치·사회 개혁을 주장했다. 정언눌鄭彦訥에게 글을 배우고, 문위文緯를 사사했으며, 정구鄭逑를 스승으로 섬겼다. 효종이 죽자 소를 올려 상례를 논했고, 다시 효종에 대한 조대비趙大妃의 복상기간이 잘못되었다고 상소해 파문을 던졌다. 효종의 비 인선왕후仁宣王后가 죽은 뒤 조대비의 복제 문제가 다시 제기되었을 때 그의 견해가 받아들여져 서인西人이 실각하고 남인南人이 집권하면서 대사헌에 임명되어 유일遺逸로서 삼공三公에 올랐다. 송시열宋時烈의 처벌 문제를 놓고 영의정 허적許積과 대립했고 이로 인해 남인南人이 탁남濁南과 청남淸南으로 갈렸다. 윤휴尹鑴와 대립한 뒤 사직하고 낙향했으며, 경신환국庚申換局으로 서인西人이 집권하자 관작을 삭탈당하여 고향에서 저술과 후진양성에 전심했다. 시호는 문정文正이다. 저서로 『동사東事』·『방국왕조례邦國王朝禮』·『경설經說』·『경례유찬經禮類纂』·『미수기언眉叟記言』이 있다.

3 동주선생 : 이민구李敏求(1589～1670). 【원문 21】의 1번 주석 참조. 원문의 주洲는 주州의 오자誤字이다. 이민구李敏求가 지은 이광정李光庭의 신도비명神道碑銘은 『동주선생문집東州先生文集』 7권 「비명碑銘」에 〈연원부원군 겸 이조판서 이공신도비명 병서延原府院君兼吏曹判書李公神道碑銘 幷序〉라는 제목으로 실려 있다.

4 이광정 : 연원부원군延原府院君은 이광정李光庭의 봉호封號이다. 이광정(1552～1629)의 본관은 연안延安, 자는 덕휘德輝, 호는 해고海皐이다. 부사 이말李緐의 증손이며, 조부는 군수 이경종李慶宗이고 부친은 정언 이주李澍이며, 모친은 유사필柳師弼의 따님이다. 증광문과에 병과로 급제했고, 임진왜란壬辰倭亂 때 선조를 모시고 의주로 갔다. 정유재란丁酉再亂 때 접반사로 명明나라의 부사였던 심유경沈惟敬을 만났고, 이후 접반사로 명나라의 제독 마귀麻貴를 따라 울산에 갔다. 주청사로 인목대비仁穆大妃의 책봉 고명誥命을 받으러 명나라에 다녀온 뒤 그 공로로 숭정대부崇政大夫가 되었으며, 다시 호성공신扈聖功臣 2등에 책록 되어 연원군延原君에 봉해졌다. 뒤에 보국숭록대부輔國崇祿大夫에 올라 부원군府院君이 되었다. 인조반정仁祖反正 이후 개성유수가 되었으나 해직 당했고 정묘호란丁卯胡亂 때 왕을 강화도로 모시고 피난하는 공을 세웠으나, 강화도에 있었을 때 걸린 전염병이 악화되어 운명했다.

5 조정의 의식에만 참여할 뿐 : 원문의 '봉조청奉朝請'은 조정의 명命에 의해 거행되는 의식에만 참여할 뿐 다른 일체의 정사政事에 관여하지 않음을 말한다.

6 박서계 : 박세당朴世堂(1629～1703). 본관은 반남潘南, 자는 계긍季肯, 호는 잠수潛叟·서계초수西溪樵叟·서계西溪이다. 박응천朴應川의 증손으로, 조부

는 좌참찬 박동선朴東善이고, 부친은 이조참판 박정朴炡이며, 모친은 양주윤씨楊州尹氏 관찰사 윤안국尹安國의 따님이다. 4살 때 아버지가 죽어 편모 밑에서 원주·안동·청주·천안 등지를 전전하다가 13세에 비로소 고모부인 정사무鄭思武에게 수학했다. 증광문과에 장원하여 관직 생활을 시작했고, 수찬 등을 거쳐 이조·형조의 판서를 지냈다. 실학자로서 박물학의 학풍을 이룩했고, 『사변록思辨錄』을 지어 종래의 경설經說을 개작하여 물의를 일으켰으며, 『사서집주四書集註』가 주자의 학설을 비방했다고 하여 관직에서 추방되었다. 당쟁의 소용돌이 속에서 맏아들 박태유朴泰維와 둘째 아들 박태보朴泰輔를 잃자 여러 차례에 걸친 출사 권유에도 불구하고 석천동에서 농사지으며 학문 연구와 제자 양성에만 힘썼다. 시호는 문절文節이다. 저서로 『서계선생집西溪先生集』과 『사변록思辨錄』·『신주도덕경新註道德經』·『남화경주해산보南華經註解刪補』 6책이, 편저로 『색경穡經』이 있다.

7 남약천 : 남구만南九萬(1629~1711). 본관은 의령宜寧, 자는 운로雲路, 호는 약천藥泉·미재美齋이다. 개국공신 남재南在의 후손으로, 조부는 남식南烒이고, 부친은 현령 남일성南一星, 모친은 권엽權曄의 따님이다. 송준길宋浚吉의 문하에서 수학했으며, 별시문과에 을과로 급제했다. 여러 관직을 거쳐 윤휴尹鑴·허견許堅 등을 탄핵하다가 남해南海로 유배되었다. 경신환국庚申換局으로 남인南人이 실각한 이후 영의정에 올랐는데, 이때 송시열宋時烈의 훈척비호勳戚庇護를 공격하는 소장파를 주도해 소론少論의 영수로 지목되었고, 기사환국己巳換局으로 남인이 득세하자 강릉에 유배되었다. 갑술옥사甲戌獄事 이후 다시 영의정에 기용되었고, 희빈 장씨禧嬪張氏의 처벌에 대해 중형을 주장하는 노론老論에 맞서 가벼운 벌을 주장하다가 숙종이 사사賜死를 결정하자 사직하고 낙향했다. 국정 전반에 걸쳐 다양한 경륜을 폈을 뿐만 아니라 문장에 뛰어나 책문冊文·반교문頒敎文·묘지명 등을 많이 썼고, 국내외 기행문과 우리 역사에 대한 고증도 많이 남겼다. 시호는 문충文忠이다. 저서로 『약천집藥泉集』·『주역참동계주周易參同契註』가 있다.

8 남상공南相公 : 남구만南九萬(1629~1711). 【원문 27】의 7번 주석 참조.

原文 28

先生曰；聽敏者未必勝於鈍滯，鈍而大讀者，其成就可觀，殆勝於聽敏而不讀者矣．近世以鈍根而大讀成文者三家，如孤山眉叟朴西溪，皆非凡人可及云云．以此見之，孤山亦果鈍才耶．如金柏谷不在計數中．

선생께서 말씀하시기를 "영리하고 재빠른 사람이 반드시 둔하고 꽉 막힌 사람보다 나은 것은 아니니, 둔하지만 독서를 많이 한 사람은 그 성취가 볼 만 하여 영리하고 재빠르지만 독서를 많이 하지 않는 사람보다는 나을 것이다. 요즈음 둔한 자질을 가지고서도 독서를 많이 하여 문장을 이룬 사람이 세 사람 있으니, 예를 들어 고산孤山[1]과 미수眉叟,[2] 박서계朴西溪[3] 같은 분은 모두 평범한 사람들이 미칠 수 있는 (수준의) 사람이 아니다." 등등의 말씀을 하셨다. 이 말씀으로 본다면, 고산도 과연 재주가 둔한 분인가? 김백곡金柏谷[4] 같은 분은 헤아려 세신 분 중에 들지도 않았다.

주석

1 고산 : 윤선도尹善道(1587～1671). 【원문 7】의 2번 주석 참조.
2 미수 : 허목許穆(1595～1682). 【원문 27】의 2번 주석 참조.
3 박서계 : 박세당朴世堂(1629～1703). 【원문 27】의 6번 주석 참조.
4 김백곡 : 김득신金得臣(1604～1684). 본관은 안동安東, 자는 자공子公, 호는 백곡柏谷이다. 백곡柏谷은 백곡栢谷으로도 쓴다. 부친은 경상도 관찰사를 지낸 김치金緻이며, 모친은 사천목씨泗川睦氏 목첨睦詹의 따님이고, 부인은 경주김씨慶州金氏이다. 어릴 때 천연두를 앓아 노둔한 편이었으나, 부친의 가르침과 훈도를 받아 문명을 떨쳤다. 「백이전伯夷傳」을 1억 번이나 읽어 자기 서재를 '억만재億萬齋'라고 하였다. 저서로 『백곡집柏谷集』과 『종남총지終南叢志』가 있고, 가전소설 「환백장군전歡伯將軍傳」과 「청풍선생전淸風先生傳」을 지었다.

原文 29

延勅時, 南大門設畫障巨幅, 一日尹恭齋, 着道袍往觀焉. 先生問何爲, 尹公曰; 觀畵也. 問何人畵, 尹公曰; 此安堅畵龍也, 可觀故往觀之耳.

(중국의) 칙사勅使를 맞이할 때 남대문南大門에 대형 화폭畵幅의 그림 장막을 설치하였는데, 하루는 윤공재尹恭齋[1]가 도포道袍를 차려 입고 가서 구경하였다. 선생께서 무엇 때문에 그런 것이냐고 물으니 윤공尹公이 말하기를 "그림 구경을 한 것이다."라고 하여 누구의 그림이냐고 물으니 윤공이 말하기를 "이것은 안견安堅[2]이 용을 그린 것인데, 볼만하기 때문에 가서 구경한 것뿐이다."라고 하였다.

주석

1 윤공재 : 윤두서尹斗緖(1668~1715). 본관은 해남海南, 자는 효언孝彦, 호는 공재恭齋이다. 윤선도尹善道의 증손이자 정약용丁若鏞의 외증조이고, 장남 윤덕희尹德熙와 손자 윤용尹熔도 화업畵業을 계승하여 3대가 화가 가문을 이루었다. 정선鄭敾, 심사정沈師正과 함께 조선 후기 삼재三齋로 불렀다. 진사시에 합격했으나 해남윤씨 집안이 속한 남인南人 계열이 당쟁으로 어려운 상황에 처하자 벼슬을 포기하고 고향인 해남 연동蓮洞으로 돌아와 일생을 학문과 시·서·화로 보냈다. 저서로 『기졸記拙』·『화단畵斷』이 있다.

2 안견 : (생몰년 미상). 본관은 지곡池谷, 자는 가도可度·득수得守, 호는 현동자玄洞子·주경朱耕이다. 세종 연간에 가장 왕성하게 활동하고 문종과 단종을 거쳐 세조 때까지도 화원으로 활약했다. 산수화에 뛰어났고, 초상肖像·화훼花卉·매죽梅竹·노안蘆雁·누각樓閣·말[馬]·의장도儀仗圖 등 다양한 소재의 그림을 그렸다.

原文 30

先生曰；人死固可悲，然旣死矣命也奈何．最可隣者，不生不死，飢餓將絶之時也，此時生者尤可哀於死者矣．

선생께서 말씀하시기를 "사람이 죽는 것은 진실로 슬픈 일이지만, 그러나 이미 죽었다면 명命이니 어떻게 하겠는가. 가장 가련한 것은 살지도 죽지도 못하면서 굶주려 목숨이 막 끊어지려는 때이니, 이때는 살아있는 사람이 죽은 사람보다 더 불쌍한 것이다."라고 하셨다.

原文 31

先生哭壯子，旣病數年救療之，百方勞心悴力，其得延數年之久者，亦至誠得其道之力也．旣卒一慟之後，卽斷置不復過悲傷也，蓋已知其不可爲也久矣，而亦平昔定力也．躬自治喪，從容詳盡，人不見其有異於常時也．其後或語及亡胤，輒仰視含淚，或哽塞窃歎，其處之得其中也．

선생께서는 장성한 아들을 잃으셨는데,[1] 병이 든 뒤 몇 년 동안 돌보고 치료하여 온갖 방법으로 마음을 쓰고 힘을 다하셨으니 몇 년의 목숨을 연장할 수 있었던 것도 지극한 정성으로 그 (치료의) 방법을 얻으신 힘 때문이었다. (아들이) 죽은 이후 한 번 통곡하신 뒤에는 곧 끊어 버리시고 다시는 지나치게 슬퍼하거나 마음 아파하지 않으셨으니, 이미 어떻게 할 수 없다는 것을 아신 지 오래 되어서이고 또 평소 갈고 닦으신 (학문의) 힘 때문이다. 몸소 직접 상喪을 치르셨는데, 조용하고 침착하며 자세하게 (예禮를) 다해 사람들이 평상시와 다른 모습을 보지 못했다. 그 뒤에 혹 말씀이 죽은 아들에게 미치면 곧 하늘을 우러러 눈물을 머금으시거나 혹 목이 매여 몰래 탄식하셨으니, 그 대처하신 것이 중도中道를 얻으신 것이다.

주석

1 장성한 아들을 잃으셨는데 : 성호의 외아들 이맹휴李孟休(1713~1751)의 죽음을 말한다. 이맹휴는 성호의 나이 71세가 되던 1751년 39세의 나이로 운명했다. 이맹휴李孟休의 초명은 이맹李孟, 자는 순수醇叟이다. 정시庭試에서 진사로 수석을 하여 영조英祖의 특명으로 한성부 주부가 되었고, 중부仲父 이잠李潛으로 인해 사간원의 탄핵이 있었으나 영조의 두둔으로 무사했다. 만경현령을 역임한 뒤 젊은 나이로 운명했다. 저서로 『접왜고接倭考』·『예경설경禮經說經』이 있다.

原文 32

先生少時, 聰明絶人, 於詩學文詞, 亦頗着力. 故旣老而多所誦念者, 嘗誦起李白全篇, 偶失一句曰 ; 老矣. 不能記其常誦全集而不忘, 可知也.

선생께서는 어렸을 때부터 총명聰明이 남들보다 뛰어나셨으며, 시학詩學과 문사文詞에 대해서도 힘을 쓰신 것이 많으셨다. 그렇기 때문에 늙으신 뒤에도 외우시는 것이 많으셨는데, 이전에 이백李白의 전편全篇을 외우시다가 우연히 한 구句를 잊으시고는 말씀하시기를 "늙었구나. 늘 외우던 전집을 기억하지 못하고 잊어버린 것으로 (늙었다는 것을) 알겠구나."라고 하셨다.

原文 33

先生偶見不肖案上置詩人玉屑，笑曰；此甚劣之書也. 又見架上弇州全集曰；君叔父言，少日嘗歷覽至三遍云矣. [於弇州似甚許之]

선생께서 우연히 내 책상 위에 있는 『시인옥설詩人玉屑』[1]을 보시고 웃으시면서 말씀하시기를 "이 책은 몹시 졸렬한 책이다."라고 하셨다. 또 시렁 위에 있는 엄주전집弇州全集[2]을 보시고 말씀하시기를 "그대의 숙부가 '젊을 때 일찍이 두루 보아서 세 번을 읽을 정도였다.'는 등의 말을 했었다."고 하셨다. [엄주에 대해서는 몹시 인정하신 것 같았다]

주석

1 시인옥설 : 중국 송宋나라의 위경지魏慶之가 남송南宋의 도종度宗 때 20권으로 편찬한 시문집詩文集이다. 위경지의 자는 순보醇甫, 호는 국장菊莊이며, 건안建安 사람이다. 송宋나라 시대에는 많은 시화집이 나왔는데, 호자胡仔의 『초계어은총화苕溪漁隱叢話』와 위경지의 『시인옥설詩人玉屑』이 대표적인 저작이다.

2 엄주전집 : 명明나라 왕세정王世貞의 문집을 말한다. 왕세정(1526~1590)의 자는 원미元美, 호는 봉주鳳州·엄주산인弇州山人으로, 강소성江蘇省 태창太倉 사람이며, 우도어사 왕서의 아들이다. 남경南京의 형부상서에 올랐다. 아버지가 엄숭에 의해 박해를 받자 장시長詩를 지어 엄씨 부자의 죄악을 고발해 칭송을 받았다. 이반룡李攀龍과 함께 복고파인 '후칠자後七子'의 중심인물이 되었으며, 이반룡이 죽자 20년간 문단을 이끌었다. 문장文章은 반드시 진秦·한漢을 본받고 시詩는 반드시 성당盛唐을 모범으로 삼을 것을 주장하면서, 복고운동에 힘을 기울였다. 저서로 『엄주산인사부고弇州山人四部稿』 174권과 『예원치언藝苑巵言』, 「명봉기鳴鳳記」와 「사승고오史乘考誤」가 있다.

原文 34

先生曰；近來新書甚多，而人多不觀蓄之，何補. 余以爲事文類聚，古之好書也，勸孫兒觀此書，毋爲求見新出書計也.

선생께서 말씀하시기를 "요즈음 새로운 책이 몹시 많으나 사람들이 대부분 보고 마음속에 쌓아두지 못하니 무슨 도움이 되겠는가. 내가 『사문유취事文類聚』[1]를 옛날의 좋은 책이라고 생각하여 손자 아이들에게 이 책을 보라고 권하고 새로 나온 책을 구해 볼 생각을 하지 말라고 했다."라고 하셨다.

주석

1 사문유취 : 중국 송宋나라의 축목祝穆과 원元나라의 부대용富大用·축연祝淵이 편찬한 책이다. 축목은 구양순歐陽詢의 『예문유취藝文類聚』를 모방하여, 전집前集 60권, 후집後集 50권, 속집續集 28권, 별집 32권으로 만들었는데, 당시 여러 책에 나오는 중요한 부분과 고금의 사실事實·시문詩文을 수집하고 분류하여 편찬하였지만, 각 부문의 내용이 간단하고 시문詩文 또한 그렇게 많이 수록되어 있지 않기 때문에 사료적 가치가 높지 않다. 이후 부대용이 신집新集 36권과 외집外集 15권을 편찬했으며, 축연이 유집遺集 15권을 편찬했다.

原文 35

先生少睡，一夜只眠一更，又晝無睡，七十後，始有午睡，亦卽時覺矣.

선생께서는 잠이 적으셔서 하룻밤 동안 단지 두 시간[一更]을 주무실 뿐이셨고, 또 낮잠도 주무시지 않으셨는데, 나이 칠십 이후에 비로소 낮잠을 주무셨지만, 또 바로 일어나셨다.

原文 36

先生曰; 人之貧者, 無變爲富人之術矣, 只安分節用, 免於餓死足矣. 人於親喪, 用債物治喪, 纔成服, 索價者登門, 無策可償, 豈非貽辱之甚乎.

선생께서 말씀하시기를 "가난한 사람이 변하여 부유한 사람이 될 수 있는 방법이 없으니, 분수分數를 편안하게 여기고 재물을 절약하여 굶주려 죽는 것을 면하면 그것으로 된 것이다. 사람들이 부모님의 상喪을 치를 때 남의 재물財物을 빌려 상을 치르니, 겨우 성복成服[1] 했을 뿐인데 (재물을 빌려준 사람이) 값을 달라고 해서 문門을 타고 넘어와도 갚을 방법이 없으니 어찌 (돌아가신 부모님께) 욕을 끼친 것이 심한 것이 아니겠는가."라고 하셨다.

주석

1 성복 : 상을 당한 뒤 초종初終·습襲·소렴小斂·대렴大斂 등을 마친 뒤 상복喪服으로 갈아입는 상례의식喪禮儀式을 말한다. 대렴의 다음날, 즉 상을 당한 지 4일 만에 행하는 것을 원칙으로 한다. 상을 당한 4일째 되는 날의 아침에 참최斬衰·자최齊衰에서 시복緦服까지 모든 복인服人들은 지정된 상복으로 갈아입는다.

原文 37

先生曰 ; 敎兒, 每朝書所讀經書大文數章于粉紙, 內舍壁上, 掛一片, 外舍壁柱上, 又掛一片, 兒每早起, 使必仰瞻口念一遍, 旣梳洗入內拜母, 又必仰瞻所掛, 口念一遍, 明日易新章, 日日如是, 以爲常久而能記, 此要法也.

선생께서 말씀하시기를 "아이들을 가르칠 때 아침마다 읽어야 할 경서經書의 대문大文 몇 장을 두루마리에 써서, 안채의 벽 위에 한 조각을 걸어 놓고, 바깥채의 기둥 위에 또 한 조각을 걸어 놓아 아이들이 아침에 일어날 때마다 반드시 쳐다보고 한 번 입으로 외우게 하고, 머리 빗고 세수하고 안채에 들어가 어머니께 절한 다음 또 반드시 걸린 것을 쳐다보고 한 번 입으로 외우게 하며, 다음날 새로운 장章으로 바꾸어 날마다 이렇게 하여 항상 하는 일로 삼아 오랫동안 하면 기억하게 되니, 이것은 중요한 방법이다."라고 하셨다.

原文 38

先生家內子孫早起, 出外必拜, 入內必拜, 其還必拜, 經宿之地尤然. 室窄或有拜辭于庭者, 年相敵者, 相遇不揖, 必兩相拜, 嘗曰 ; 揖似不恭也.

선생 집안의 자손들은 아침에 일찍 일어났으며, 집 바깥으로 나갈 때 반드시 절했고 안채로 들어갈 때 반드시 절했으며, (바깥에 나갔다가) 돌아와서는 반드시 절했는데, 바깥에 나가서 자고 온 경우에는 더욱 그랬다. 방이 좁아 혹 뜰에서 절하고 인사하는 경우도 있었으며, 나이가 서로 비슷한 사람이 만나면 읍揖[1]하지 않고 반드시 두 사람이 서로 절했는데, 이전에 말씀하시기를 "읍은 공손하지 않은 것 같다."고 하셨다.

주석

1 읍揖 : 인사하는 예禮의 한 종류로, 두 손을 맞잡아 얼굴 앞으로 들어 올리고 허리를 앞으로 구부렸다가 몸을 펴면서 손을 내린다. 절[拜]보다 가벼운 예법으로 공식적인 자리[公座]나 길에서 또는 말 위에서 행했다.

原文 39

先生曰 ; 長幼之禮, 列於五倫, 而今俗都不講, 朋友之義, 淪喪久矣. 以是論之, 五倫中廢之者, 幾半矣. 父子之倫重大, 姑勿說, 行身處心若是, 其於君臣之義, 不爲懷利祿者幾何, 而夫婦之間, 不以衽席豢養之私, 而以禮別者幾何. 吁其可嘅也. 又曰 ; 人有片言盟誓, 尙以負盟言爲恥. 下賤亦然, 況夫婦之間, 昏禮之書曰 ; 玆有先人之禮, 謹行納幣之儀, 其於交拜之席, 大書之曰二姓之合, 萬福之源, 其約誓之重, 何如也. 又此父母所命也, 妻之所以移天於夫家者也. 此而可背, 將無所不薄, 此而失信, 將無所不至矣. 其可忍乎.

선생께서 말씀하시기를 "어른과 어린 아이 사이의 예[長幼之禮]는 오륜五倫에 들어있는데 지금 세상에서 전혀 익히지 않고, 친구들 사이의 의리[朋友之義]는 없어진 지 오래되었다. 이런 상황을 가지고 따져보면 오륜 가운데 없어진 것이 거의 반이다. 아버지와 아들 사이의 윤리[父子之倫]는 중대한 것인데 우선해서 말하지 않으니, 몸을 움직이고 마음을 두는 것이 이와 같다면, 임금과 신하 사이의 의리[君臣之義]에서 이익利益과 관직官職을 마음에 두지 않는 사람이 얼마나 될 것이며, 부부 사이에서 잠자리[1]와 먹이고 길러주는 사사로움이 아니라 예의를 가지고 부부 사이를 구별하는 사람이 얼마나 되겠는가. 아! 한탄스럽구나." 라고 하셨다.

또 말씀하시기를 "사람이 한 마디 말로 맹세를 하더라도 오히려 맹세한 말을 저버리는 것을 부끄러움으로 여긴다. 아래의 천한 사람도 그런데, 하물며 부부지간을 맺는 혼례의 글에 '여기에 선인의 예가 있어 납폐納幣의 의儀를 삼가 행한다.'고 하고, 맞절하는 자리에 크게 써서 '두 성씨가 합하는 것이고 모든 복의 근원이다.'라고 하였으니 그 약속과 맹세의 무거움이 어떠하겠는가. 또 이것은 부모님께서 명하신 것이고, 아내는 하늘을 남편의 집으로 옮긴 것이다. 이러고서도 (약속을) 등진다면 앞으로 못할 짓이 없을 것이고, 이러고서도 믿음을 잃는다면 앞으로 못할 것이 없을 것이다. (이런 짓을) 차마 할 수 있겠는가."라고 하셨다.

주석

1 잠자리 : 원문의 '임석衽席'은 앉거나 누울 때 바닥에 깔거나 덮는 직사각형의 물건이나 '요'라는 의미에서 '침실寢室'을 이르는 말인데, 특히 침실에 까는 이부자리를 뜻하는 말로 많이 쓰여 아녀자의 처소를 의미하는 경우가 많다.

原文 40

先生末年曰；吾戒孫兒，宜着藁鞋，嶺南士人，皆手結草履着之，豈不好乎．繩鞋麻鞋，亦費價難繼也．又曰；祖墓在百里外，而孫兒尙未省拜者，只緣啚騎之甚艱，一番徒步往省，年弱尙未果也．

선생께서 말년에 말씀하시기를 "내가 손자들에게 주의를 주어서 짚신을 신어야 한다고 했는데, 영남지역의 선비들은 모두 손수 풀을 짜서 신발을 만들어 신으니 어찌 좋지 않겠는가. 고운 삼으로 만든 신발[繩鞋]이나 생삼[生麻]으로 만든 신발[麻鞋][1]은 비용 때문에 계속 신기 어려운 것이다."라고 하셨다. 또 말씀하시기를 "조상의 묘가 백리 너머에 있는데 손자들이 오히려 찾아가 성묘하고 절하지 못하는 것은 단지 가난해서[2] 말을 타고 가기가 몹시 어려워서인데, 한 번이라도 걸어가서 성묘하는 것을 약관弱冠의 나이(인 20세)가 되어서도 오히려 하지 않는다."라고 하셨다.

주석

1 고운 …… 신발 : 원문의 '승혜繩鞋'는 고운 삼[麻]으로 만든 신발로, 대개 서민층 이하의 부녀婦女들이 신는 신발을 말하며, 원문의 '마혜麻鞋'는 생삼[生麻]을 삶아 만든 신으로 신바닥과 총이 조밀하고 결이 고와 양반과 상인들 사이에 애용되었던, 짚신보다는 고급스러운 신을 말한다. 이 둘이 모두 삼[麻]으로 만들었다는 점에서 둘을 합해 미투리, 마혜麻鞋라고도 한다.

2 가난해서 : 원문의 '비啚'는 '비鄙'와 같은 글자로 가난을 말한다.

原文 41 先生於草木物名, 多識解, 兼通其性味, 凡花卉亦然.

선생께서는 초목草木과 사물의 이름에 대해서 많이 알고 계셨으며, 여기에 더하여 그 성질과 맛에 대해서도 훤히 아셨는데, 화훼花卉에 대해서도 그러하셨다.

原文 42

三禮儀者, 近世朴相所撰也, 先生每稱其精核. 嘗著姑在服, 及孫承重者, 於父亡於祖喪, 三年內不可之說. [詳文集]

『삼례의三禮儀』[1]는 요즈음 박상공朴相公[2]이 지은 것인데, 선생께서는 늘 그 내용이 몹시 정밀하고 철저하다고 칭찬하셨다. 이전에 시어머니가 살아계실 때 (며느리와) 또 손자로 종통宗統을 잇는 사람이 할아버지의 상喪을 치르는 동안 아버지가 돌아가셨을 때 삼년 안에는 (신주에 기록된 내용을 고쳐 써서는) 안 된다[3]는 말씀을 하셨다. [문집에 자세하다]

주석

1 삼례의 : 박세채朴世采가 관冠·혼婚·제祭 3례에 관해 『주자가례朱子家禮』와 여러 제도를 상고하여 만든 책이다. 3권 1책으로 박세채가 죽은 뒤인 1711년에 간행되었다. 이 책은 예법禮法을 당대의 예제禮制에 부합하도록 엮은 것이다.

2 박상공 : 박세채朴世采(1631～1695). 본관은 반남潘南, 자는 화숙和叔, 호는 현석玄石·남계南溪이다. 부친은 홍문관 교리 박의朴漪이며, 모친은 신흠申欽의 따님이다. 그의 가계家系는 명문세족으로, 증조부 박응복朴應福은 대사헌, 조부 박동량朴東亮은 형조판서를 지냈으며, 『사변록思辨錄』을 저술한 박세당朴世堂과 박태유朴泰維·박태보朴泰輔 등은 당내간堂內間의 친족이다. 송시열宋時烈의 손자 송순석宋淳錫이 그의 사위이다. 율곡栗谷·우계牛溪의 문묘종사에 영남유생 유직柳稷이 반대 상소를 올리자 그 상소의 부당성을 비판하는 글을 올린 뒤 효종의 비답批答에 분개하여 과거를 포기하고 학문에 전념했다. 김상헌金尙憲과 김집金集의 문하에서 수학했으며, 자의대비慈懿大妃의 복상문제服喪問題에서 기년설朞年說을 주장한 서인西人의 이론가로 활약했으나 남인南人이 집권하자 관직을 삭탈당하고 양근楊根·지평砥平·원주原州·금곡金谷을 전전하며 유배생활을 했다. 경신환국庚申換局 이후 우참찬에 이르렀고, 회니懷尼 분쟁에서 〈황극탕평론皇極蕩平論〉을 발표해 노·소론老少論의

대립을 막으려 했으나, 끝내 소론의 편에 서서 윤증尹拯을 두둔했다. 기사환국己巳換局으로 관직에서 물러났고, 갑술옥사甲戌獄事 이후 소론의 영수가 되었다. 저서로 『범학전편範學全編』·『심경요해心經要解』·『남계수필록南溪隨筆錄』·『삼례의三禮儀』 등이 있다.

3 시어머니가 … 안 된다 : 『성호전집』 42권의 〈승중자지처고재복조설承重者之妻姑在服祖說〉과 29권의 〈답최사문 종화 정묘答崔斯文 宗華○丁卯〉, 37권의 〈답병휴문목 무진答秉休問目 戊辰〉, 44권의 〈천자제후조망부유폐질주상의天子諸侯祖亡父有廢疾主喪義〉 등에 이 내용이 보인다.

原文 43

先生曰；余貧者也，故喪禮欲以薄爲道，祭祀亦隨力，爲可繼之道可也．人於婚喪，不量力，效人爲之，逐事賣土，蕩盡無餘，上不得奉其祀，下不得保其身，此豈道理乎．又言士人家，奉四代先祀之過分，最長房奉主其室之非宜，貧室無奉主之所，褻辱者多矣．國典六品官以上，奉三代，況無官之匹夫乎，此說甚長，見行狀，又見文集．

선생께서 말씀하시기를 "나는 가난한 사람이기 때문에 상례喪禮는 검소하게 치르는 것으로 도리道理를 삼으려고 하고, 제사祭祀는 또 능력에 따라서 계속할 수 있는 방법을 찾는 것이 옳은 것이다. 사람들이 혼례婚禮와 상례에서 (자신의) 능력을 헤아리지 않고 남을 따라 해서 일이 생기면 땅을 팔고 재산을 탕진해 남은 것이 없어, 위로는 제사를 받들 수 없고, 아래로는 그 자신의 몸도 보전하지 못하니 이것이 어찌 도리이겠는가."라고 하셨다. 또 선비들 집안에서 4대 선조의 제사를 모시는 것은 분수를 넘어서는 것이니, 친족 가운데 항렬이 가장 높은 사람[1]이 방 안에서 신주를 모시는 잘못이나 가난한 집안에서 신주를 모실 곳이 없는 것보다 더 많이 욕되는 것이다. 나라의 법전에 육품관六品官 이상이라야 3대(의 제사)를 모신다고 했는데, 하물며 벼슬이 없는 보통 사람이겠는가라고 말씀하셨는데, 이 말씀을 가장 많이 하셔서 행장에 보이고 또 문집에도 보인다.

주석

1 친족 …… 사람 : 원문의 '최장방最長房'은 4대 이내의 자손들 가운데에서 항렬이 가장 높은 사람을 말한다.

原文 44

先生曰; 士人之以文章才望, 有名稱於世, 極可畏, 況處在京洛, 賓客過從, 言語脫口, 易招謗毁, 此不保身之道. 唯鄕居差勝, 交游言辭, 自簡少耳. 斷絶世念, 毋有希望, 庶幾免矣夫.

선생께서 말씀하시기를 "선비가 문장과 재주·명망으로 세상에 이름이 거론되는 것은 몹시 두려운 일인데, 하물며 서울에 거주하여 손님들이 찾아오고, (내가 한) 이야기가 입을 벗어나 헐뜯고 비방하는 말을 쉽게 부르니 이것은 몸을 보전하는 방법이 아니다. 시골에서 사는 것이 조금 나으니, 교유할 때의 말도 스스로 간략하게 할 뿐이다. 세상에 대한 생각을 끊어버리고 희망을 두지 않으면 (욕을) 거의 면할 수 있을 것이다."라고 하셨다.

原文 45

先生曰；家兒得病於冬月，陞補場屋，蓋失時耐冷，祟在是矣，不能禁止，此則吾之過也.

선생께서 말씀하시기를 "우리 집 아이가 겨울에 병을 얻었지만 과거科擧에 합격하여[1] 냉증冷症을 치료할 때를 놓쳤으니, 재앙災殃의 빌미가 여기에 있는 것이고, (과거에 응시하는 것을) 금지하지 못하였으니 이것은 내 잘못이다."라고 하셨다.

주석

1 과거에 합격하여 : 원문의 '승보陞補'는 소과小科(생원진사시生員進士試)의 초시初試 중 하나를 말한다. 성균관 대사성이 사학 유생에게 매년 10회씩 부賦 1편과 고시古詩 1편을 시험해, 성적 우수자에게 곧장 생원진사시의 2차 시험인 복시覆試에 응시할 자격을 주었는데, 이것을 승보陞補라고 한다. 원문의 '장옥場屋'은 비를 막거나 햇볕을 피해서 과거科擧를 볼 수 있도록 만든 과거 시험장을 말한다.

原文 46

先生曰；人踐東西仕路，謂之兩班，先祖雖有官位，而後孫無官者，尙稱兩班可乎.

선생께서 말씀하시기를 "사람들이 동서東西의 벼슬길을 밟는 것을 양반兩班[1]이라고 하니 선조先祖가 비록 관직에 있었더라도 후손이 관직에 없는 사람을 여전히 양반이라고 하는 것이 되겠는가."라고 하셨다.

주석

1 동서의 …… 양반 : 양반兩班은 원래 문반文班과 무반武班을 지칭하는 개념으로 사용되었으나 고려 말부터 관제官制상의 문·무반뿐만 아니라 지배 신분층을 지칭하는 용어로 사용되었다. 임금이 조회朝會를 받을 때, 남향南向한 임금을 향해 동쪽에 서는 반열班列을 동반東班(문반), 서쪽에 서는 반열班列을 서반西班(무반)이라고 하고, 이 두 반열을 통칭하여 양반이라고 한 것이 고려 말 무렵부터 지배 신분층을 지칭하는 용어로 사용되었다.

原文 47

先生居處, 衣冠衾席, 寒儉之狀, 實有他人所不可堪者, 而先生處之泰然. 雖以先生家計, 言之雖曰貧窶, 似不至如是之薄. 而先生則以是爲分內事, 家人亦化之.

선생의 거처와 의관, 이불과 자리의 빈한貧寒하고 검소한 모습은 진실로 다른 사람들은 견딜 수 없는 것이었지만, 선생께서는 태연하게 거처하셨다. 비록 선생의 가산家產에 대해 (선생께서 말씀은) 비록 가난하고 구차하다고 하셨어도 이와 같이 없다고 여기지 않으시는 듯 했다. 선생께서는 이런 상황을 분수 안의 일로 여기셨는데, 집안사람들도 여기에 교화되었다.

原文 48

先生曰 ; 飮食正味, 富貴豪侈之人, 皆不之知也, 知之者, 唯吾輩耳. 終日忍飢, 至暮而進粥, 其甘如飴, 此正味也. 仍言孟子飢渴害之之義.

선생께서 말씀하시기를 "음식의 바른 맛은 부귀하고 호화롭고 사치하는 사람은 모두 알지 못하니, 아는 사람은 우리들뿐이다. 하루 종일 배고픔을 참다가 저녁이 되어 죽을 먹으면 (그 맛이) 엿처럼 달콤하니 이것이 바른 맛이다."라고 하시고 이어서 『맹자孟子』의 주림과 목마름이 해가 되겠는가[1] 하는 뜻으로 말씀하셨다.

주석

1 주림과 …… 되겠는가 : 『맹자孟子』「진심상편盡心上篇」에 "맹자께서 말씀하셨다. '굶주린 자는 달게 먹고, 목마른 자는 달게 마시니, 이는 음식의 올바른 맛을 알지 못하는 것이다. 굶주림과 목마름이 해치기 때문이니, 어찌 입과 배만 굶주리고 목마른 해가 있겠는가. 마음까지도 또한 모두 해가 있는 것이다. 사람이 배고픔과 목마름의 해를 마음의 해로 만들지 않는다면 남에게 미치지 못함을 근심하지 않는다.'고 했다[孟子曰 ; 飢者甘食, 渴者甘飮, 是未得飮食之正也. 飢渴害之也, 豈惟口腹有飢渴之害. 人心亦皆有害, 人能無以飢渴之害爲心害, 則不及人不爲憂矣.]."는 구절이 나온다.

原文 49

先生曰 ; 湖西農夫, 有一日食一斗穀者, 酒也飯三時. 又有傍點心者, 二時也, 酒必四五升, 而飯亦每一升有餘, 高覆盂上, 幾半出也. 如是而民安得不貧乎. 又曰 ; 婢僕之子四五歲者, 每見其腹, 脹膨欲坼彈之如出琴絃聲, 其能不死者亦異矣, 然病則深矣. 其遇凶年先死者, 此輩也. 漂海人見東人之飽食譏之云.

선생께서 말씀하시기를 "호서湖西의 농부 중에 하루에 한 말의 곡식을 먹는 사람이 있으니 세 끼의 식사 때마다 술을 곁들여 먹는다.

또 점심을 먹는 사람이 있으니, 두 끼니 때에 반드시 4~5되의 술을 먹고, 밥도 매번 한 되 조금 더 먹어 높은 밥그릇 위로 (밥이) 거의 반이나 솟아올랐다. 이와 같이 하고도 그 백성이 어찌 가난하지 않겠는가."라고 하셨다. 또 말씀하시기를 "네댓 살 된 종의 자식이 늘 자기 배를 보고 거문고 줄 소리를 내면서 탄환이 터지듯 배가 불러 터지기를 바라니, 그 아이가 죽지 않은 것도 이상한 일이지만, 그러나 병은 더 심한 것이다. 흉년을 만나면 먼저 죽을 사람이 이 사람들이다. 바다를 떠돌던 사람들이 우리나라 사람들이 배부르게 먹는 것을 보고 비꼬았다고 한다."라고 하셨다.

原文 50

先生曰；菜食之久，忘味已久，未覺菜味之有異於肉味也．又肉味亦一，咀嚼入喉之間，旣過喉之後，已成臭腐矣，其有間乎．

선생께서 말씀하시기를 "채식을 오래하여 (고기) 맛을 잊은 지 이미 오래되었으니, 채소 맛이 고기 맛과 다르다는 것을 깨닫지 못하겠다. 또 고기 맛 또한 한 가지이니, 씹어 목구멍으로 삼키는 순간과 목구멍으로 삼킨 이후에 벌써 썩은 냄새가 나니 그 사이(에 무슨 맛의 차이)가 있겠는가."라고 하셨다.

原文 51

族人有以居鄕, 乏肉饌爲言者, 先生曰 ; 山僧亦蔬食堪之矣. 又有以久久獨處之難爲言者, 先生笑曰 ; 閹宦尙耐過矣, 此亦一時雅謔.

일가친척 중에 시골에 살면서 고기반찬이 없는 것을 가지고 말하는 사람이 있으니 선생께서 말씀하시기를 "산속의 스님도 채소 먹는 것을 견딘다."고 하셨다. 또 (부인 없이) 오랫동안 혼자 사는 것이 어렵다고 말하는 사람이 있으니 선생께서 웃으며 말씀하시기를 "내시나 환관宦官도 오히려 견디며 살았다."고 하셨다. 이것 또한 한때 (선생의) 고상한 농담이었다.

原文 52

先生雖貧, 未嘗貸人債, 官糴只謹, 輸租稅先於人. 奴僕之外, 雖隣近下賤, 未敢以醜辱相加, 初嘗禁之, 末乃感化而成習, 自不爲鬪鬩之事.

선생께서는 비록 가난하셨지만, 일찍이 남에게 빚을 내지 않으셨고, 관청에서 빌려주는 곡식도 삼가셨지만 세금은 남보다 먼저 내셨다. 집안의 종 이외에 비록 이웃에 사는 천한 사람들이라 하더라도 감히 서로 헐뜯고 욕하지 못하게 하셔서 애초에 일찍이 금지하셨으니 나중에 가서는 곧 (선생에게) 감화感化하여 습관이 되어 저절로 싸우거나 다투는 일을 하지 않았다.

原文 53

先生少時喜爲山水游，晚年每言之娓娓，於己卯遊楓嶽，頗草草爲恨. 不肖乙卯夏，賞金剛還，先生問遊山次第，洞壑遠近，歷歷若昨日事. [又言少賞天磨得病事]

선생께서는 젊었을 때 산수山水 유람을 즐기셔서 늘그막에 늘 장황하게 말씀하셨고, 기묘년己卯年 금강산金剛山을 유람할 때[1] 너무 서둘러 대충 보고 온 것을 한으로 여기셨다. 내가 을묘년乙卯年[2] 여름에 금강산을 유람하고 돌아오니 선생께서 금강산을 유람한 순서에 대해 물으셨는데, 멀고 가까운 골짜기들을 마치 어제 일 같이 또렷하게 기억하고 계셨다. [또 젊어서 천마산天磨山을 유람하다가[3] 병을 얻었던 일을 말씀하셨다]

주석

1 기묘년 …… 유람할 때 : 기묘년己卯年은 1699년으로, 성호의 나이 19세 때이고, 풍악楓嶽은 금강산金剛山을 말한다. 성호가 금강산을 유람한 일에 대해서는 구체적인 기록을 찾을 수 없으나 몇 편의 글에 단편적인 사실이 나오는데, 『성호전집』 17권의 〈답조정숙 을해答趙正叔 乙亥〉와 52권의 〈강광지 세황 탕춘대유춘시축서姜光之 世晃 蕩春臺遊春詩軸序〉에 간략하게 언급되어 있다.

2 을묘년 : 1735년 영조英祖 11년으로, 유경종柳慶種의 나이 22세, 성호星湖의 나이 55세 때이다.

3 천마산을 유람하다가 : 『성호전집』에는 1744년 성호의 나이 64세 때 금천金川의 선영先塋을 둘러보고 천마산天磨山을 유람했다고 나오지만, 이병휴李秉休의 글에는 1714년으로 나온다. 이 글에서 젊어서 천마산을 유람했다고 한 것으로 보아 1714년 34세 때로 보는 것이 타당해 보인다. 『성호전집』 53권에 〈유천마산기遊天磨山記〉가 나온다.

原文 54

先生笑曰；人若各享年六十，各生一子一女而止，人人皆然，則無不均之患，而奈世無此理何哉．又笑曰；人若節慾，使各生子女而止，他無浪費精力，豈有痼疾夭扎之悲乎，而奈人不知限節何哉．

선생께서 웃으며 말씀하시기를 "사람이 만약 (모두) 각각 육십 년의 수명을 누리고, 각각 아들 하나 딸 하나를 낳은 뒤에 그만두어, 사람마다 모두 그렇게 하면 공평하지 못하다는 근심이 없을 것인데, 세상에 이런 이치가 없으니 어떻게 하겠는가."라고 하셨다. 또 웃으며 말씀하시기를 "사람이 만약 욕심을 억제하여 (이들이) 각각 아들 딸을 낳고 그만두어 다른 곳에 정력을 낭비하지 않게 한다면 어찌 고질병이나 젊어 일찍 죽는[1] 슬픔이 있겠는가마는 사람들이 한계나 절제를 모르니 어떻게 하겠는가."라고 하셨다.

주석

1 젊어 일찍 죽는 : 원문의 '요찰夭札'은 요절夭折과 같은 뜻으로 젊은 사람의 죽음을 말한다.

原文 55

先生孫元陽，暑月在憂服，弱年棘人，流汗伏苫．先生指而憫然曰；聖人制禮，豈至使如是乎．

선생의 손자 원양元陽[1]이 한 여름에 부모님의 상[憂服][2]을 당했는데, 어린 나이에 부모님의 상을 당해[3] 땀을 흘리며 거적에 엎드려 있었다. 선생께서 (원양을 가리키고) 불쌍히 여기시면서 말씀하시기를

"성인聖人께서 예禮를 만드신 것이 어찌 (이 아이를) 이 지경에 이르게 하였는가."라고 하셨다.

주석

1 원양 : 성호의 손자 이구환李九煥(1731~1784)을 말한다. 이구환의 자는 원양元陽, 호는 가산可山이며, 성호의 외아들 이맹휴李孟休의 아들이다. 경기도 광주廣州에서 출생했으며, 갑오식년사마시에 합격하여 성균관에 들어갔으나 당시의 정치적 상황으로 인해 과거科擧를 포기했다. 어린 시절부터 성호를 직접 사사師事하여 성호에게 큰 영향을 받았다. 아명兒名은 여달如達인데, 이구환이 태어날 때 부모를 고생 시키지 않아 쉽게 출산했기 때문에 『시경詩經』 〈생민장生民章〉의 "첫아이를 낳으면서 양 새끼처럼 순산했네[先生如達]."라는 구절을 따서 그렇게 부른 것 같다. 부인은 안동권씨安東權氏 권세억權世檍의 따님으로, 슬하에 이재남李載南·이재적李載績 두 아들과 한기중韓璣重·이학연李學延에게 시집간 두 딸을 두었다.

2 부모님의 상 : 원문의 '우복憂服'은 '거우居憂'나 '복상服喪'와 같은 말로 상중喪中에 있다는 말인데, 이때의 상喪은 부모의 상喪을 말한다.

3 부모님의 상을 당해 : 원문의 '극인棘人'은 몹시 큰 슬픔에 빠져 수척한 사람으로, 흔히 부모나 조부모가 세상을 떠나 상중喪中에 있는 사람을 말한다. 『시경詩經』 「회풍檜風」 〈소관장素冠章〉에 "행여 흰 관을 쓴 극인의 수척함을 볼 수 있을까[庶見素冠兮, 棘人欒欒兮.]."라고 했다.

原文 56

先生曰；人於煙茶，廢事妨工者極多，而人不自覺也．不特費財損氣而已．

선생께서 말씀하시기를 "사람이 담배와 차를 즐기면 일을 해치고 성취에 방해되는 것이 몹시 많지만 사람들이 스스로 깨닫지 못한다. 단지 재물을 허비하거나 기운을 손상할 뿐만 아니다."라고 하셨다.

原文 57

先生於世間一切所傳鬼物靈怪之說，皆不信.

선생께서는 세상에서 전하는 일체의 귀신과 괴물, 신령하고 괴이한 것에 대한 이야기를 모두 믿지 않으셨다.

原文 58

先生曰；關王神異事，古今多記之，華人無不家奉香火，我國亦有祠宇. 然吾以爲此皆魔也，非眞關王也. 關有靈，豈僅始於宋徽宗時出，爲林靈素役使乎.

선생께서 말씀하시기를 "관왕關王[1]의 신이神異한 일들은 옛날과 지금의 책에 기록되어 있는 것이 많아 중국 사람들은 향불을 바치지 않는 집이 없고, 우리나라에도 (관왕을 모시는) 사당[2]이 있다. 그러나 나는 이 모든 것이 악귀惡鬼이지 진짜 관왕은 아니라고 여긴다. 관왕에게 신령神靈이 있다면 어째서 (관왕을 모시는 일이) 겨우 송宋나라 휘종徽宗 때가 되어서야 나오기 시작했으며, 임영소林靈素[3]의 부림을 받았겠는가."라고 하셨다.

주석

1 관왕 : 관우關羽(미상～219)를 말한다. 중국 삼국시대三國時代 촉蜀나라의 무장武將으로, 유비劉備·장비張飛와 도원결의桃園結義로 의형제를 맺고, 유비劉備를 보좌하여 손권孫權의 연합군과 함께 적벽대전赤壁大戰에서 조조曹操의 대군을 격파했다. 자는 장생長生이나, 운장雲長으로 고쳤다. 하동河東의 해량解良 사람이다. 어린 시절 소금으로 폭리를 취하던 호족 염상塩商을 죽이고

탁현涿縣으로 도망쳐 성과 이름을 바꾸어 관우關羽라고 했다. 유비劉備가 한중왕漢中王이 되자 오호대장五虎大將이 되었다. 손권孫權의 공격으로 번성樊城에서 맥성麥城으로 패주한 후 포위망을 돌파하다가 맥성麥城 북쪽의 임저臨沮에서 아들 관평關平과 함께 생포되어 참수되었다. 충신의 전형으로 여겨져 무신武神으로 숭배되었고, 무묘武廟의 주신으로, 공자孔子의 문묘文廟와 같은 제사를 받았다.

2 사당 : 관우關羽를 신앙하기 위하여 건립된 묘당廟堂으로 관왕묘關王廟 또는 관성묘關聖廟라고 한다. 중국에서는 명明나라 초부터 관왕묘를 세웠고, 우리나라에서는 임진왜란壬辰倭亂 때에 명나라 군사들에 의해 관왕묘가 세워졌다.

3 임영소 : (1075～1119). 중국 송宋나라의 도사로, 자는 통수通叟이다. 방술方術로 송나라 휘종徽宗에게 신임을 얻어 통진달령선생通眞達靈先生・원묘선생元妙先生이 되었고, 금문우객金門羽客이라는 호를 하사받았다. 휘종의 신임을 믿고 전횡하여 백성들의 원망을 받았으며, 황태자에게도 길을 양보하지 않아 휘종에게 쫓겨나 45세의 나이로 죽었다. 송나라 휘종 때 임영소에 의해 관우關羽가 왕으로 불리기 시작했는데, 휘종은 1102년 관우를 충혜공忠惠公으로 봉했고, 1104년 숭녕진군崇寧眞君, 1108년 무안왕武安王으로 봉한 뒤 1123년에는 의용義勇 두 글자를 더해 의용무안왕義勇武安王으로 봉했다. 관우를 황제로 부른 것은 명明나라에서인데, 정변으로 황제가 된 영락제永樂帝가 자신의 행동을 정당화하기 위해 관우의 영험한 도움을 받아 황제가 되었다고 한 뒤 명나라에서 관우를 신으로 높였다.

原文 59

先生曰；蜂蜜與造淸［黑糖］兩執而嘗之，則蜂蜜差勝．然各嚼之，黑糖亦可食．祭祀無用蜜之文，黑糖精潔用之爲好，況貧家難得用者乎．

선생께서 말씀하시기를 "벌꿀과 조청造淸[1] [검은 엿[黑糖]을 말한다] 두 가지를 가지고 맛을 보면 벌꿀이 조금 낫다. 그러나 각각 맛을 보면 검은 엿도 먹을 만하다. 제사에 꿀을 사용한다는 예문禮文이 없으니 깨끗한 검은 엿을 제사에 쓰는 것도 좋은데, 하물며 쓸 것을 얻기도 어려운 가난한 집에서이겠는가."라고 하셨다.

주석

1 조청造淸 : 묽게 고아서 굳지 않은 엿을 말한다. 자연의 꿀을 청淸이라고 하기 때문에 인공적인 꿀이라는 뜻에서 조청造淸이라고 하며, 물엿이라고도 한다.

原文 60

又曰 ; 黑糖用處, 亦不過藥飯水團花煎赤豆粥等, 俗節所用也, 引楚辭粔籹蜜餌之文曰 ; 古者似有蜂蜜, 然楚巫之事也. 俗有조악, 吾以爲造角角黍之遺也.

또 말씀하시기를 "검은 엿을 사용하는 곳은 또 약밥[藥飯][1] · 수단水團[2] · 화전花煎[3] · 팥죽[赤豆粥][4] 등 세상의 절기節期에 쓰는 것에 불과하다."라고 하시고 『초사楚辭』의 '거여밀이粔籹蜜餌'라는 말을 인용하여 말씀하시기를 "옛날에 벌꿀이 있었던 듯 (말)하지만, 그러나 초楚나라 무양巫陽의 일이다.[5] 세상에 '조악'[6]이라고 하는 것이 있는데, 나는 (이것이) 조각造角 · 각서角黍[7]에 영향을 받은 것이라고 여긴다."라고 하셨다.

주석

1 약밥 : 원문의 '약반藥飯'은 '약식藥食' 또는 '약밥'이라고 한다. 약식은 정월대보름에 먹는 절식節食이지만 큰 잔치에서도 먹는다. 약식이라고 하는 것은 꿀이 들어갔기 때문이다. 우리나라에서는 꿀을 흔히 약藥이라 하기 때문에 밀주蜜酒를 약주藥酒, 밀반蜜飯을 약반藥飯, 밀과蜜果를 약과藥果라고 한다.

2 수단 : 쌀가루나 밀가루를 반죽하여 경단같이 만든 다음, 끓는 물에 삶아 냉수에 헹군 후 꿀물에 넣고 실백이나 잣을 띄운 음료를 말한다. 6월 유두에 주로 먹는 절식節食의 하나로, 시원하게 마시는 음청류飮淸類에 속한다.

3 화전 : 꽃잎을 붙여 부친 부꾸미나 여러 빛깔로 물들인 찹쌀가루를 반죽하여 꽃 모양으로 지진 부꾸미를 말한다. 차전병[-煎餠] 또는 찰전병[-煎餠]의 하나로 꽃 지지미라고도 한다.

4 팥죽 : 원문의 '적두죽赤豆粥'은 팥죽을 말한다. 팥의 껍질이 검붉은 빛을 띠기 때문에 팥을 적두赤豆 또는 주적두朱赤豆라고 한다.

5 거여밀이라는 …… 일이다 : 원문의 '거여밀이粔籹蜜餌'는 『초사楚辭』의 〈초혼부招魂賦〉에 "거여와 밀이에 장황도 있다[粔籹蜜餌, 有餦餭些.]."라고 한 것에서 온 말이다. 여기서 거여粔籹와 밀이蜜餌는 밀가루와 꿀로 만든 과자, 장황餦餭은 엿으로 만든 사탕을 말한다. 또 원문의 '초무楚巫'는 천제天帝의 명命을 받아 초楚나라 회왕懷王의 혼魂을 불러들인, 신화 속의 여자 무당 무양巫陽을 말하는데, 이름이 양陽이다. 〈초혼부〉에 "천제가 무녀 양에게 말하기를 '하계에 한 사람이 있어 내가 그를 도우려 한다. 그의 혼백이 산산이 흩어졌으니 점을 쳐서 찾아 돌려주라[帝告巫陽曰 ; 有人在下, 我欲輔之. 魂魄離散, 汝筮予之.].'고 하였다."는 내용이 나온다. 〈초혼부〉에 나오는 '거여밀이粔籹蜜餌'는 큰 의미를 지닌 것이 아닌데, 여기서 성호가 인용한 것은 벌꿀로 만든 음식이 이전부터 있었다고는 하지만 그 시기가 언제인지 분명하게 알 수 없다는 뜻인 듯하다. 『성호사설』 4권에 〈거여밀이粔籹蜜餌〉가 나온다.

6 조악 : 순 우리말 표기인데, 다음에 나오는 조각造角의 한글 표기인 듯 하다.

7 조각·각서 : 원문의 '조각造角'과 '각서角黍'는 같은 것을 지칭하는 말로, 조악造岳이라고도 한다. 단오에 만들어 먹는 밀가루로 만든 둥근 떡으로, 고기와 나물을 섞어서 소를 넣은 뒤 줄잎처럼 늘인 조각으로 싸서 양쪽에 뿔이 나게 만든 것을 말한다. 『성호전집』 10권의 〈답정여일가례문목 무술答鄭汝逸家禮問目 戊戌〉에 나오고, 『성호사설』 4권에 〈각서角黍〉가 나온다.

原文 61

嘗笑曰 ; 生與死二者, 置于前, 使人自擇, 則不容不曰欲生也. 然以吾論之, 生無可戀, 而死非所㥘矣. 東諺曰雖轉於馬糞之上, 此生爲好, 此必有所樂生而然也.

이전에 웃으시면서 말씀하시기를 "삶과 죽음 두 가지를 앞에 두고 사람들에게 스스로 선택하게 하면, 살고 싶다고 말하지 않을 수 없을 것이다. 그러나 나의 관점에서 이야기하자면 삶도 연연할 것이 없고 죽음도 겁낼 것이 없다. 우리나라 속담에 '비록 말 똥 위에서 뒹굴더라도 이 삶이 좋은 것'이라고 했으니 이것은 틀림없이 삶을 즐거워하여 그런 것이다."라고 하셨다.

原文 62

先生嘗侍坐茅山, 座有外客至, 卽鄭公載岱也. 鄭公年老而行色極儉約, 入座見公, 與之曾相親, 呼爾汝. 鄭公爲南陽倅, 茅山公爲水原倅.

선생께서 이전에 모산공茅山公[1]을 모시고 앉아 계셨는데, 그 자리에 바깥손님이 찾아오니 바로 정재대鄭載岱[2] 공公이었다. 정공鄭公은 나이가 많았으나 행색이 몹시 검소하였는데, 자리에 들어와 공을 보고는 공과 이전부터 친하여 '너[爾]'・'나[汝]'라고 불렀다. 정공은 남양南陽의 원님이었고, 모산공은 수원水原의 원님이었다.

주석

1 모산공 : 유명견柳命堅(1628~1707). 본관은 진주晉州, 자는 사고士固, 호는 모산茅山이다. 정언 유격柳格의 증손으로, 조부는 유시행柳時行, 부친은 사인 유영柳潁이며, 모친은 전의이씨全義李氏 이윤신李潤身의 따님이다. 별시문과에 병과로 급제했다. 숙종 초년에 남인南人의 논의가 갈라졌을 때 윤휴尹鑴와 대립했고, 경주부 윤으로 재직하던 중 경신환국庚申換局으로 남인이 몰락할 때 파직 당했다. 김석주金錫胄・김익훈金益勳의 무고를 받아 투옥되었으나 석

방되었고, 기사환국己巳換局으로 남인이 집권하자 부제학·이조참판 등을 역임했으나 갑술옥사甲戌獄事로 다시 남인이 실각하자 파직 당하여 고향인 안산安山에 은거했다. 김춘택金春澤의 사주를 받은 민언량閔彦良이 이우정李宇鼎의 집에서 장희재張希載 등과 유명견, 유명천柳命天, 유명현柳命賢 형제가 인현왕후仁顯王后를 살해하려 했다고 무함誣陷하여 연행되어 사실 무근임이 밝혀졌으나 적당賊黨의 공초供招에 이름이 올랐다고 하여 전라도 위도蝟島에 안치되었다가 1704년 풀려나 안산으로 돌아와 그곳에서 운명했다.

2 정재대 : (1628~1709) 본관은 동래東萊, 자는 원진元鎭이다. 영의정에 추증된 정복겸鄭福謙의 후손으로, 부친은 정태화鄭太和, 모친은 여흥민씨驪興閔氏 민선철閔宣哲의 따님이다. 부인은 전주이씨全州李氏 이민백李敏白의 따님이다. 음서蔭敍로 관직에 진출하여 공조참의에 이르기까지 다양한 관직을 역임했다.

原文 63

先生言詩每稱松谷, 淸白稱茅山公.

선생께서 시詩를 말씀하실 때면 늘 송곡선생松谷先生[1]을 이야기하셨고, 청렴과 결백은 모산공茅山公[2]을 이야기하셨다.

주석

1 송곡선생 : 이서우李瑞雨(1633~1709). 【원문 17】의 2번 주석 참조.
2 모산공 : 유명견柳命堅(1628~1707). 【원문 62】의 1번 주석 참조.

原文 64

先生言嘗侍茅山公時, 金公 [鍰] 在座, 公語金公曰 ; 身後汝當記吾行狀云云. [又鄭公世寧, 承呵責事, 鄭公, 公女壻也]

선생께서 이전에 모산공茅山公[1]을 모시고 앉아 있을 때 김공金公이 [김환金鍰[2]을 말한다] 자리에 있었는데, 모산공이 김공에게 '내가 죽은 뒤에 네가 나의 행장行狀을 써야 한다.'는 등의 이야기를 했다고 하셨다. [또 정세령鄭世寧[3] 공公이 (모산공에게) 꾸지람을 받은 일이 있었는데 정공鄭公은 모산공의 사위이다]

주석

1 모산공 : 유명견柳命堅(1628~1707). 【원문 62】의 1번 주석 참조.

2 김환 : (1650~1744). 본관은 안동安東, 자는 자중子中, 호는 낙애樂涯이다. 경기도 용인龍仁에서 거주했다. 증광시에 급제하여 현감·지사·군수 등을 역임했고, 지중추부사에 올랐다. 89세에 자헌대부가 되어 기로사耆老社에 들었고, 동지돈령부사 때 영조로부터 호랑이 가죽을 하사받았다. 94세까지 살며 8명의 임금을 모셨다.

3 정세령 : (생몰년 미상). 본관은 해주海州이고, 조부는 정석鄭晳, 부친은 군수 정중기鄭重基, 동생은 정처령鄭處寧이다. 유명견柳命堅의 사위이다.

原文 65 先生言茅山公論, 喪人哭聲, 弔者哭聲. [邊公仲氏論其可否]

선생께서는 모산공茅山公[1]이 '상喪을 당한 사람이 소리 내어 곡哭을 하면 조문하는 사람도 소리 내어 곡을 해야 한다.'고 했다고 하셨다. [변공邊公 중씨仲氏[2]가 옳고 그름을 따졌다]

주석

1 모산공 : 유명견柳命堅(1628～1707). 【원문 62】의 1번 주석 참조.
2 변공 중씨 : 변순邊栒(1699～미상)을 말하는 듯하나 자세하지 않다. 변순의 본관은 원주原州, 자는 숙건叔建으로, 통덕랑通德郎 변진장邊震長의 아들이다. 형은 변완邊梡 동생은 변헌邊櫶이다. 문과 진사시에 합격했다. 『성호전집』 28권에 그와 주고받은 〈답변봉사 순 병자答邊奉事 栒○丙子〉가 있고, 55권에 그의 시고詩稿인 『회해시고淮海詩稿』의 발문으로 쓴 〈회해시고발淮海詩稿跋〉이 나온다.

原文 66

先生曰；爲文而不多看書冊，未有能爲文者，書冊不可不多覽．家無書冊而稱可以爲文者，不成說話也．

선생께서 말씀하시기를 "글을 짓는다고 하고서 책을 많이 보지 않는다면 글을 지을 수 있는 사람이 없으니, 책은 많이 보지 않아서는 안 된다. 집에 (볼만한) 책이 없는데도 글을 지을 수 있다고 하는 것은 말이 되지 않는 것이다."라고 하셨다.

原文 67

先生曰；唐音絶句與遺響難解處，松谷多知之，恨不能於少時多學得也．不肖畧聞一二而今盡忘．

선생께서 말씀하시기를 "『당음唐音』의 절구絶句와 「유향遺響」[1]의 이해하기 어려운 곳을 송곡선생松谷先生[2]이 많이 아셨는데 젊었을 때 (선생에게) 많이 배워두지 못한 것이 한스럽다."고 하셨다. 내가 대략 한두 가지를 들었으나 지금은 다 잊어버렸다.

주석

1 당음의 …… 유향 : 『당음唐音』은 원元나라 양사굉楊士宏이 편찬한 책이고, 절구絶句는 『당음』에 수록 된 시 중 오언五言과 칠언七言의 절구시絶句詩를 말하며, 「유향遺響」은 『당음』의 편명篇名 중 하나이다. 【원문 26】의 3번 주석 참조.

2 송곡선생 : 이서우李瑞雨(1633～1709). 【원문 17】의 2번 주석 참조.

原文 68

村中一家, 自京新下鄕, 一日先生當其餕餘, 歎曰 ; 不久此祭將廢矣. 問其故曰 ; 祭需有蜜甚甘, 此難繼之道也.

마을 안의 어떤 집이 서울에서 새로 시골로 내려왔는데, 어느 날 선생께서 그 집에서 제사를 마친 뒤 물려 낸 음식[1]을 보시고 탄식하여 말씀하시기를 “오래 가지 않아 이 제사는 폐지廢止될 것이다.”라고 하셨다. 그 까닭을 여쭈니 말씀하시기를 “제사 물품에 꿀이 있으니 너무 달다. 이것은 계속 이어 가기 어려운 (제사의) 방법이다.”라고 하셨다.

주석

1 제사를 …… 음식 : 원문의 ‘준여餕餘’는 제사祭祀를 지내고 제사상에서 물려 낸 음식으로, 제퇴선祭退膳 또는 퇴선退膳이라고도 한다.

原文 69

先生曰; 君年少聰明, 何不觀着實書. 每看不切文字, 如堯山堂記西湖志者類乎.

선생께서 말씀하시기를 "그대는 나이도 젊고 총명聰明한데, 어째서 실질적인 책을 보지 않는가. 볼 때마다 절실하지 않은 글은 『요산당기堯山堂記』[1]와 『서호지西湖志』[2] 같은 종류이다."라고 하셨다.

주석

1 요산당기 : 중국 명明나라 장일규蔣一葵가 편찬한 역대 중국의 시화집詩話集이다. 장일규는 명나라 상주常州 사람으로 자는 중서仲舒이며, 서실書室을 요산당堯山堂이라고 했다. 저서로 『요산당외기堯山堂外紀』·『요산당우준堯山堂偶雋』·『당시선唐詩選』이 있다. 『요산당기堯山堂記』는 『외기外紀』와 『우준偶雋』을 합한 것이다.

2 서호지 : 중국 명明나라의 전여성田汝成이 편찬한 『서호지西湖志』와 『서호지여西湖志餘』를 말한다. 『서호지』는 모두 24권으로, 서호西湖의 명승지와 남산南山, 북산北山의 명승지와 전설, 그리고 이를 제재로 한 시인들의 시를 기록한 책으로, 『서호유람지西湖遊覽志』라고도 한다. 『서호지여』는 모두 26권으로, 남송시대南宋時代의 일문軼聞을 모아 기록한 책이다.

原文 70

先生曰; 人之才性有限, 有十斗之量, 有七八斗之量, 五四斗之量, 又或有一二斗之量. 比諸盛物之器焉, 先以雜物充入其內, 或過半或至其半, 然後欲加他緊要之物于其上, 則其入難矣. 雖或小入, 其些可知, 豈不可惜乎. 凡學者先觀雜書飫充, 然後更欲納眞正書籍于量溢之上, 可得入乎. 又曰; 看書稱十行俱下, 五行俱下者, 吾不信也. 豈有如此而能領會文意者乎.

선생께서 말씀하시기를 “사람의 재주와 성품에는 한계가 있으니 열 말을 담는 사람이 있고, 일고여덟 말을 담거나 네다섯 말을 담는 사람이 있으며, 또 혹 한두 말을 담는 사람도 있다. 물건을 담는 그릇에 비유해보면 먼저 잡된 물건으로 그 안을 채워 혹 반이 넘기도 하고 혹 거의 반에 차기도 한 그런 뒤에 다른 중요한 물건을 그 위에 더해 두려고 하면 담기 어려운 것이다. 비록 조금 들여 넣는다고 하더라도 그 틈이 비좁음을 알 수 있으니 어찌 애석하지 않겠는가.

배우는 사람이 먼저 잡된 책을 보아 물리도록 채운 그런 뒤에 다시 참되고 바른 책을 (자신의) 한계가 넘치는 위에 들여 넣으려고 하면 들여 넣을 수 있겠는가.”라고 하셨다. 또 말씀하시기를 “책을 볼 때 열 줄을 한 번에 읽어 내려간다거나 다섯 줄을 한 번에 읽어 내려간다[1]고 하는데, 나는 믿지 못하겠다. 어찌 이렇게 하면서 글의 뜻을 다 이해할 수 있겠는가.”라고 하셨다.

주석

1 열 줄을 …… 내려간다 : 원문의 ‘십항구하十行俱下’와 ‘오항구하五行俱下’는 열 줄과 다섯 줄의 글을 단번에 읽어 내려간다는 것으로, 글을 읽는 속도가 매우 빠름을 말한다.

原文 71

某在喪中, 先生勸讀禮書, 某曰 ; 不可解處多矣. 曰 ; 固然, 如陳氏註, 豈不可考. 古人居喪, 讀喪禮及此時着工, 豈不好乎. 禮記中五六篇最可觀.

어떤 사람이 상喪을 당하자 선생께서 예서禮書 읽기를 권하였는데,

그 사람이 말하기를 "이해할 수 없는 곳이 많습니다."라고 하자 말씀하시기를 "정말 그렇다면 진씨陳氏[1]의 주석 같은 것을 어째서 살펴보지 않는가. 옛 사람들은 상중喪中에 있으면서 상례喪禮와 이 때 공부할 것들을 읽었으니 어찌 좋은 일이 아니겠는가. 『예기禮記』 중에서도 대여섯 편이 가장 볼만하다."고 하셨다.

주석

1 진씨 : 진호陳澔(1261~1341). 원元나라 도창都昌 사람으로, 자는 가대加大, 호는 운장雲莊·북산北山·경사선생經師先生이다. 남송南宋이 멸망한 뒤 도창현都昌縣의 남산 건너 무화산에 은거했다가 원나라 지순至順 연간에 무화산에 운주서원을 열어 후학들을 교육했다. 진호의 『예기집설禮記集說』은 정현鄭玄의 주註와 공영달孔穎達의 소疏가 나온 이후로 가장 저명하다는 평가를 받았다.

原文 72

先生曰 ; 文章不出六經, 吾見則如是. 見某公文曰 ; 儘好矣, 但用頉字, 此豈合用者乎.

선생께서 말씀하시기를 "문장文章은 육경六經을 넘어서지 않으니 내가 본 것으로는 이와 같다."라고 하셨다. 어떤 공公의 글을 보고 말씀하시기를 "다 좋지만 다만 '탈頉'자[1]를 사용하였는데 이 글자를 사용해서야 되겠는가."라고 하셨다.

주석

1 탈자 : 원문의 '탈頉'자는 기르다, 또는 턱이라는 뜻으로 사용할 때 음音이 '이'

이지만, 한국식韓國式 한자어漢字語로 '탈이 나다.'라는 뜻일 때는 '탈'로 읽는다. 탈頉은 뜻밖에 일어나는 변고나 사고, 결함이나 허물, 몸에 생기는 병을 뜻한다.

原文 73 先生曰; 字彙者, 人之坐傍, 不可無之書也.

선생께서 말씀하시기를 "자휘字彙[1]라는 것은 사람이 앉은 옆에 없어서는 안 되는 책이다."라고 하셨다.

주석

1 자휘 : 한자漢字를 모아서 글자마다 소리를 달고 뜻을 풀이하여 일정한 순서대로 배열해 놓은 책으로 자서字書의 하나이다. '자림字林 · 자원字苑 · 자통字通 · 자관字貫 · 자원字源 · 자전字典 · 옥편玉篇'으로도 불린다.

原文 74 先生曰; 古人所紀古人事, 摠非可信, 仍指架上史書曰; 吾則以爲此中言語, 皆不足信也.

선생께서 말씀하시기를 "옛사람이 기록한 옛사람의 일을 모두 다 믿을 수는 없는 것이다."라고 하시고, 이어서 시렁 위의 역사책을 가리키면서 말씀하시기를 "나는 이 속의 말들이 모두 믿기에는 부족하다고 여긴다."라고 하셨다.

原文 75 先生曰；如朱書節要，退溪先生節而要之．然以吾所見，此亦太多選耳．若更約則尤好．

선생께서 말씀하시기를 "『주서절요朱書節要』[1] 같은 것은 퇴계선생退溪先生[2]께서 줄여서 요약하신 것이다. 그러나 내가 본 바로는 이것도 너무 많이 뽑은 것이니, 만약 더 요약했다면 더욱 좋았을 것이다."라고 하셨다.

주석

1 주서절요 : 퇴계退溪가 『주자전서朱子全書』에 실려 있는 주자朱子의 편지글을 뽑아 엮은 책이다. 『주서절요朱書節要』의 주서朱書는 『주자전서』에 실려 있는 주자의 편지를 말하는데, 퇴계는 『주자전서』에 수록된 주자의 편지 가운데 주자의 사상이 잘 표현된 것이나 후세 사람이 공부하는 데 꼭 필요하다고 생각되는 편지들만을 골라 뽑아 책으로 만들어 이를 『주서절요』라고 했다.

2 퇴계선생 : 이황李滉(1501~1570). 본관은 진보眞寶, 자는 경호景浩, 호는 퇴계退溪・퇴도退陶・도수陶叟이다. 경상도 예안현禮安縣 온계리溫溪里에서 좌찬성 이식李埴의 7남 1녀 중 막내로 태어났다. 생후 7개월에 아버지의 상喪을 당했으나, 모친 박씨朴氏의 훈도에 따라 총명한 자질을 키웠다. 12세에 작은아버지 이우李堣에게 『논어論語』를 배웠고, 14세경부터 혼자 독서했다. 주자朱子의 성리학性理學을 심화, 발전시킨 조선의 대표적인 유학자이다. 문과에 급제하여, 여러 관직을 거치던 중 병을 얻어 물러나 퇴계의 서쪽에 한서암寒棲庵을 짓고 공부했다. 이후 여러 차례 벼슬을 받았으나 대부분 사퇴했다. 도산서당陶山書堂을 짓고 아호를 도옹陶翁이라고 했으며, 독서와 수양에 전념하면서 많은 제자를 길렀다. 1570년 11월 우환이 악화되어 그달 8일 아침 운명했다.

原文 76

先生曰；吾聞諸松谷，退溪之文，雖非先生道德，惟以文章，亦可以傳後久遠．

선생께서 말씀하시기를 "내가 송곡선생松谷先生[1]에게 들으니, 퇴계선생退溪先生[2]의 글은 비록 선생의 도道와 덕德에 해당하는 것은 아니지만, 그 문장文章도 후세에 오랫동안 멀리 전할 만한 것이라고 하였다."라고 하셨다.

주석

1 송곡선생 : 이서우李瑞雨(1633～1709). 【원문 17】의 2번 주석 참조.
2 퇴계선생 : 이황李滉(1501～1570). 【원문 75】의 2번 주석 참조.

原文 77

先生言鴻書事云云．嘗進松谷，袖往二冊，公覽而悅之，夜携入內，寢燈下盡覽，明日言曰；此書龍洲宅稗史之類矣．稗史者，王圻所輯，龍洲宅曾有此冊．公借看三十年乃還云．［此書本是許筠物，爲錦陽尉所得者，而錦陽奉贈松谷，松谷借閱，自爲點節句讀云］

선생께서 『홍서鴻書』[1]의 일 등등에 대해 말씀하셨다. 이전에 송곡선생松谷先生[2]에게 찾아가셨을 때 소매 속에 책 두 권을 넣어가지고 가셨는데, 공公이 살펴보고 기뻐서 밤에 방 안으로 가지고 들어가 침실의 등불 아래에서 다 읽은 뒤에 다음 날 말씀하시기를 "이 책은 용주龍洲[3] 댁의 패사稗史[4]와 같은 종류이다. 패사라는 것은 왕기王圻가 편찬한 것인데, 용주 댁에 이전에 이 책이 있었다."라고 하고 공公

이 빌려서 삼십 년을 보고나서야 돌려주었다고 하셨다. [이 책은 본래 허균許筠[5]의 것이었는데, 금양위錦陽尉[6]가 얻었고, 금양위가 용주선생에게 올려 드리니[7] 송곡선생이 빌려 보고서 직접 구두句讀를 떼었다고 한다]

주석

1 홍서 : 명明나라 유중달劉仲達이 지은 『유씨홍서劉氏鴻書』를 말한다. 모두 108권으로 되어 있으며, 근대의 백과사전과 비슷하게 구성되어 있다.

2 송곡선생 : 이서우李瑞雨(1633~1709). 【원문 17】의 2번 주석 참조.

3 용주 : 조경趙絅(1586~1669). 본관은 한양漢陽, 자는 일장日章, 호는 용주龍洲・주봉柱峯이다. 절충장군 조수곤趙壽崑의 증손으로, 조부는 공조좌랑 조현趙玹이고, 부친은 봉사 조익남趙翼男이며, 모친은 증좌승지 유개柳愷의 따님이다. 윤근수尹根壽의 문인이다. 인조반정仁祖反正 후 유일遺逸로 천거되어 형조좌랑・목천현감 등을 지냈다. 정시문과에 장원했고, 사가독서賜暇讀書를 지냈으며, 정묘호란丁卯胡亂과 병자호란丙子胡亂 때 척화斥和를 주장했고, 일본에 청병하여 청淸나라를 공격할 것을 상소했다. 통신부사로 일본에 다녀왔으며, 청나라 사문사查問使의 척화신에 대한 처벌 요구로 이경석李景奭과 함께 의주의 백마산성白馬山城에 안치되었다가 풀려나 회양부사를 지내고 포천에 은거했다. 시호는 문간文簡이다. 저서로 『용주집龍洲集』과 『동사록東槎錄』 등이 있다.

4 패사 : 패관稗官이나 사인私人이 소설과 같은 형식으로 꾸며서 쓴 역사를 말한다. 사찬私撰 역사로 정사正史와 대립되는 의미로 쓰여 야사野史・야승野乘・외사外史・사사私史라고도 한다. 주로 풍속風俗이나 전설傳說 등을 다루어 정사의 결함을 보완해 주거나 오류를 시정해 주기도 하며, 정사보다 시대상을 더 잘 보여준다는 점에서 사료적 가치를 가지는 경우도 있다.

5 허균 : (1569~1618). 본관은 양천陽川, 자는 단보端甫, 호는 교산蛟山・학산鶴山・성소惺所・백월거사白月居士이다. 부친은 서경덕徐敬德의 문인 동지중추부사 허엽許曄이고, 모친은 강릉김씨江陵金氏 예조판서 김광철金光轍의 따님이다. 허성許筬이 이복형이며, 허봉許篈과 난설헌蘭雪軒이 형제이다. 5세 때 글을 배우기 시작해 9세 때 시를 지을 줄 알았다. 12세 때 부친을 잃고 문학 공부에 전념했으며, 유성룡柳成龍에게 학문을 배웠고 이달李達에게 시를 배웠다. 불교 문제로 여러 차례 파직 당했으며, 폐모론廢母論을 주장하다가

영의정 기자헌奇自獻과 사이가 벌어졌다. 1618년 남대문의 격문 사건이 허균의 심복 현응민玄應旻에 의한 것임이 탄로나 동료들과 함께 능지처참 당했다. 저서로 『성소부부고惺所覆瓿藁』, 『학산초담鶴山樵談』, 『국조시산國朝詩刪』 등이 있다. 이 글에서 말한 허균許筠이 가지고 있었던 패사稗史가 어떤 것인지는 분명하지 않지만, 그의 형 허봉許篈이 태조부터 명종까지의 야사를 묶어 『해동야언海東野言』을 편찬했고, 선조 이후 직접 견문한 사실을 엮어 『해동야언별집海東野言別集』을 편찬했다는 점에서 이 책이 아닐까 추정된다.

6 금양위錦陽尉 : 박미朴瀰(1592~1645). 본관은 반남潘南, 자는 중연仲淵, 호는 분서汾西이다. 부친은 참찬 박동량朴東亮이며, 장인이 선조宣祖이고, 이항복李恒福의 문인이다. 선조宣祖의 다섯째 딸인 정안옹주貞安翁主와 혼인하여 금양위錦陽尉에 봉해졌고, 친공신적장자親功臣嫡長子의 자격으로 숭덕대부崇德大夫에 올랐으나, 사간원의 탄핵을 받기도 했다. 폐모廢母 논의가 일어났을 때, 정청庭廳에 불참하여 10사十邪로 불리면서 관작을 삭탈 당했으나 인조반정仁祖反正 이후 구공신적장자舊功臣嫡長子로 혜민서 제조가 되었다. 동지 겸 성절사로 청淸나라에 다녀온 뒤 금양군錦陽君이 되었다. 어려서부터 문예에 능했고, 특히 서도書道에 일가를 이루었다.

7 용주선생에게 올려 드리니 : 원문의 송곡선생松谷先生은 용주龍洲의 오류로 보인다. 금양위錦陽尉가 송곡보다 40세 정도가 많아 나이 어린 송곡에게 올려 드린다는 표현은 맞지 않은 것 같고, 송곡이 용주에게 30년 동안 책을 빌려 보았다고 한 것으로 보아 여기의 송곡은 용주로 보는 것이 옳다고 생각되어 이렇게 풀이하였다.

原文 78

先生曰 ; 貧家, 蠟燭祭用難繼, 代以紙燈無妨.

선생께서 말씀하시기를 "집안이 가난하여 밀랍으로 만든 초[蠟燭]를 제사에 계속 이어서 사용하기 어려우면 종이를 발라 만든 등[紙燈]을 대신 사용해도 무방하다."라고 하셨다.

原文 79 先生曰；家計惟在節用而己. 君輩豈知此乎, 後必覺之矣.

선생께서 말씀하시기를 "집안을 꾸려나갈 계책은 아껴 쓰는데 있을 뿐이다. 그대들이 어찌 이것을 알겠는가마는 나중에 반드시 깨달을 것이다."라고 하셨다.

原文 80 先生曰；籌數, 開益人心智, 學者先學數可也. 如琴操, 欲令令胤學之, 而未果也.

선생께서 말씀하시기를 "수를 헤아리는 법[籌數]은 사람의 마음과 지혜를 열어 계발啓發시키니 배우는 사람들은 먼저 수數를 배우는 것이 좋다. 거문고를 연주하는 방법[琴操] 같은 것은 남의 자식들에게 배우게 하고 싶다고 하더라도 하지 못할 것이다."라고 하셨다.

原文 81 先生少有酒德, 中年節之, 晚歲痛斷之.

선생께서는 젊었을 때에도 술이 취하신 뒤에 주정하지 않으셨지만[1] 중년에는 절제하셨고, 만년에는 완전히 술을 끊으셨다.

주석

1 술이 …… 않으셨지만 : 원문의 '주덕酒德'을 글자 그대로 보면 술의 공덕功德이 되지만, 일반적으로는 술버릇을 말하는데, 술에 취한 뒤에도 주정하지 않고 태도를 바르게 가지는 버릇으로 주도酒道와 같은 말이다.

原文 82

先生曰; 奇高峯繼體服之議, 退溪稱善, 以愧汗浹輩, 然嫂叔仝父子服之說, 未見其然. 詳見本集及僿說.

선생께서 말씀하시기를 "기고봉奇高峯[1]의 계체복繼體服[2]에 대한 논의를 퇴계선생退溪先生[3]께서 훌륭하다고 하시고 부끄러워 땀이 흘러 등을 적셨다[4]고 하셨는데, 그러나 수숙嫂叔[5]이 부자父子의 복服과 같다는 주장은 그 이유를 보지 못했다."[6]라고 하셨는데, 문집과 『성호사설星湖僿說』에 자세히 나온다.

주석

1 기고봉 : 기대승奇大升(1527~1572). 전라남도 나주 출신으로 본관은 행주幸州, 자는 명언明彦, 호는 고봉高峯·존재存齋이다. 부친은 기진奇進이고, 모친은 강영수姜永壽의 따님이며, 기묘명현己卯名賢의 한 사람인 기준奇遵이 계부季父이다. 퇴계退溪의 문인이다. 식년문과에 을과로 급제하여 승정원 주서에까지 올랐으나 이량李樑의 시기로 삭직되었고, 영의정 이준경李浚慶과 불화하여 해직 당했다. 대사간·공조참의를 지내다가 병으로 벼슬을 그만두고 귀향하던 도중 고부古阜에서 객사했다. 퇴계의 이기이원론理氣二元論에 반대하여 주정설主情說을 주장했으며, 퇴계의 이기호발설理氣互發說을 수정하여 정발이동기감설情發理動氣感說을 강조했고, 이약기강설理弱氣强說을 주장하여 주기설主氣說을 제창함으로써 퇴계의 주리설主理說과 맞섰다. 저서로 『논사록

論思錄』·『왕복서往復書』·『이기왕복서理氣往復書』·『주자문록朱子文錄』·『고봉집高峯集』이 있다.

2 계체복 : 친자親子가 아닌 사람이 들어가서 왕위王位를 계승한 경우를 계체繼體라고 하는데, 이런 경우에 입는 복을 계체복繼體服이라고 한다. 『성호사설』 11권에 〈계체복繼體服〉이 나온다.

3 퇴계선생 : 이황李滉(1501~1570). 【원문 75】의 2번 주석 참조.

4 부끄러워 …… 적셨다 : 『퇴계집退溪集』 11권 「서書」의 〈답이중구答李仲久〉에 나오는 이야기이다. 원문에 '괴한협배愧汗浹輩'라고 되어 있는데, 『퇴계집退溪集』에는 '괴한협배愧汗浹背'로 되어 있어 글자가 다르다. 의미로 볼 때 『퇴계집退溪集』의 글자가 옳다고 생각되어 『퇴계집退溪集』에 따라 풀이하였다.

5 수숙 : 원문의 '수숙嫂叔'은 형제의 아내와 남편의 형제를 아울러 이르는 말이다.

6 수숙이 …… 못했다 : 이 내용은 『성호전집』 10권의 〈답중휘 기유答仲暉 己酉〉에 나온다. 여기에서 성호는 진晉나라 강제康帝가 성제成帝의 후비인 두후杜后를 위하여 기년복期年服을 입은 것과 진晉나라 효무제孝武帝가 종형수從兄嫂인 저후褚后의 상喪에 입은 복服을 예로 들어 설명했다.

原文 83

先生曰；愼懋晩湖，行高之人也．爲作傳，又爲磻溪作傳，又作鮮于遯菴傳．

선생께서 말씀하시기를 "만호晩湖 신무愼懋[1]는 행실이 뛰어난 사람이다."라고 하시고 전傳을 지으셨고, 또 반계선생磻溪先生[2]의 전傳을 지으셨으며, 또 선우돈암鮮于遯菴[3]의 전傳을 지으셨다.

주석

1 신무 : (1629~1703). 본관은 거창居昌, 자는 면재勉哉, 호는 만호晩湖이다. 신수근愼守勤의 6대손으로, 부친은 절충장군 행첨지중추부사 신득의愼得義이고, 모친은 순흥안씨順興安氏로 문성공文成公 안유安裕의 후손이다. 처부妻父는 수사 박상준朴尙俊이다. 형은 신유愼愈, 동생은 신헌愼憲이며, 적형嫡兄은 신희愼憙이다. 허후許厚에게 사사했다. 서출庶出이었으나 식견이 고명하고, 행실이 탁월하여 당세에 이름이 있었다. 벼슬이 제수되었으나 나가지 않고 영동嶺東에서 노년을 보냈다. 『성호전집』 47권에 〈진사신공묘지명 병서進士愼公墓誌銘 幷書〉, 68권에 〈만호신선생전晩湖愼先生傳〉이 나오고, 『성호사설』 29권에 〈만호시晩湖詩〉가 나온다.

2 반계선생 : 유형원柳馨遠(1622~1673). 서울 출신으로 본관은 문화文化, 자는 덕부德夫, 호는 반계磻溪이다. 세종 때 우의정을 지낸 유관柳寬의 9세손으로 현령 유위柳湋의 증손자이다. 조부는 정랑 유성민柳成民이고, 부친은 예문관 검열 유흠이며, 모친은 참찬 이지완李志完의 따님이다. 부인은 심수경沈守慶의 증손녀이자 부사 심은沈誾의 따님이다. 부친 유흠은 유몽인柳夢寅의 옥사獄事에 연좌되어 28세에 옥사獄死했다. 5세 때 학문을 시작하여 외삼촌 이원진李元鎭과 고모부 김세렴金世濂을 모시고 글을 배웠다. 32세의 젊은 나이로 전라도 부안군 보안면 우반동에 은거하여 20년 간 이곳에서 여생을 보내다가 운명하였다. 반계磻溪라는 호도 이곳과 관련이 있을 것으로 생각되며, 『반계수록磻溪隨錄』 26권이 이곳에서 이루어졌다. 『성호전집』 50권에 〈반계유선생유집서磻溪柳先生遺集序〉와 〈반계수록서磻溪隨錄序〉가 나오고, 68권에 〈반계유선생전磻溪柳先生傳〉이 나온다.

3 선우돈암 : 선우협鮮于浹(1588~1653). 본관은 태원太原, 자는 중윤仲潤, 호는 돈암遯菴이다. 평안도 태천泰川 출신으로 부친은 승인전 감 선우선식鮮于鮮寔이며, 모친은 경주이씨慶州李氏 어모장군 이억수李億壽의 따님이다. 김태좌金台佐의 문하에서 수학했으며, 38세에 도산서원陶山書院을 찾아가 퇴계退溪가 남긴 장서 수백 권을 열람하고 돌아오는 길에 장현광張顯光을 찾아가 학문을 질문했다. 그 뒤 많은 제자들이 그를 따랐으며, 일생 동안 후진 양성에 심혈을 기울였다. 학행으로 사직참봉에 임명되는 등 여러 차례 천거되었으나 모두 사양했다. 당시 사람들이 관서부자關西夫子라고 칭하여 존경했다. 시호는 문간文簡이다. 저서로 『돈암전서遯菴全書』가 있다. 『성호사설』 9권에 〈선우협鮮于浹〉이 나온다.

原文 84

先生曰；貫通五經文義而窮餓者，未有如尹幼章者也.[卲南 諱東奎] 安百順 [順菴 諱鼎福] 經學尙疏，史書則貫穿古今矣. 稱其所撰東史綱目曰；海東信史，此可傳後. 其正統立綱，與之商確，一從先生議論.

선생께서 말씀하시기를 "오경五經의 글 뜻에 대해 꿰뚫어 알고서도 곤궁하고 주린 사람으로 윤유장尹幼章[1] [소남卲南으로 휘諱가 동규東奎이다] 같은 사람이 없다. 안백순安百順[2]은 [순암順菴으로 휘諱가 정복鼎福이다] 경학經學에는 오히려 성글지만, 역사에서는 고금古今을 꿰뚫었다."라고 하시고, 순암이 지은 『동사강목東史綱目』[3]을 칭찬하여 말씀하시기를 "우리나라의 믿을 만한 역사책이니 이것은 후세에 전할 만하다. (우리나라의) 정통正統과 기강紀綱 세운 것을 여기에서 깊이 있고 자세하게 헤아리고 생각할 수 있다."고 하셨는데, (『동사강목』은) 한결같이 선생의 말씀을 따른 것이다.

주석

1 윤유장 : 윤동규尹東奎(1695~1773). 본관은 파평坡平, 자는 유장幼章, 호는 소남卲南이다. 윤관尹瓘의 후손으로, 조부는 통덕랑 윤성수尹聖壽이며 부친은 생원 윤취망尹就望이고, 모친은 통덕랑 이성李晟의 따님이다. 어려서부터 총명하여 주흥사周興嗣의 『천자문千字文』을 외워 한 글자도 틀리지 않았다. 9세에 아버지를 여의고, 어머니 이씨李氏의 교육을 받았으며, 17세에 성호의 문하에서 수업했다. 그 뒤 과거의 뜻을 버리고 도학에만 열중했으며, 서울에서 인천으로 옮겨가 성호의 거처 가까운 곳에서 살았다. 지조가 굳고 견해가 분명하며 성실한 성품을 지녀 성호의 가르침은 평생을 두고 그 뜻을 이어받았다. 저서로 『사수변四水辨』과 『소남문집卲南文集』이 있다.

2 안백순 : 안정복安鼎福(1712~1791). 본관은 광주廣州, 자는 백순百順, 호는 순암順菴·한산병은漢山病隱·우이자虞夷子·상헌橡軒이다. 제천提川 출신으로 안신행安信行의 증손이다. 조부는 예조참의 안서우安瑞羽이고, 부친은

증오위도총부 부총관 안극安極이며, 모친은 전주이씨全州李氏 이익령李益齡의 따님이다. 10세가 되어서야 겨우 『소학小學』에 입문했으나 일정한 스승 없이 학문을 했다. 조부의 사망 이듬해에 경기도 광주 경안면慶安面 덕곡리德谷里로 돌아와 순암順菴이라는 집을 짓고 학문에 몰입했으며, 성호를 찾아 문인이 되었다. 관직에 진출했으나 부친의 사망과 건강으로 벼슬을 그만두었다가 1772년부터 다시 벼슬을 한 뒤 고향으로 돌아와 영장산靈長山 아래에 이택재麗澤齋를 지어 제사와 강학講學을 했다. 전통 주자학의 실천적인 측면을 고양하고 천주교 배척에 앞장섰던 인물이다.

3 동사강목 : 안정복安鼎福이 저술한 20권 20책의 역사서로, 서술 체재는 편년체編年體이나 주자朱子의 『자치통감강목資治通鑑綱目』의 형식을 따라 강綱과 목目으로 서술되었다. 왕조의 계승관계를 정통론의 입장에서 보아 기자조선과 마한을 정통으로 보고 삼국은 무통으로 보았으며, 유교적인 감계주의를 가지고 역사를 서술했고, 국가의 강역과 분계를 밝혀 발전과 쇠퇴를 설명했으며, 사료 수집의 중요성을 인식하여 서술되었다.

原文 85

先生稱古沔川尹公俅, 不俗之士. 尹公逝已久, 尹公學川之考也.

선생께서 옛 면천沔川의 윤구尹俅[1] 공公을 속되지 않은 선비라고 칭찬하셨다. 윤공尹公은 이미 오래전에 돌아가셨는데, 윤학천尹學川[2] 공公의 아버지이다.

주석

1 윤구 : (1645~1725). 본관은 남원南原, 자는 사순士順, 호는 취오翠梧이다. 조부는 기린도찰방 윤지尹榰이고 생부는 윤이삼尹以三, 모친은 전주이씨全州李氏 이극광李克匡의 따님이다. 백부伯父인 윤이일尹以一에게 입양되었다. 동생

은 윤정尹侹, 윤항尹伉, 윤이尹儞이다. 해미海美의 조천리槽川里에서 태어났으나 백부의 후사가 되어 면천沔川 북쪽 승선촌承善村에서 자랐다. 부인은 하동 정씨河東鄭氏 부사 정세보鄭世輔의 따님이다. 81세의 나이로 취오정翠梧亭에서 운명했다. 『성호전집』 2권에 〈만윤처사구 2수挽尹處士俅〇二首〉와 63권에 〈취오처사윤공묘지명 병서翠梧處士尹公墓誌銘 幷序〉가 나온다.

2 윤학천 : (1684~1703). 본관은 남원南原, 자는 종중宗仲이다. 윤항尹伉의 둘째 아들로 태어났으나 백부伯父인 윤구尹俅에게 입양되었고, 성호의 사촌 형인 소은素隱 이진李溍(1654~1727)의 사위이다. 일찍부터 행실이 돈독하다는 칭송을 들었지만, 20세의 젊은 나이로 일찍 운명하였다. 『성호전집』 62권에 〈독행윤공묘갈명 병서篤行尹公墓碣銘 幷序〉가 나온다.

原文 86

先生言窮理之學, 必稱從兄良溪先生. 又言良溪善醫, 又良溪論易多所見, 如生蓍之說, 如睽卦之說, 鑿鑿中窾. 又言良溪每知風雨陰晴, 良溪古簡, 臨終不傳于子, 而傳于余.

선생께서 궁리窮理의 학문[性理學]에 대해 말씀하실 때는 반드시 종형從兄 양계선생良溪先生[1]을 거론하셨다. 또 양계선생이 의술에 뛰어났다고 하셨고, 또 양계선생이 『주역周易』에 대해 논의한 내용 가운데 볼만한 것이 많으니, 예를 들어 시초蓍草를 낸다는 주장[2]이나 규괘睽卦에 대한 주장[3] 같은 것들은 하나하나 조리에 맞아 분명하다고 하셨다. 또 양계선생은 늘 비바람과 날씨의 맑고 흐림을 알았으며, 양계선생은 기이하며 예스럽고 심원深遠한데, 임종臨終 때에 아들에게 (그 도를) 전하지 않고 나에게 전했다고 하셨다.

주석

1 양계선생 : 이진李溍(1654~1727). 본관은 여주驪州, 자는 계통季通, 호는 소은素隱・양계良溪이다. 성호의 숙부叔父 이은진李殷鎭의 아들로 성호의 종형從兄이다. 부인은 안동권씨安東權氏로, 도사 권상규權尙規의 따님이다. 과거에 뜻을 두지 않았으며 행실이 공손하고 생활이 검소했다. 성리학을 깊이 연구하여 경학經學에 조예가 깊었으며, 특히 『주역周易』에 뛰어났다. 양계良溪에서 생을 마쳤는데, 종유하던 이들이 양계선생良溪先生이라고 불렀다. 저서로 『양계집良溪集』이 있고, 『계몽啓蒙』과 『도설圖說』, 『동해지東海志』를 지었다. 『성호전집』 68권에 〈종형소은선생가전從兄素隱先生家傳〉이 나온다.

2 시초를 낸다는 주장 : 『성호전집』 44권의 〈시괘고제사蓍卦攷第四〉에서 성호는 "『대전』에서 '시초의 덕은 둥글고 신령하며, 괘卦의 덕은 네모지고 지혜롭다.'라고 하였다. 둥글고 신령하다는 것은 변화에 일정한 방향성이 없다는 말이니 바로 이것이 시초를 낸다는 것이다. …… 따라서 시초를 낸다는 것은 아마도 혹 열여덟 번의 변을 가지고 점치는 것을 가리켜서 하는 말이지 풀이 처음 생겨나는 것을 말하는 것이 아니다[大傳云蓍之德圓而神, 卦之德方而知, 圓神謂變化無方, 變化無方, 便是爲生蓍. …… 然則生蓍者, 恐或指十八變所筮而言, 非謂草之始生也.]."라고 하였다.

3 규괘에 대한 주장 : 규괘睽卦는 『주역周易』의 64괘卦 중 38번째에 괘의 이름이다. 규괘의 '규睽'는 서로 바라보는 눈이 순하지 못한 상태로, 반목・질시하는 것을 의미하기 때문에 여기에서부터 '서로 어긋나고 상이함'이라는 의미가 파생되었다. 괘상卦象은 불이 위로 타오르고 연못의 물은 아래로 흐르는 형상으로서, 서로 상반되는 성향을 보여준다. 그런데 괘사卦辭에서 길한 괘로 규정한 것은 서로 반대가 되어야만 감응해 하나로 합해 질 수 있기 때문에 길하다고 하는 '상반응합相反應合'의 음양 논리에 따른 것이다. 규괘에 대한 성호의 생각은 『성호전집』 23권의 〈답신이로문목 무진答愼耳老問目 戊辰〉과 27권의 〈답황득보운대 갑인答黃得甫 運大○甲寅〉에 나온다.

原文 87

先生曰；李熹毋論某事，未嘗聞其文之不足也．又曰；此人朝家，必有一用處矣．又曰；每問故事，未嘗不應聲卽對，而間多杜撰．

선생께서 말씀하시기를 "이희李熹[1]는 어떤 일인지 따질 것 없이, 일찍이 그의 글이 부족했다는 말을 듣지 못했다."고 하시고 또 말씀하시기를 "이 사람은 조정朝廷[2]에서 반드시 한 번 쓰일 곳이 있을 것이다."라고 하셨다. 또 말씀하시기를 "옛날 일을 물을 때마다 질문에 응하여 즉시 대답하지 않은 적이 없었으나, 간혹 정확하지 않은 곳[3]도 많았다."라고 하셨다.

주석

1 이희 : (1691~1733). 본관은 재령載寧, 자는 열도悅道로 면천沔川에서 거주했다. 성호의 셋째 형 옥동玉洞 이서李溆의 제자로, 문장과 글씨에 뛰어났다. 저서로 『지재유집支齋遺集』이 있다.

2 조정 : 원문의 '조가朝家'는 임금과 신하들이 모여 정치를 의논하고 집행하던 곳으로 조정朝廷과 같은 말이다.

3 정확하지 않은 곳 : 원문의 '두찬杜撰'은 전거典據와 출처出處가 확실하지 않거나 틀린 곳이 많은 저술을 말한다. 송宋나라 왕무王楙의 『야객총서野客叢書』에서는 "두묵杜默의 시는 격률에 잘 맞지 않는 것이 많았기 때문에 문장의 격식이 잘 맞지 않는 경우를 가리켜 두찬이라고 하게 되었다."고 했고, 청淸나라 적호翟灝의 『통속편通俗篇』에서는 "『도장道藏』 5천여 권 중 『도덕경道德經』 두 권만 진본眞本이고, 나머지는 모두 당唐나라 말기와 오대五代 때 촉蜀의 도사 두광정杜光庭이 지은 것이기 때문에 그 후부터 다른 사람의 작품을 본뜬 위작僞作을 두찬이라 부르게 되었다."고 했다.

原文 88

先生曰；吾平生不爲不切要之事，如煙草雜技之屬，如地理相人卜筮星命佛經及西游水滸演義等書，一切痛禁. 而其中尤不可近者，乾象兵書太乙六壬奇門之類，士子何可一時遮眼乎. 切宜戒也. 如東方稗乘國憲家猷，前言往行可考，閱者則未嘗不悅覽.

선생께서 말씀하시기를 "나는 한평생 절실하고 요긴하지 않은 일은 하지 않았으니, 예를 들어 담배나 잡기 따위의 것이나 풍수지리風水地理, 관상觀相, 길흉吉凶이나 사람의 운명을 점치는 것[卜筮星命], 불경佛經 그리고 『서유기西遊記』,[1] 『수호전水滸傳』,[2] 연의演義[3] 등의 책과 같은 것은 일체를 완전히 금지하였다. 그 중에서도 더욱 가까이 하지 않은 것은 천문天文,[4] 병법兵法, 도가道家,[5] 점술占術,[6] 기문둔갑奇門遁甲[7] 따위였으니, 선비가 어찌 잠시라도 (이것들에) 눈이 가려서야 되겠는가. 절실히 경계하는 것이 마땅하다. 우리나라의 패승稗乘[8] 및 나라의 법과 집안의 법도에서 과거의 말과 행동을 살펴볼 수 있으니 보는 사람들이 즐겨 두루 보지 않아서는 안 된다."라고 하셨다.

주석

1 서유기 : 중국 명明나라의 오승은吳承恩(1500~1582)이 지었다는 장편소설이다. 7세기에 승려 현장玄奘(602~664)이 인도에서 불경을 가져온 역사적 사실에 근거했다. 모두 100회로 구성되어 있으며 크게 3부분으로 나누어진다. 『서유기西遊記』는 희극적 · 모험적 · 신마적神魔的 요소를 가지고 있을 뿐만 아니라, 중국의 사회와 관료 제도를 비판하고 인간의 노력과 인내를 우화적으로 표현했다는 점에서 많은 사람이 즐겨 읽었다.

2 수호전 : 중국 명明나라 초기의 장편소설로 『충의수호전忠義水滸傳』이라고도 한다. 시내암施耐庵이 지은 것으로, 양산梁山 호숫가의 영웅고사를 기초로 했다. 작품의 구성이 치밀하고 내용이 복잡하며, 문체가 생동감이 있어 문학적

으로 높이 평가된다.

3 연의 : 명明나라와 청淸나라 시기 중국에서 발전한 백화소설白話小說을 말한다. 송宋나라 이후 백화소설이 성립하면서 역사소설에 연의演義라는 제목을 붙이게 되었는데, 이 때 연의演義란 역사를 윤색하여 알기 쉽게 만들었다는 뜻으로, 소설적 재미를 위해 역사적 사실과는 다른 요소를 더해 정사正史와 다른 내용을 담기도 한다.

4 천문 : 원문의 '건상乾象'은 하늘에서 일어나는 현상이나 일월성신日月星辰이 돌아가는 이치를 말하는 것으로 천문天文이라고도 한다.

5 도가 : 원문의 '태을太乙'은 천지만물이 나고 이루어진 근원인 태일太一, 태일泰一, 태을太乙을 말하거나 도교道教에서 하늘을 주재하는 신의 이름, 또는 그 천신天神이 산다고 하는 태일성太一星을 말한다.

6 점술 : 원문의 '육임六壬'은 골패 따위를 가지고 길흉吉凶을 점치는 방법을 말한다.

7 기문둔갑 : 원문의 '기문奇門'은 기문둔갑奇門遁甲으로, 마음대로 제 몸을 감추거나 다른 것으로 바꿀 수 있는 술법을 말한다. 고대에는 천간天干 중 을乙·병丙·정丁을 삼기三奇, 팔괘八卦의 변상變相인 휴休·생生·상傷·두杜·경景·사死·경驚·개開를 팔문八門이라고 하고 삼기와 팔문을 합해 기문奇門이라고 했다. 또 천간의 나머지 무戊·기己·경庚·신辛·임壬·계癸를 육의六儀라고 했는데, 천간 중 갑甲은 육의 가운데 숨겨져 있다고 했다. 삼기와 육의는 괘卦를 헤아리는 구궁九宮 가운데 있으나 갑은 한 궁도 차지하지 않기 때문에 둔갑遁甲이라고 한다. 기문둔갑은 기문과 둔갑을 근거로 군사작전에 대한 성패와 길흉을 미리 알아 길한 곳으로 가고 흉한 것을 피하는 술법이다.

8 패승稗乘 : 패관稗官이나 사인私人이 소설과 같은 형식으로 꾸며서 쓴 역사를 말한다. 【원문 77】의 4번 주석 참조.

原文 89 先生曰；吾從子用休能詩，詩思頗深，與爾可相知也.

선생께서 말씀하시기를 "내 조카 용휴用休[1]가 시詩에 뛰어난데, 시 속에 담긴 생각이 제법 깊으니 너와 서로 알아둘 만하다."라고 하셨다.

주석

1 용휴 : 이용휴李用休(1708～1782). 본관은 여주驪州, 자는 경명景命, 호는 혜환재惠寰齋이다. 부친은 이침李沉이다. 성호의 조카이며 이가환李家煥의 아버지이다. 어려서부터 성호에게 배웠다. 일찍이 진사시에 합격했으나 관직에 뜻을 두지 않고 세속의 일에서 벗어나 성현들의 책과 옛사람의 문장을 익히기 위해 노력하였다. 음보蔭補로 첨지중추부사에 이르렀다. 실생활에 도움이 되는 학문에 조예가 깊었고, 하층민의 입장에서 그들에 관한 전傳을 썼다. 문학을 영달을 위한 수단이 아니라 문학 그 자체의 진실을 추구하기 위한 것으로 보았으며, 재야在野의 문장가로서 30여 년 동안 남인南人 계열의 문권文權을 잡았다. 저서로 『탄만집』·『혜환시초惠寰詩抄』·『혜환잡저惠寰雜著』가 있다.

原文 90 先生曰；中原小說，如說郛稗海，豈不益人博覽．而顧有緊重於是者，何可枉費精力於此等乎

선생께서 말씀하시기를 "중국의 소설 『설부說郛』[1]와 『패해稗海』[2] 같은 것이 어찌 사람이 널리 보는 것에 (아무런) 도움이 없겠는가. 그러나 다만 이것보다 더 중요한 것이 있으니, 어찌 이런 것들에 정력精力을 쓸데없이 낭비할 수 있겠는가."라고 하셨다.

주석

1 설부 : 명明나라 말기의 문인 도종의陶宗儀(미상~1369)가 한·위漢魏부터 원元나라까지의 소설小說·사史·지志 등의 필기류筆記類를 간추려 편찬한 책을 말한다. 모두 120권으로, 청淸나라의 요안姚安·도정陶珽 등이 보완하였다.
2 패해 : 명明나라의 상유준商維濬이 엮은 책으로 『상씨패해商氏稗海』라고도 한다. 상유준은 명나라 절강浙江 회계會稽 사람으로, 자는 초양初陽인데, 이름에서 유維자를 빼고 상준商濬으로 표기하기도 한다. 저서로 『고금평록古今評錄』 등이 있다. 『상씨패해商氏稗海』는 장인인 유석계鈕石溪가 소장한 책과 명문가에 전해 오는 책 중에서 선별하고 편집하여 만든 책으로, 위·진魏晉 이후 명현名賢들의 저술을 포괄하였으나 야사野史·패사稗史와 잡지雜識·만록漫錄이 많아 소설가류小說家類로 분류된다.

原文 91

先生聞人遭艱, 登時必修弔狀, 見人問禮, 卽時修覆, 未或淹稽曰 ; 後時之事, 未易成.

선생께서는 남이 부모의 상喪을 당했다는 소식을 들으시면 그 즉시 반드시 조문弔問하는 모습을 갖추셨고, 예禮를 묻는 사람을 만나면 즉시 옷매무새를 바루고 혹시라도 답변答辯을 머물러두지 않으시면서 말씀하시기를 "뒷날의 일은 쉽게 이룰 수 없는 것이다."라고 하셨다.

原文 92

先生曰；古人之待後人，有太薄處，人有慰人父母喪者，己之在喪，受人問者，雖乏文翰，豈不能爲此而弔人與答．人皆設爲定式，今人輒謄錄行之，似近不情．各修情分厚薄，自爲之，恐可也．

선생께서 말씀하시기를 "옛사람이 뒷사람에게 너무 야박한 곳이 있으니, 사람이 부모의 상喪을 당한 사람을 위로할 경우에, 자기가 상을 당하여 남의 조문弔問을 받았으면 비록 글 솜씨가 부족하더라도 어찌 (글솜씨가 부족하다는) 이런 이유로 글을 써서 조문한 사람에게 답하지 않을 수 있는가. 사람들이 모두 정해진 격식을 만들어 놓았는데, 요즘 사람들은 그때마다 베껴서 (이런 글을) 쓰니 인정에 가깝지 않은 듯하다. 각기 정분의 두텁고 얇음을 고려하여 직접 쓰는 것이 옳을 듯하다."라고 하셨다.

原文 93

先生治家，或使種麥種豆種綿桑，或種麻種油麻．然水田之種稻者，未嘗看，檢付之幹奴而已，未甚察之也．幹奴亦忠順，服喪禮且學籌數云．

선생께서 집안 살림을 꾸려가는 방법은 혹 보리나 콩, 뽕나무를 심도록 하거나 혹 삼[麻]이나 깨[油麻][1]를 심도록 하는 것이었다. 그러나 논에 벼를 심는 것은 일찍이 보지 못했으니 간노幹奴[2]에게 단속을 맡길 뿐이었고, 자세히 살피지 않으셨다. 간노도 충성스럽고 순종하여 상례喪禮를 따르고 또 셈법도 배웠다고 한다.

주석

1 깨 : 원문의 '유마油麻'는 참깨와 검은깨를 통틀어 이르는 말이다.
2 간노 : 소속 관서官署의 색리色吏를 돕거나 사가私家의 가사家事를 총괄하는 우두머리 사내종으로, 수노首奴・간사노幹事奴・호노戶奴・사음노舍音奴라고도 한다. 공公・사私 노비奴婢에 모두 쓰는 용어로 주로 몸을 쓰는 일에 관여하는 일반 노비와 달리 노비의 우두머리로서 상전의 지시를 받아 전체 노비를 관리했으며, 주인이나 소속 관서官署의 담당 색리色吏를 도와 일을 주관하였다.

原文 94

先生曰 ; 東人最無才, 惟長於七言律詩耳. 又曰 ; 高麗人騈儷皆善, 如高麗史有可觀. 常常考閱曰 ; 古人譏斥之, 未知何所見也.

선생께서 말씀하시기를 "우리나라 사람이 (시문詩文에) 가장 재주가 없으나 다만 칠언율시七言律詩에는 뛰어나다."라고 하셨다. 또 말씀하시기를 "고려高麗 때 사람들은 모두 변려문騈儷文에 뛰어나 『고려사高麗史』 같은 것에 볼만한 것이 있다고 한다."고 하셨는데, 한동안 자세히 살펴보시고는 말씀하시기를 "옛사람들은 비꼬아 배척하였으니 무엇이 볼만한 것인지 모르겠다."고 하셨다.

原文 95

先生禁婦女粉粧, 行昏禮不用俗間雜儀, 奉祀隨家力, 定爲一家式, 無或加減. 家間不殺鷄犬, 惟祭祀殺鷄. 聞親知情厚者之喪, 必哭臨, 或遣人弔問之. 迎孫婦之時, 不許用粧婆 [俗稱首母] 與俗行服飾.

선생께서는 부녀자의 화장이나 꾸밈을 금지하셨고, 혼례婚禮를 행할 때 세속의 잡된 의식을 쓰지 않으셨으며, 제사祭祀를 받들 때 집안의 능력에 따라 한 집안의 규칙을 정해서 더하거나 줄이지 않으셨다. 집안에서 닭이나 개를 잡지 않았으나 제사 때만은 닭을 잡았다. 친지로 정이 두터운 사람의 상喪을 들으면 반드시 가서 곡哭을 하셨으나 혹 사람을 보내 조문弔問하기도 하셨다. 손자며느리를 맞이하실 때 신부의 단장과 일을 거드는 여인[1] [세상에서는 수모首母라고 한다]이나 세상에서 하는 옷의 꾸밈을 허락하지 않으셨다.

주석

1 신부의 …… 여인 : 원문의 '장파粧婆'는 '수모手母'라고도 하는데, 혼례婚禮 때 신부의 단장과 그 밖의 일을 옆에서 거들어 주는 여인을 말한다.

原文 96

先生外室頹仆, 貧不能改, 遂移入內屋, 附室居處十年, 至狹窄也, 亦安之曰 ; 向使元無外室, 亦能堪之也. 溺器蓋柄墜穿孔指, 而笑曰 ; 此當修改而未能矣. 然賴此能通氣, 故免於脫蓋. 時點滴沾汚之患, 此乃露氣之結於蓋然.

선생 집의 바깥채가 무너졌으나 가난하여 수리할 수 없어 마침내 안채로 들어와 안채에 딸린 방에서 십년을 거처하셨는데, 몹시 좁았으나 또 편안하게 여기시며 말씀하시기를 "이전에 원래 바깥채가 없었더라도 견딜 수 있었을 것이다."라고 하셨다. 그릇이 물에 빠져 뚜껑과 자루가 떨어지고 뚫어져 손가락이 들어갈 구멍이 났는데도, 웃으며 말씀하시기를 "이것은 수리하여야 하지만 그럴 형편이 못 된다. 그렇지만 이 구멍 덕분에 기운이 통할 수 있어서 뚜껑이 분리되는 것을 면했다. 때때로 떨어지는 물방울로 인해 (그릇에 담긴 것이) 더럽혀지는 근심이 있는데, 이것은 바로 이슬 기운이 뚜껑에 맺혀 그런 것이다."라고 하셨다.

原文 97 先生架上所插書冊不甚多, 而皆貫穿精治, 借人書籍, 必修補其弊損處, 而還之.

선생의 시렁 위에 꽂혀 있는 책들이 아주 많지는 않았으나 (그 책들에 대해) 모두 정밀하고 폭넓게 두루 관통하여 아셨고, 남에게서 책을 빌려 오면 반드시 해지고 망가진 곳을 수리하여 돌려주셨다.

原文 98 先生曰 ; 吾貧無物, 人豈有向吾求乞者乎. 所求者只文字耳, 豈可幷此慳吝乎. 以故有求之者, 不辭而輒應副之.

선생께서 말씀하시기를 "나는 가난하여 재물이 없으니 어찌 나에게 구걸求乞하는 사람이 있겠는가. 요구하는 것은 문자文字일 뿐이니 어찌 여기에 대해 인색하게 굴 수 있겠는가. 그렇기 때문에 (나에게) 요구하는 사람이 있으면 사양하지 않고 그때마다 바로 부응한다."고 하셨다.

原文 99

先生曰；吾死後欲戒孫兒，勿招魂勿設祭．何以言之，人死而無所知則已，苟有知，豈肯守此半間屋，而淹留乎．魂氣飄飄，必將廣覽海宇內外，以快心胸，若是則招魂何爲．魂旣不欲返，則祭之何益．此雖一時雅謔，而謹記之．

선생께서 말씀하시기를 "내가 죽은 뒤에 손자에게 주의를 주어서 초혼招魂[1]을 하거나 제사祭祀를 지내지 말도록 해라. 무엇 때문에 하는 말이냐 하면, 사람이 죽어서 아는 것이 없으면 (그것으로) 그만인 것이고, 만약 아는 것이 있다면 어찌 이 반 칸짜리 집을 지켜 계속 머물려고 하겠는가. 영혼靈魂이 초연하게 떠돌아 반드시 우리나라 땅을 두루 보아서 마음을 시원하게 만족시키려고 할 것이니 이와 같다면 초혼을 한들 무엇 하겠는가. 영혼이 돌아오려 하지 않는다면 제사가 무슨 도움이 되겠는가. 이 말이 비록 한때의 고상한 농지거리이지만, 잘 기억해 두어라."라고 하셨다.

주석

1 초혼招魂 : 사람이 죽었을 때, 그 사람이 생시에 입던 저고리를 왼손에 들고 오른손은 허리에 대어, 지붕에 올라서거나 마당에서 북쪽을 향해 죽은 혼을 부르는 일을 말한다. 상례喪禮 중에서 임종 직후에 육신을 떠나는 죽은 사람의 영혼을 부르는 과정으로, 복혼의식復魂儀式의 하나이며, '고복皐復'이라고도 한다.

原文 100

先生言, 宗室南原君來訪, 言赴燕時事曰 ; 見遼東野以後, 始知世間有野字, 見醫巫閭山以後, 始覺世間有山字. 又見燕京都會, 萬人往來, 歸見吾東人物, 瑣瑣似非人類, 其言極豪. 又言其見林本裕問答, 又權儉再隨入燕, 言歷宿豊潤谷氏家, 卽應泰孫也. 夜深後, 出示其家舊藏古衣冠, 以爲子孫不知舊衣冠何狀, 弊則必改, 造一襲貯之, 以爲示後孫計, 又曰南原有識人也, 嘗往來玉洞門下.

선생께서 종친宗親인 남원군南原君[1]이 찾아와 청淸나라로 사신 갈 때의 일을 이야기 하면서 '요동遼東의 들판을 본 뒤에 비로소 세상에 '들 야[野]'라는 글자가 있는 것을 알았고, 의무려산醫巫閭山[2]을 본 뒤에 그제야 세상에 '뫼 산[山]'이라는 글자가 있는 것을 깨달았다. 또 연경燕京 도회지都會地에서 수많은 사람들이 오가는 것을 보고 돌아와 우리나라 사람들을 보니 자잘하여 마치 사람이 아닌 것 같았다.' 고 하였는데, 그 말이 몹시 호방豪放하였다고 하셨다. 또 그가 임본유林本裕[3]의 문답問答을 보았고, 또 권검權儉[4]이 연행사燕行使를 따라 두 번째로 청나라에 갔을 때 '길을 가다 풍윤豊潤 곡씨谷氏의 집에서 묵었는데, 그는 바로 곡응태谷應泰[5]의 손자였다. 밤이 깊은 뒤에 그 집에서 옛날부터 보관해 오던 오래된 의관衣冠을 꺼내 보여주었는데, 자손들이 옛날의 의관이 어떻게 생겼는지를 모를까 해서 (집안에 보관하는 것)이니, 해지면 반드시 수선을 하고 한 벌을 만들어 보관해서 후손에게 보여줄 생각이다.'라고 했다고 하셨다. 또 말씀하시기를 "남원군은 식견이 있는 사람이니 이전에 형님 옥동선생玉洞先生[6]의 문하門下를 오갔다."고 하셨다.

주석

1 남원군 : 이설 李楔(1691~미상). 종친宗親으로, 선조宣祖의 현손玄孫이다. 조부는 능계수綾溪守 이급李伋, 부친은 풍창군豊昌君 이개李漑이다. 성호의 셋째 형 옥동玉洞 이서李漵에게 종유從遊했으며, 낙서駱西 윤덕희尹德熙와 교유했다. 거문고와 풍수에 뛰어났다고 한다.

2 의무려산 : 만주滿洲 요령성遼寧省 북진현北鎭縣 서쪽에 있는 산으로, 의무려醫無閭 혹은 어미려於微閭라고도 하고, 줄여서 의려醫閭라고도 한다. 순舜임금이 십이산十二山을 봉할 때에 유주幽州의 진산鎭山으로 삼았고, 산세山勢가 6리를 덮으므로 육산六山이라고도 한다.

3 임본유 : 자는 익장益長이고, 청淸나라 초기의 명明나라 유민遺民이다. 본래 무림武林 출신으로 임화정林和靖의 후손이다. 오삼계吳三桂의 서기로 청나라에 잡혀가 개주蓋州의 백성이 되었다. 작은 누각에 기거하면서 세상에 나오지 않고 독서로 소일하였다. 자호를 욕옹辱翁이라고 했다. 성음학聲音學에 밝았으며, 저서로 『성위聲位』·『요재전집遼載前集』이 있다.

4 권검 : 남하정南夏正의 『동소만록桐巢漫錄』에 '의원 권검이 윤유를 따라 연행을 가다[醫員權儉隨尹遊燕行.].'는 내용이 나오는 것으로 보아 의원인 듯 하지만 구체적인 내용은 확인하기 어렵다. 윤유尹遊는 윤유尹游(1674~1737)로도 쓴다. 윤유의 본관은 해평海平, 자는 백수伯修, 호는 만하晩霞이다. 윤의지尹誼之의 증손으로, 조부는 윤연尹埏이고 부친은 지평 윤세희尹世喜이며, 모친은 이동규李同揆의 따님이다. 시호는 익헌翼憲이다.

5 곡응태 : (1620~1690). 청淸나라 직례直隷 풍윤豊潤 사람으로, 자는 갱우賡虞, 호는 축익당築益堂이다. 호부주사와 원외랑, 절강제학첨사 등을 역임했다. 장대張岱, 서탁徐倬 등의 도움으로 『명사기사본말明史紀事本末』을 썼다. 저서로 『축익당집築益堂集』이 있다.

6 옥동선생 : 이서李漵(1662~1723). 본관은 여주驪州, 자는 징지澄之, 호는 옥동玉洞·옥금산인玉琴散人이다. 부친은 대사헌 이하진李夏鎭이며, 성호의 셋째 형으로 성호의 학문을 이끈 인물이다. 숙부 이주진李周鎭의 양자로 들어가 포천抱川의 옥금산동玉琴山洞에 집을 짓고 생도들을 가르쳤으며, 문인들이 사시私諡를 홍도弘道라고 칭했으므로 문집을 『홍도선생문집弘道先生文集』이라고 한다. 관직은 찰방에 그쳤는데, 찰방이 된 것은 당시 좌의정이었던 박세채朴世采의 천거 때문이었다. 글씨를 잘 썼는데, 진체晉體의 필법을 따르지 않고 스스로의 필법을 계발하여, 동국진체東國眞體를 만들었다고 평가받는다. 『성호전집』 4권에 〈벽력금霹靂琴〉이, 50권에 〈홍도선생문집서弘道先生文集序〉,

51권에 〈삼형옥동선생회갑연서三兄玉洞先生回甲宴序〉, 57권에 〈제삼형옥동선생문祭三兄玉洞先生文〉, 〈재제옥동문再祭玉洞文〉, 68권에 〈삼형옥동선생가전三兄玉洞先生家傳〉이 나온다.

原文 101 先生每言堂叔父太湖公, 精識通才.

선생께서는 당숙부堂叔父이신 태호공太湖公[1]에 대해 이야기 하실 때마다 식견識見이 정밀하고 재주가 두루 통달하였다고 하셨다.

주석

1 태호공太湖公 : 이원진李元鎭(1594~1665). 【원문 7】의 4번 주석 참조.

原文 102 先生曰 ; 吾先人赴燕購書籍, 至於小說皆取之, 而獨無風水說一卷.

선생께서 말씀하시기를 "내 선친先親[1]께서 청淸나라에 가셔서 서적을 구입하셨을 때 심지어 소설小說까지도 모두 구입하셨지만, 풍수설風水說에 관한 책만은 한 권도 없었다."라고 하셨다.

주석

1 선친先親 : 이하진李夏鎭(1628~1682). 【원문 26】의 2번 주석 참조.

原文 103 先生教兒書, 毋論鈍敏, 諄諄善誨, 必有近效. 故宗族長幼, 多有成就, 久而後知感德.

선생께서 아이들에게 글을 가르치실 때 어리석거나 영리하거나를 따지지 않고 (모두를) 자상하고 친절하게 타일러 잘 가르치셔서 반드시 짧은 기간 안에 효과를 보았다. 그러므로 집안의 어른이나 아이들이 대부분 성취成就를 이루었는데, 오랜 뒤에 (선생의) 덕德에 감화感化되었음을 알았다.

原文 104 先生嘗與客同行, 過水原地, 歸路轉一山坡, 客在前行, 見有一隊人持杖聚會. 蓋有人方葬於山回處, 此輩將禁逐之者, 而誤認客爲會葬者先下, 手捽下馬將敺之. 先生在後而躊躇, 且見客之受辱, 不可不前救. 適有一人在於作挐之中, 見先生至, 驚曰; 公何以此. 曰; 適過路也. 彼客亦與吾偶同過耳. 其人卽投杖拜, 遍言于衆曰; 此某地某公也. 遂無事, 客亦免. [此蓋非偶然]

선생께서 이전에 객客과 함께 수원水原 땅을 들렀다가 돌아오는 길에 어떤 산언덕을 지나게 되었는데, 객이 앞서 가다가 몽둥이를 쥐고 모여 있는 한 무리의 사람들을 보았다. 산자락이 돌아가는 곳에 죽은 사람을 막 장사葬事지내려고 하는 사람들이 있어, 이들은 (그들을) 막아 쫓아내려는 사람들이었는데, 객을 이곳에서 장사 지내는 사람[1] 중에서 먼저 하산하는 사람으로 잘못 알고 손으로 잡아 말에서 끌어내려 몽둥이질을 하려고 하였다. 선생께서는 뒤에서 머뭇머뭇 거리시다가 객이 욕을 당하는 것을 보시고 어쩔 수 없이 앞으로 가서 말리려고 하셨다. 그때 마침 (객을) 붙잡고 있는 사람들 중에서 어떤 사람이 선생께서 오시는 것을 보고 놀라서 "공公이 이곳에 어쩐 일이십니까." 하니 말씀하시기를 "마침 지나가는 길이네. 저 객도 나와 함께 지나가는 길일뿐이네."라고 하시니, 그 사람이 바로 몽둥이를 버리고 절한 뒤에 무리들에게 두루 말을 전하기를 "이 분은 아무 곳의 아무 공이시네."라고 하여 마침내 무사하였고, 객도 (화禍를) 면했다. [이런 일은 대체로 우연한 것이 아니다]

주석

1 장사 지내는 사람 : 원문의 '회장會葬'은 사람들이 모여 장례葬禮를 치르는 일이나 개인의 장사葬事에 조정朝廷의 백관百官을 비롯하여 많은 사람들이 참석하는 예장禮葬을 말하는데, 여기서는 첫 번째 뜻인 사람들이 모여 장례를 치르는 것으로 풀이하였다.

原文 105 問百諺解似韓詩外傳, 先生曰 ; 是.

『백언해百諺解』[1]가 『한시외전韓詩外傳』[2]과 비슷하다고 여쭈니 선생께서 "그렇다."고 하셨다.

주석

1 백언해 : 성호가 당시의 속담俗談을 모아 한문으로 번역해 만든 책이다. 성호는 속담이 인정을 살피고 사리를 증명하는 데 도움이 된다는 생각과 한 시대

에 통행된 방언이 세월이 지나 지시하는 내용에 혼동이 있을까 하는 염려에 의해 속담을 한문으로 풀이해 책을 만들고 『백언해百彦解』라고 하였는데, 이 제목은 많은 속담을 모았다는 뜻이다. 『성호전집』 56권에 〈백언해발百諺解跋〉이 나온다.

2 한시외전 : 서한西漢의 한영韓嬰이 경서經書나 사서史書·제자백가諸子百家를 인용해서 이야기를 서술한 다음, 『시경詩經』의 몇 구절을 인용해서 증명하고 설명하는 방식으로 만든 책이다. 한漢나라 경제景帝 또는 무제武帝 때 저술된 것으로 추정된다. 이 책은 최초의 『시경詩經』 해설서로 추정되는 『한시내전韓詩內傳』이 사라진 뒤, 금문今文으로 쓴 '삼가시三家詩' 가운데 현재 전하는 유일한 책이다. 10권 360단락으로 구성되어 있다.

原文 106

入儉說, 矯俗之弊, 救世之惑, 誠百世可行之言.

(선생의) 「입검설入儉說」[1]은 세속의 폐단을 바로잡고 세상의 미혹迷惑[2]된 마음을 구제하려는 것이니 진실로 백세百世 동안 행해야 할 말씀이다.

주석

1 입검설 : 근검절약을 통해 사서인士庶人의 몰락을 방지하고 당시의 사치 풍조를 비판하여 가난한 백성들의 삶을 돕기 위해 성호가 쓴 글이다. 『성호전집』 41권에 〈입검설入儉說〉이 나온다.

2 미혹 : 원문의 '미혹迷惑'은 마음이 흐려지도록 무엇에 홀림, 또는 무엇에 홀려서 정신을 차리지 못함, 정신이 헷갈려서 갈팡질팡함을 의미하는데, 여기에서는 이 세 가지 의미가 모두 포함되어 있다고 보아 한자어인 '미혹'을 그대로 사용하였다.

原文 107 祭乳母文懇惻.

유모乳母를 제사祭祀 지내는 글[1]은 간절하면서도 비통하였다.

주석

1 유모를 …… 글 : 『성호전집』 57권에 〈제유모문祭乳母文〉이 나온다.

原文 108 續釋親如爾雅, 朱子亦有此.

「속석친續釋親」[1]은 『이아爾雅』[2]와 같으니 주자朱子도 이런 것이 있었다.

주석

1 속석친 : 보석친補釋親의 오류로 보인다. 「석친釋親」은 친척 간의 호칭을 풀이한 것으로 『이아爾雅』의 편명 중 하나인데, 성호는 「석친」을 보충한다는 의미로 「보석친」이라는 글을 썼다. 『성호전집』 47권에 〈보석친 재이아자불석補釋親 在爾雅者不釋〉이 나온다.

2 이아 : 유교儒教 경전經典의 하나로, 문자의 뜻을 고증하고 설명하는 사전적인 성격을 지닌 경전이다. 지은이와 편찬연대는 정확하지 않다. 위魏나라의 장읍張揖은 「진광아표進廣雅表」에서 주공周公이 저자라고 했고, 한漢나라 양웅揚雄의 『방언方言』과 양梁나라 유협劉勰의 『문심조룡文心雕龍』에서는 공자孔子의 문인이 지었다고 했다. 송宋나라의 구양수歐陽脩와 섭몽득葉夢得은 한漢나라의 학자들이 집록集錄했다고 보았다. 현대에는 대체로 공자 이전에 이

루어졌고, 공자 직후 다수 보완되었으며 한대漢代에도 계속하여 여러 사람에 의해 보완되었다고 보고 있다. 3권으로 되어 있으며 현재에 전하는 책은 19편으로 되어 있다. 한대漢代의 훈고학訓詁學 형성과 문자학文字學의 발달에 모태가 되었으며, 현존 최고의 훈고학서訓詁學書이다.

原文 109 先生嘗枉臨鄙所, 見架上諸書喜曰 ; 每有移居他地之意, 而亦將爲君家書籍難捨去矣.

선생께서 이전에 내가 사는 누추한 곳에 몸소 오셔서 시렁 위에 있는 책들을 보시고는 기뻐하시면서 말씀하시기를 "(내가) 늘 다른 곳으로 옮겨가 살 뜻을 가지고 있지만, 그러나 또 그대 집안의 책들을 버리고 가기는 어렵겠네."라고 하셨다.

原文 110 先生嘗稱某公文, 一氣呵成, 眞文章矣.

선생께서 이전에 어떤 공公의 글을 칭찬하시면서, 숨 한 번 내쉬는 사이에 (글을) 지으니 참 문장이라고 하셨다.

原文 111

先生嘗侍茅山公, 公使代書答人札曰 ; 此子拙於筆, 非乃家風矣. 又曰 ; 汝欲得吾書乎. 曰 ; 固所願矣. 公乃取各色紙, 多爲揮灑而贈之云.

선생께서 이전에 모산공茅山公[1]을 모시고 있었는데, 모산공이 어떤 사람의 편지에 대한 답장을 대신 쓰도록 하시고는 말씀하시기를 "이 아이가 글씨에 서투니, (그것은 너희 집안의) 가풍家風이 아니다."라고 하시고, 또 말씀하시기를 "너는 내 글씨를 얻고 싶으냐."라고 하시기에 "진실로 바라는 것입니다."라고 하자, 모산공이 곧 여러 색깔의 종이를 가져다가 여러 차례 붓을 휘둘러 (글씨를 써서) 주셨다고 하셨다.

주석

1 모산공 : 유명견柳命堅(1628~1707). 【원문 62】의 1번 주석 참조.

原文 112

先生嘗言東方文集不足觀, 仍言嘗訪黃正叔, 盛言東集之無可觀, 指其架上諸集曰 ; 彼皆可燒也. 見有漫浪集亦在其中, 吾曰 ; 漫浪集亦然乎. 黃友曰 ; 此則不然.

선생께서 이전에 우리나라의 문집文集은 볼만한 것이 없다고 하시고, 이어 이전에 황정숙黃正叔[1]을 찾아가니, (황정숙이) 우리나라 문집은 볼만한 것이 없다고 힘주어 말하고는 시렁 위에 있는 책들을 가리키며 “저 책들은 모두 불태워야 할 것이다.”라고 했는데, (선생께서) 보시니 그 속에 『만랑집漫浪集』[2]도 있어서 선생께서 “『만랑집』도 그런가.”라고 하니 황정숙이 “이 책은 그렇지 않다.”고 했다고 하셨다.

주석

1 황정숙 : 황한黃憪(1678~미상). 본관은 창원昌原, 자는 정숙靜叔이다. 부친은 현감 황윤하黃潤河이고, 만랑漫浪 황호黃杘의 증손이다. 1710년 생원시에 합격했고, 서울에 살았다. 원문의 황정숙黃正叔은 황정숙黃靜叔의 오자인 듯하다. 『성호전집』의 기록을 보면 성호와 상당한 친분을 지녔던 몹시 가까운 인물로 시에 능했다고 보인다. 『성호전집』 2권에 〈차황정숙 7수次黃靜叔 七首〉, 3권에 〈차황정숙기래운 3수次黃靜叔寄來韻 三首〉와 〈재화아곡기래운 3수再和鵝谷寄來韻 三首〉, 〈간황정숙簡黃靜叔〉, 6권에 〈도황진사정숙悼黃進士靜叔〉이 나온다.

2 만랑집 : 만랑漫浪 황호黃杘(1608~1658)의 시문집이다. 9권 4책으로 간행연도는 미상이다. 1668년 경상도 관찰사 심재沈梓 등에 의해 간행되었다고 하나, 허목許穆의 서문이 1669년에 쓰여 졌고, 윤신지尹新之의 서문이 1765년인 것으로 보아 현존하는 판본은 훨씬 뒤에 간행된 것으로 보인다. 황호는 문재文才가 뛰어났고, 시는 유려하면서도 고답적인 기풍이 있다. 허목의 서문에 의하면 황호는 문장에서 당대의 신진으로는 독보적인 존재였다고 한다.

原文 113

先生所著句讀指南, 誠初學之寶鑑.

선생께서 지으신 「구두지남句讀指南」[1]은 진실로 초학자初學者들의 보감寶鑑[2]이다.

주석

1 구두지남 : 구두句讀를 뗄 수 있으면 뜻이 통한다고 생각한 성호가 초학자를 가르치는 방법으로 먼저 구두를 바르게 떼도록 하기 위해 방언方言으로 규식規式을 만들어 지은 것이라고 하나 현재는 전하지 않는다. 이삼환李森煥의 『백가의百家衣』에 「구두지남句讀指南」이 보이는데, 성호의 「구두지남」을 따랐다고 했다. 성호의 「구두지남」에 대해서는 『성호전집』 부록附錄 1권의 〈가장家狀〉에 나온다.
2 보감 : 원문의 '보감寶鑑'은 보배로운 거울이라는 뜻으로, 본보기나 모범이 될 만한 것을 비유적으로 이르는 말인데, 대체로 본보기가 될 만한 귀중한 일을 모아 적은 책이나 글을 말한다.

原文 114 音韻高低淸濁之說, 眞學者之要訣.

(선생께서 말씀하신) 음운音韻의 높낮이와 맑고 탁한 것에 대한 주장은 진실로 학자學者들의 요결要訣[1]이다.

주석

1 요결 : 원문의 '요결要訣'은 어떤 일을 해결하거나 이루는 가장 중요한 방법을 말한다.

原文 115 先生曰 ; 退溪當稱曰李子, 嘗抄論禮文字, 爲一書.

선생께서 말씀하시기를 "퇴계선생退溪先生[1]은 당연히 '이자李子'라고 불러야 한다."고 하셨는데, 이전에 (퇴계선생께서) 예禮를 논한 글들을 가려 뽑아서 책 한 권으로 만드셨다.[2]

주석

1 퇴계선생 : 이황李滉(1501~1570). 【원문 75】의 2번 주석 참조.
2 예를 …… 만드셨다 : 성호가 퇴계退溪의 문집인 『퇴계집退溪集』에 수록되어 있는 편지 가운데 예를 논한 것을 뽑아 편찬한 『이선생예설유편李先生禮說類編』을 말한다. 현재 전하지 않는데, 『성호예설유편星湖禮說類編』과는 다른 책이다. 『성호전집』 49권에 〈이선생예설유편서李先生禮說類編序〉가 나온다.

原文 116

先生雖尋常小簡札文辭, 皆可傳, 無可以易稿者.

선생께서 비록 편지[簡札]의 글을 대수롭지 않고 보잘 것 없는 것으로 여기셨지만, (그 글은) 모두 (후세에) 전할 만한 것으로 초고草稿를 다듬어 바꾸지 않아도 될 정도였다.

原文 117

心經附註, 非附註, 乃附經云云.

(선생께서) 『심경부주心經附註』[1]는 주註를 덧붙인 것이 아니라 곧 경문經文을 덧붙인 것이라는 등의 말씀을 하셨다.

주석

1 심경부주 : 명明나라의 정민정程敏政이 남송南宋의 진덕수眞德秀가 지은 『심경心經』에 주註를 붙여 편집한 책을 말한다. 『심경』은 마음공부와 관련된 내용을 사서삼경四書三經과 송宋나라 학자들의 글에서 뽑고 그 뒤에 송나라 제현諸賢들의 학설을 주로 단 것인데, 여기에 정민정의 주를 보탠 것이 『심경부주心經附註』이다. 정민정은 진덕수의 주에 송나라 대유大儒들의 중요한 말이 빠져 있다고 생각하여 자신이 뽑은 주를 추가하고, 앞에 진덕수의 「심경찬心經贊」과 원元나라 정복심程復心의 「심학도心學圖」를 붙여 『심경부주』를 만들었다. 『성호전집』 49권에 〈심경부주질서서心經附註疾書序〉가 나온다.

原文 118 先生曰；春秋難看, 安知一字一言之衮鉞, 必如解者之言.

선생께서 말씀하시기를 "『춘추春秋』[1]는 보기 어려우니 한 글자 한 마디 말로 높이고 깎아 내린 것[2]이 반드시 풀이한 사람의 말과 같다는 것을 어떻게 장담하겠는가."라고 하셨다.

주석

1 춘추 : 유교儒教 경전經典의 하나로, 『춘추春秋』라는 이름은 '춘하추동春夏秋冬'을 줄인 것이다. 사건의 발생을 연대별과 계절별로 구분하던 고대의 관습에서 유래했다. 공자孔子가 BC 722년부터 죽기 직전인 BC 479년까지 모국母國인 노魯나라의 12제후가 다스렸던 시기의 주요사건들을 기록한 것이다. 공자는 타락한 제후에 대해서는 존칭을 생략하는 등 자구를 미묘하게 사용하여 각 사건에 대한 도덕적 평가를 내렸다. 『성호사설』과 『성호전집』에도 『춘추』에 관한 다양한 글들이 나오는데, 『성호사설』 18권의 〈춘왕정월春王正月〉·〈춘추추협春秋鄒夾〉, 19권의 〈춘추서시春秋書弑〉, 24권의 〈좌전시말左傳始末〉·〈손복춘추孫復春秋〉, 26권의 〈춘추경전春秋經傳〉과 『성호전집』

55권의 〈발구양공춘추론跋歐陽公春秋論〉을 대표적인 것으로 들 수 있다.

2 높이고 깎아 내린 것 : 원문의 '곤월袞鉞'은 공자孔子가 실제로 정치할 수 없게 되자 『춘추春秋』를 지었는데, 한 자字로 표창表彰한 것이 곤룡포[袞]보다 영광스럽고 한 자로 깎은 것이 도끼[鉞]보다 무섭다고 한 말에서 온 것이다. '곤월'은 '포폄褒貶'이라고도 한다.

原文 119 目筆法與奪, 多未可曉, 如褚淵馮道李林甫, 皆書卒.

(선생께서 말씀하시기를) 『강목綱目』[1]에서 높여주고 빼앗은 것[褒貶]에 대해 글을 쓴 기준은 대부분 분명하게 알기 어려우니, 저연褚淵,[2] 풍도馮道,[3] 이임보李林甫[4]를 모두 '졸卒'이라고 기록했다. (고 하셨다.)

주석

1 강목 : 『자치통감강목資治通鑑綱目』을 말한다. 『통감강목通鑑綱目』이라고도 한다. 사마광司馬光의 『자치통감資治通鑑』을 토대로 이전의 기사를 보충해서, 중요한 사항을 강綱으로 삼고 부수적인 항목을 목目으로 삼아 만든 편년사編年史이다. 남송南宋시대 주자朱子의 저서라고 전해지지만, 주자는 범례를 밝혔을 뿐이고 문인 조사연趙師淵 등이 주자의 유언을 받들어 59권으로 지었다고 한다. 『춘추春秋』의 대의명분大義名分을 사실에 의해 드러내려고 했기 때문에 강綱 부분은 『춘추』의 경經에 해당하며, 기술의 체례가 엄밀하다.

2 저연 : 남조南朝 제齊나라의 양적陽翟 사람으로 자가 언회彦回이다. 송宋나라 명제明帝의 두터운 신임을 받았는데 명제가 죽을 때, 그를 중서령中書令과 호군장군護軍將軍으로 삼아 상서령尙書令 원찬袁粲과 고명顧命을 받들고 어린 임금을 보좌하라는 유조遺詔를 내렸다. 뒤에 소도성蕭道成이 송나라를 멸망시키고 제齊나라를 세우려 하자, 원찬과 유병은 그에 불복했으나 저연褚淵은 소도성을 적극적으로 도와 제나라에서 영화를 누렸다.

3 풍도 : (881~954) 중국 하북성河北省 영주瀛州 출생으로 오대五代 시대의 재상宰相이며, 시호諡號는 영왕瀛王이다. 932년에 최초로 유교儒教 경전經典을 조판·인쇄하도록 한 사람으로 알려졌으나 실제로 발간사업에 기여했는지는 확실하지 않다. 풍도馮道는 일생 동안 후당後唐, 후진後晉, 거란契丹, 후한後漢, 후주後周 등 다섯 나라의 조정에서 여섯 명의 임금을 섬긴 것을 자랑하며 장락로長樂老라고 자호自號했다고 하는데, 후대의 유학자들은 여러 나라의 황제를 섬긴 그의 행동을 좋게 보지 않았다.

4 이임보 : (미상~752). 당唐나라 현종玄宗 후기의 재상이다. 고조高祖(이연李淵)의 사촌동생인 장평왕長平王 이숙량李叔良의 증손이다. 예부상서·동중서문하평장사同中書門下平章事를 지냈으며, 진국공晉國公에 봉해졌다. 음험하고 책략이 많아서, 그를 평할 때 '입에는 꿀, 뱃속에는 칼[口蜜腹劍]'이라고 했다. 현종玄宗은 말기에 여자와 향락에 빠져 조정의 모든 일을 이임보李林甫에게 일임했는데, 그는 19년 동안이나 재상의 지위에 있으면서 자기와 의견을 달리하는 사람을 모두 배척했고, 도당徒黨을 만들어 마음대로 일을 처리했다.

原文 120

不肖問, 禮記胡獨無疾書, 先生曰云云.

내가 '어째서 『예기禮記』[1]만 질서疾書[2]가 없는 것입니까.' 하고 여쭈니 선생께서 (무어라고) 말씀해 주셨다.

주석

1 예기 : 유교儒教 경전經典의 하나로 원문原文은 공자孔子가 편찬했다고 전해진다. 공자가 직접 지은 책에는 '경經'자를 붙이므로, 원래 이름은 『예경禮經』이었다. 그러나 BC 2세기경 대대大戴(본명은 대덕戴德)와 그의 사촌 소대小戴(본명은 대성戴聖)가 원문에 손질을 가한 것이 분명하므로 '경經'자가 빠지게 되었다. 주자朱子는 『예기禮記』 중의 「대학大學」·「중용中庸」 2편을 별개의 책으로 편찬하여 『논어論語』·『맹자孟子』와 함께 사서四書에 포함시켰다.

2 질서 : 묘계질서妙契疾書에서 온 말이다. 횡거橫渠 장재張載는 밤에 자리에 누워 있다가도 의리에 대해 새로 깨달은 것이 있으면 바로 일어나서 붓으로 얼른 기록해서 주자朱子가 지은 〈횡거선생찬橫渠先生贊〉에 "정밀하게 사색하고 힘껏 실천하며, 묘하게 계합할 때마다 얼른 기록하였네[精思力踐, 妙契疾書.]."라는 구절이 나온다. 성호도 경전經典을 보다가 해득된 것이 있으면 곧 의문표를 붙여 기록하고 제목을 질서疾書라고 했다고 한다. 성호는 11편의 질서疾書를 지었는데, 『예기질서禮記疾書』는 보이지 않는다. 『성호사설』 29권에 〈묘계질서妙契疾書〉가 나오고, 『성호전집』 49권에 11편의 질서서疾書序가 나오며, 54권에 〈중용질서후설中庸疾書後說〉이 나온다.

原文 121

先生曰；家語雖不純，尙謂是聖人之言，豈不可貴．教兒必家語．

선생께서 말씀하시기를 "『가어家語』[1]가 비록 순수하지는 않지만 그래도 오히려 성인聖人의 말씀이라고 하니 어찌 귀하지 않겠는가. 아이들을 가르칠 때는 반드시 『가어』로 한다."고 하셨다.

주석

1 가어 : 『공자가어孔子家語』를 말한다. 『공자가어』는 『논어論語』에 빠진 공자孔子의 언행과 제자들과 나눈 문답을 정리한 것이다. 공자와 그 제자들의 언행과 사적을 기록했다는 점에서 『논어』와 비슷하지만, 작자에 관해서는 삼국시대三國時代 말기의 학자 왕숙王肅이 공자의 12세손 공안국孔安國의 이름을 빌려 위작한 것이라는 설이 유력하다. 본래는 27권이었으나 실전失傳되고 현재 전하는 것은 「상로相魯」에서 「곡례공서적문曲禮公西赤問」까지 10권 44편이다. 현존하는 고서古書에 보이지 않는 글귀가 일실逸失된 원본 『공자가어』에서 추출된 것일 가능성이 있고, 왕숙의 위조이기는 하지만 『논어』에서 볼 수 없는 공자의 일화逸話가 나온다는 점에서 가치가 있다.

原文 122 婢僕或有自中無禮者, 必訶禁之, 止之乃已.

남녀 종들 중 그들 사이에서 혹 무례無禮한 자가 있으면 반드시 꾸짖어 금지하셨고, (무례한 행동을) 그만두면 곧 (야단치는 일을) 그치셨다.

原文 123 不肖問易, 曰; 不可知矣. 問書, 曰; 吾不能知也. 問儀禮經傳通解及通解續, 曰; 吾一生看得, 尙多難曉處, 況於君輩生眼乎.

내가 『주역周易』[1]에 대해 여쭈니 "알 수 없다."고 하셨고, 『서경書經』[2]에 대해 여쭈니 "나는 알 수 없다."고 하셨다. 『의례경전통해儀禮經傳通解』[3]와 『통해속通解續』[4]에 대해 여쭈니 말씀하시기를 "내가 한평생 보았으나 그래도 오히려 분명하게 이해하기 어려운 곳이 많은데, 하물며 그대들같이 생소한 (사람들의) 눈에는 어떻겠는가."라고 하셨다.

주석

1 주역 : 유교儒教 경전經典의 하나로 『역경易經』이라고도 한다. 「경經」・「전傳」의 두 부분을 포함하며 대략 2만 4,000자이다. 주周나라의 문왕文王이 지었다고 전해진다. 괘卦・효爻의 2가지 부호를 중첩하여 이루어진 64괘卦・384효爻, 괘사卦辭, 효사爻辭로 구성되어 있는데, 괘상卦象에 따라 길흉화복吉凶禍福을 점쳤다. 주周나라 사람이 간단하게 8괘卦로 점을 치는 책이었으므로 『주역周易』이라고 했다.

2 서경 : 유교儒教 경전經典의 하나로 『상서尙書』라고도 한다. 『서경書經』의 일

부는 후대에 쓰였다고 밝혀졌지만 이 부분을 제외한 나머지는 중국에서 가장 오래된 역사서이다. 모두 58편으로 이루어져 있는데, 그중 33편을 『금문상서今文尙書』라 부르고 나머지 25편을 『고문상서古文尙書』라고 한다. 『금문상서』는 원래 29편이었지만 일부를 분할하여 편수가 늘어났다. 대부분의 학자들은 이것을 BC 4세기 이전에 작성된 진본으로 생각하고 있다. 『고문상서』는 원래 16편이었지만 오래전에 소실되었다. 4세기에 나타난 모작模作은 원본의 제목을 붙인 16편에 9편을 더하여 모두 25편으로 이루어져 있다.

3 의례경전통해 : 중국 남송南宋 때 주자朱子가 『의례儀禮』를 중심으로 여러 설을 모으고 해석을 덧붙인 책으로, 원래는 『의례집전집주儀禮集傳集注』였으나 주자가 만년에 수정을 가한 후 『의례경전통해儀禮經傳通解』라고 하였다.

4 통해속 : 주자朱子의 『의례경전통해儀禮經傳通解』에서 누락된 상례喪禮와 제례祭禮를 제자인 황간黃幹과 양복楊復이 보충하여 속편續編을 만들어 원元나라 순제 3년에 편간한 예서이다. 상례喪禮 15권(8책)은 주자의 유훈을 받은 황간이 1219년에서 1220년 여름 사이에 완성했으며, 상례도식喪禮圖式 1권과 제례祭禮 13권은 황간의 학문을 계승한 양복楊復이 1221년 완성했다. 황간은 자가 직경直卿, 호가 면재勉齋로 복주 민현閩縣 사람이다. 어려서 주자에게 글을 배웠다. 양복은 자가 지인志仁이며 복주 장계長溪 사람이다. 주자의 문하에서 공부했으며, 후에 황간에게서 수학했다.

原文 124 先生嘗得某公所著溫錄, 亟稱之曰 ; 好議論.

선생께서 이전에 어떤 공公이 지은 만록[溫錄][1]을 보시고 자주 칭찬하시기를 "좋은 논의論議다."라고 하셨다.

주석

1 만록 : 원문의 '온록溫錄'은 만록漫錄을 말한다. 온록의 '온溫'자가 풍족豐足, 부유富裕를 의미하여 만록의 '만漫'자와 같은 의미로 사용되었다. 만록은 주제

와 형식에 얽매이지 않고 생각나는 대로 쓴 산문이다. 만록에서 '만'자는 멋대로, 마음 내키는 대로, 즐거운 모양, 두루 쓰다 등의 뜻이 있다. 따라서 만록은 멋대로, 마음 내키는 대로, 즐기기 위해서, 두루 쓴 글이라 할 수 있다. 명칭 또한 일정하지 않아 필자가 붙이고 싶은 대로 붙이는 것이 보통이다.

原文 125

先生於禮記註疏借見鄙家書積年, 不肖嘗請還, 還之與書曰 ; 君欲覽之耶, 或他人要借乎. 一朝離去, 有若嚴師畏友之去吾左右, 甚覺悵然. 不肖承教, 不久更以還約.

선생께서 『예기주소禮記註疏』를 우리 집에서 빌려 보신 지 몇 해가 되어 내가 돌려주시기를 청하니 책을 돌려주시면서 편지를 보내 "그대가 보려고 하는가, 아니면 혹 다른 사람이 빌려달라고 하는가. 하루아침에 보내려고 하니 마치 엄한 스승과 존경하는 벗이 내 곁을 떠나는 것 같아 몹시 서글픈 마음이 드네."라고 하셨다. 내가 분부를 받들어 오래지 않아 다시 빌려드리기로 약속하였다.

原文 126

隣民有爲神祀者, 不禁也, 蓋非吾所知之意也.

(선생께서는) 이웃 주민 중에 귀신鬼神에게 제사祭祀 지내는 사람이 있었는데 금지하지 않으셨으니, (귀신에 대해서는) 내가 알 수 있는 일이 아니라는 뜻에서 그러신 것이다.

原文 127 高麗全史亦借閱鄙家冊有年, 有同鄕金某要一覽. 不肖請如其請如何, 先生曰 ; 君欲見固可還, 若欲借他人, 毋寧留吾所, 使吾久看閱也.

『고려전사高麗全史』[1]도 우리 집 책을 빌려 보신 지 몇 년이 되었는데, 같은 마을의 김모金某가 한 번 보기를 요청하였다. 내가 그와 같은 요청에 대해 어떻게 해야 하는지 여쭈니 선생께서 말씀하시기를 "그대가 보려 한다면 진실로 돌려주어야 하겠지만, 만약 다른 사람에게 빌려주려고 한다면 차라리 우리 집에 두어서 내가 오랫동안 살펴보게 해 주는 것이 더 나을 것이네."라고 하셨다.

주석

1 고려전사 : 고려高麗의 역사歷史를 기록한 책으로 『고려사高麗史』 저술의 모태가 된 책이다. 1482년 2월 양성지梁誠之가 올린 상소上疏에 의하면, 이 시기까지 『고려전사高麗全史』가 충주사고忠州史庫에 보관되어 있었던 것 같지만, 임진왜란壬辰倭亂의 충주 탄금대 전투에서 신립申砬이 패하여 충주시가 불에 타면서 충주사고와 그곳에 보관된 책들이 소실될 때 같이 사라졌다고 추정된다. 그런데 이 글에서 『고려전사』가 언급된 것으로 보아 이 책이 조선 후기까지 전해진 것이 아닌가 생각된다.

原文 128 先生本年, 一眼視全昏, 尙不廢看細書. [只一眼尙明]

선생께서는 올해 한쪽 눈이 완전히 어두워지셨는데, 그래도 여전히 작은 글자를 보는 일을 그만두지 않으셨다. [한쪽 눈은 여전히 밝으셨다]

原文 129 先生嘗曰；朴仲禮多讀書之人，其文有斤兩．［朴公諱履文］又嘗曰；李壽長雖是寫字官，可貴者，能爲字學精熟，字畫多正

선생께서 이전에 말씀하시기를 "박중례朴仲禮[1]는 책을 많이 읽은 사람이니, 그의 글에 무게가 있다. [박공朴公의 휘諱가 이문履文이다]"라고 하셨다. 또 이전에 말씀하시기를 "이수장李壽長[2]이 비록 사자관寫字官[3]에 불과하지만 귀하게 여길 만한 사람이니 자학字學을 정밀하고 깊이 있게 하여서 글자의 획이 대부분 바르다."라고 하셨다.

주석

1 박중례 : 박이문朴履文(1673～1743). 본관은 무안務安, 자는 중례仲禮, 호는 고심재高心齋이다. 박규朴桂의 증손으로, 조부는 첨지중추부사 박창하朴昌夏이고, 부친은 승지 박징朴澄이며, 모친은 목임형睦林馨의 따님이다. 사마시에 합격하고 통덕랑으로 증광문과에 병과로 급제했다. 사헌부장령이 되어 성학을 돈독히 하고 큰 원칙을 세우고 탕평책을 시행할 것을 주장하여 왕의 가납嘉納을 받았다.

2 이수장 : (1661～1733). 본관은 천안天安, 자는 인수仁叟, 호는 정곡貞谷이다. 찰방을 지냈다. 숙종 때에 사자관이 되어 어제시御製詩 8장을 쓰고 또 금니金泥로 종요鍾繇·왕희지王羲之의 법첩을 임서臨書하여 왕으로부터 절찬을 받았으며, 청淸나라 사신 연갱요年羹堯로부터 동방 제일이라는 찬사를 받았다. 통신사의 사자관으로 일본에 가서 명성을 떨치기도 했다. 해서와 행서에 능했는데, 왕희지의 필법을 익혀 이에 흡사한 글씨를 구사했다. 『묵지간금墨池揀金』을 지었다. 『성호전집』 50권의 〈정곡가장첩소서貞谷家藏帖小序〉에 나온다.

3 사자관 : 조선시대 승문원·규장각에 소속되어 사대교린문서事大交隣文書와 자문咨文·어첩御牒·어제御製·어람御覽 등의 문서를 정서正書하던 관원으로, 외국사행에도 수행하였다.

原文 130

先生嘗曰；吾聞桐泉南上舍兄弟，[夏正夏行] 相會一堂，各有坐席次第不錯．和樂而有禮法可敬．吾家兒嘗過之而歸言如此．

선생께서 이전에 말씀하시기를 "내가 동천桐泉의 남상사南上舍 형제[1]에 대해 들으니 [하정夏正과 하행夏行을 말한다] 두 사람이 한 방에 모여도 각자의 자리에 순서가 있어 섞이지 않는다고 한다. (이것은) 온화하고 즐겁지만 예법禮法이 있는 것으로 존경할 만한 것이다. 우리 집 아이가 이전에 들른 적이 있는데, 돌아와서 이렇게 말했다."라고 하셨다.

주석

1 동천의 남상사 형제 : 남하정南夏正과 남하행南夏行을 말한다. 남하정(1678~1751)의 본관은 의령宜寧, 자는 시백時伯, 호는 동소桐巢이다. 부친은 성균관진사 남수교南壽喬이며, 모친은 진주강씨晉州姜氏 부사 강석로姜碩老의 따님이다. 공주에서 태어났으며, 부친을 일찍 여의었으나 학문에 전심하여 경사經史와 제자백가諸子百家에 통달했다. 특히 글을 잘 지어 문명을 크게 떨쳤다. 진사가 되었으나, 세도世道의 어지러움을 보고 벼슬을 단념하고 진위振威의 동천桐泉에 은거하여 후진 양성에 일생을 보냈다. 저서로 『사대춘추四代春秋』와 『동소만록桐巢謾錄』이 있다. 남하행(1697~1781)은 남하정의 동생이다. 자는 성시聖時, 호는 잠옹潛翁·둔암遯庵이다. 옥동玉洞 이서李漵와 성호의 문하에서 수학했다. 유복자로 태어나 아버지의 얼굴을 보지 못한 것을 한으로 여겨 평생 죄인으로 자처하고 화려한 옷을 입지 않았으며, 유연遊宴에도 참석하지 않았다. 제자백가와 고금의 전적에 통달했으며, 글씨에도 뛰어났다. 여행을 좋아하여 일대의 산천을 두루 다녔으며, 선인들의 기행문을 모아 『와유록臥遊錄』을 엮었고, 선대의 사적·언행과 외파外派의 공사문적公私文籍 등을 집성한 『술선록述先錄』을 지었다. 남하정과 남하행에 관한 성호의 기록으로는 『성호전집』 4권의 〈사남성시 하행 혜비색호로잔반謝南聖時 夏行 惠秘色胡盧盞盤〉과 5권의 〈사동천자혜당謝桐泉子惠餳〉, 6권의 〈동천

桐泉〉, 27권의 〈답남성시 병진答南聖時 丙辰〉, 31권의 〈답우대래 갑술答禹大來 甲戌〉, 49권의 〈술선록서述先錄序〉, 51권의 〈송남성시서送南聖時序〉, 52권의 〈둔암서遯庵序〉를 들 수 있다.

原文 131 又嘗曰；今世知舊中, 能父父子子兄兄弟弟家行可觀者, 惟龍洲子孫爲然. 趙仲裕聖由兄弟, 每年來安山, 頻歷訪焉, 問其故, 爲參外王父母忌日奠獻也. 其篤於追慕如此, 如趙仲裕者, 豈不誠賢士乎哉. 吾每感歎.

또 이전에 말씀하시기를 "요즘 세상에서 옛 친구 가운데 아비는 아비답고 자식은 자식다우며, 형은 형답고 동생은 동생다운 집안의 행실을 볼 수 있는 사람은 용주龍洲[1]의 자손子孫들이 그럴 뿐이다. 조중유趙仲裕와 조성유趙聖由[2] 형제가 매년 안산安山으로 와서 자주 들르기에 그 이유를 물으니 외조부와 외조모[3]의 기일忌日에 올리는 제사祭祀에 참석하기 위해서라고 했다. 이들의 (돌아가신 조상에 대한) 독실한 추모追慕의 마음이 이와 같으니 조중유와 같은 사람이 어찌 정성스럽고 어진 선비가 아니겠는가. 나는 매번 감탄한다."라고 하셨다.

주석

1 용주龍洲 : 조경趙絅(1586~1669). 【원문 77】의 3번 주석 참조.

2 조중유趙仲裕와 조성유趙聖由 : 용주龍洲 조경趙絅의 증손이고, 녹문鹿門 조위봉趙威鳳의 손자이며, 조구원趙九畹의 아들인 조수홍趙守弘과 조수도趙守道를 말한다. 조중유趙仲裕는 조수홍(1684~1748)을 말하는데, 중유仲裕는 조수홍의 자이다. 『성호사설』 28권의 〈촉규화시蜀葵花詩〉에 조중유趙仲裕가 당唐

나라 사람이 지은 〈촉규화시蜀葵花詩〉에 대해 평가한 내용이 나온다. 조성유趙聖由는 조수도(1689~?)를 말하는데, 성유聖由는 조수도의 자이다. 『성호전집』 56권의 〈영모첩발永慕帖跋〉에 나온다.

3 외조부와 외조모 : 유명천柳命天(1633~1705)과 그의 처 고령신씨高靈申氏(1634~1658)를 말한다. 유명천의 본관은 진주晉州, 자는 사원士元, 호는 퇴당退堂이다. 정언 유격柳格의 증손으로, 조부는 유시행柳時行, 부친은 사인 유영柳潁이며, 모친은 이윤신李潤身의 따님이다. 관찰사 유석柳碩에게 입양되었다. 별시문과에 장원으로 급제하여 관직을 시작했다. 이조참판으로 재직 중 경신환국庚申換局으로 음성에 유배되었다가 전리田里로 방귀放歸되어 안산에서 머물렀다. 기사환국己巳換局 이후 다시 관직에 나와 판중추부사 등의 요직을 거쳤으나, 갑술옥사甲戌獄事 때 이전에 김기문金起門 옥사獄事에서 임금을 오도하였다는 죄목으로 파직불서용罷職不敍用의 명이 내려졌다. 이어 유집일兪集一, 김시걸金時傑 등의 죄상을 상소하여 흑산도에 위리안치되었다가 전리로 방귀된 뒤 장희재張希載와 공모하여 인현왕후仁顯王后를 모해하려 하였다는 탄핵을 받고, 나주의 지도智島에 안치되었다가 고향으로 돌아와 운명했다. 묘소는 충청북도 괴산군 소수면 몽촌리에 있다. 유명천과 첫 번째 부인 고령신씨 사이의 1남 1녀 중 딸이 조구원趙九畹에게 시집가서, 유명천과 고령신씨는 조중유趙仲裕와 조성유趙聖由의 외조부모가 된다.

原文 132 先生聞人向學攻文, 先問有何有用工夫, 可觀識乎.

선생께서는 어떤 사람이 학문學問을 하고 문장文章을 공부한다고 들으시면, 먼저 유용한 공부工夫가 어디에 있느냐고 물으셨으니, 그 (사람의) 식견을 볼 수 있어서였다.

原文 133 先生嘗論三事，雍糾妻李璀淮陰婦是也．詳見文集中．又曰吳三桂云云．

선생께서 이전에 세 가지 일에 대해 논하셨는데, 옹규雍糾의 아내 옹희雍姬[1]와 이최李璀,[2] 회음淮陰의 의부義婦[3]에 관한 것이 그것이다. 문집에 자세히 나온다.[4] 또 오삼계吳三桂[5] 등등에 대해 말씀하셨다.

주석

1 옹규의 아내 옹희 : 옹희雍姬는 춘추시대春秋時代 정鄭나라 사람 옹규雍糾의 아내이자 집권자 제중祭仲의 딸이다. 정나라 대부 제중이 나랏일을 제멋대로 하자, 정백鄭伯이 이를 걱정하여 제중의 사위인 옹규에게 제중을 죽이도록 명했다. 제중의 딸인 옹희가 그 사실을 미리 알고 어머니를 통해 자기 아버지에게 알려 남편인 옹규는 아버지인 제중에게 죽임을 당했고, 정백은 쫓겨났다.

2 이최 : (?~785). 당唐나라 때 발해渤海의 말갈족 사람으로 이회광李懷光의 아들이다. 덕종德宗 건중建中 4년에 덕종이 봉천奉天에서 포위된 적이 있었는데 이회광이 포위를 풀고 황제를 구했다. 그 공로로 이최李璀가 감찰어사監察御史가 되었다. 정원貞元 초에 아버지 이회광이 반란을 일으키려 한다는 사실을 알고 임금에게 알린 후에 자신도 두 아우를 죽이고 자살했다. 그 후에 이회광도 반란에 실패하여 피살되었다.

3 회음의 의부 : 이씨李氏로 부유한 상인의 아내였다. 얼굴이 예뻤는데, 남편과 같이 장사하던 고을 사람이 그녀를 보고 좋아하여 남편을 길에서 죽인 뒤에 시체를 관에다 수습하고 돌아와서는 익사溺死했다고 속이고, 남편의 재물을 모두 돌려주었다. 이씨가 상기喪期를 마치자 이씨와 혼인했는데, 혼인한 뒤 홍수를 보고 웃어 이씨가 그 이유를 묻자 그가 남편을 죽였다는 사실을 말했다. 그러자 이씨가 유사有司에게 그 사실을 알려서 옥사獄事를 바로잡았다. 전 남편의 복수를 마치고는 자신의 미색美色 때문에 두 남편을 죽였다는 사실을 한탄했으며 또 재가한 남편과의 사이에서 낳은 두 아들도 원수의 아들이라 하여 묶어서 강물에 던진 뒤 자신도 따라서 죽었다.

4 문집에 자세히 나온다 : 이 세 가지 사례에 대한 성호의 생각은 『성호전집』

47권의 〈삼의론三疑論〉과 〈초기질론 사견춘추전양공22년楚棄疾論 事見春秋傳襄公二十二年〉에 잘 나와 있다.

5 오삼계吳三桂 : (1612～1678). 명明나라의 장군으로 만주의 여진족을 중국에 끌어들여 그들이 청淸나라를 세우는 데 협력했으나 나중에 반란을 일으켜 중국 남서부지역에서 자신의 나라를 세우려고 한 인물이다. 반란 도중 오삼계가 이질에 걸려 죽자 그의 손자 오세번吳世璠이 반란을 이끌었지만, 반란은 실패했다. 이 사건을 '삼번三藩의 난'이라고 한다.

原文 134

先生嘗曰 ; 廣州隣界有士人, 請教其兒子, 許之, 送置半年, 別無才誠, 已而, 歸去. 其後不見者十餘年, 一日於路上見一少年士, 下馬端拱而立. 初不認記, 彼告其生名, 始覺其爲某士之子也. 威儀禮貌極可觀, 儼成佳士. 問之, 學于某人之門, 有年不意成就, 突變成就之. 乃爾始覺彼之善, 誨人有力, 非吾所及也. [士人趙氏, 名漢師, 某人居安城]

선생께서 이전에 말씀하시기를 "광주廣州의 경계 주변에 어떤 선비가 살았는데, 자기 아이를 가르쳐주기를 청해 허락했지만, (아이를) 보내온 지 반 년 동안 별다른 재주나 성의誠意가 없어서 얼마 뒤에 돌아갔다. 그 후로 십여 년을 보지 못했는데, 어느 날 길 가에서 어떤 젊은 선비가 말에서 내려 단정하게 두 손을 맞잡고 서 있는 것을 보았다. 처음에는 기억해내지 못했는데, 그가 자신의 이름을 이야기하자 그제야 그가 어떤 선비의 아들이라는 것을 알았다. 위엄威嚴 있는 태도와 예절禮節에 맞는 모습이 몹시 볼만 했으니, 의젓하게 훌륭한 선비가 되었다. (그에게) 물으니 어떤 사람의 문하門下에서 공부하였으나 몇 년 동안 성취成就를 생각지도 못했는데, 갑자기 성취하였다(고 했다). 이에 비로소 (내가) 그 사람의 뛰어난 자질을 깨달았으니, 남을 가르치는 능력은 내가 미칠 수 있는 일이 아니다."라고 하셨다. [선비는 조씨趙氏로 이름은 한사漢師[1]이고, 어떤 사람은 안성安城에 산다]

주석

1 조씨로 이름은 한사 : 조한사趙漢師(1693~미상), 본관은 풍양豐壤이며, 자는 중량仲良으로, 조명적趙命迪의 아들이며 포저浦渚 조익趙翼의 현손이다. 1721년 생원시生員試에 합격했다. 『성호전집』 4권에 〈만조진사 한사挽趙進士 漢師〉가 나온다.

原文 135

先生嘗曰；昔安公時相, 以史官傳諭尹相于東山, 與吾外家爲近戚. 爲來相訪, 問何事滯留, 曰；上問人才尹相, 方思而仰對, 故留數日, 受其答啓, 而乘間來訪耳. 問所薦者何人, 曰；鄭齊斗李某二人也. 尹相請不次擢用, 先試之方面, 漸置入閣之位而用之云云.

선생께서 이전에 말씀하시기를 "오래 전 안시상安時相[1] 공公이 사관史官으로 동산東山에 있는 윤상공尹相公[2]에게 임금님의 명命을 전했는데, (안시상 공은) 나의 외가外家와 가까운 친척이다. (안시상 공이 나를) 찾아왔기에 만나서 무슨 일로 머물러 있느냐고 물으니 말하기를 '임금님께서 윤상공에게 인재人才를 물으셔서 (윤상공이) 이제 생각해서 임금님을 뵐 것이기 때문에 며칠을 머물러 임금님께 올리는 글을 받으려고 기다리다가 틈을 타서 찾아온 것뿐이다.'라고 했다.

천거된 사람은 누구인가 물으니 말하기를 '정제두鄭齊斗[3]와 이모李某 두 사람인데, 윤상공이 차례대로 선발하여 등용하지 말고 먼저 한 방면을 맡겨 시험해서 점차 조정朝廷의 반열에 두어 쓰자고 청했다.'는 등등의 말을 했다."고 하셨다.

주석

1 안시상 : (1657~1722). 본관은 순흥順興, 자는 군필君弼이다. 증조는 안온安溫이고, 조부는 증집의 안세구安世耉이며, 부친은 헌납 안식安烒이다. 알성문과에 병과로 급제하여 지평·장령을 역임했으나 사림士林을 규탄한 죄로 탄핵을 받아 벼슬에서 물러났다. 그 뒤 세자시강원 필선을 지냈으며, 부사과로 있으면서 연명상소로 세자(뒤의 경종) 보호의 필요성을 주장했다. 홍문관 제학에 추증되었다.

2 윤상공 : 윤지완尹趾完(1635~1718). 본관은 파평坡平, 자는 숙린叔麟, 호는 동산東山이다. 윤엄尹儼의 증손으로, 조부는 윤민헌尹民獻이고 부친은 판서 윤강尹絳이며, 모친은 정광성鄭廣成의 따님이다. 좌의정 윤지선尹趾善의 아우이다. 증광문과에 을과로 급제했고, 지평으로 시독관을 겸해 경연經筵에 나가 당쟁의 폐단을 통박하고, 덕원으로 유배된 송시열宋時烈의 신구伸救를 건의했다가 남인南人의 탄핵을 받아 관직을 박탈당했다. 경신환국庚申換局 이후 다시 관직에 나와 함경도 관찰사 등을 역임했으며, 통신사로 일본에 파견되었다. 기사환국己巳換局으로 남인南人이 집권하자 관직을 잃고 유배되었다가 갑술옥사甲戌獄事 이후 다시 관직에 나와 좌참찬·우의정 등을 지냈다. 시호는 충정忠正이다.

3 정제두 : (1649~1736). 서울 출신으로 본관은 영일迎日, 자는 사앙士仰, 호는 하곡霞谷·추곡楸谷이다. 정몽주鄭夢周의 후손으로, 조부는 우의정 정유성鄭維城이고, 부친은 진사 정상징鄭尙徵이며, 모친은 한산이씨韓山李氏 호조판서 이기조李基祚의 따님이다. 박세채朴世采의 문인이다. 양명학을 연구하고 발전시켜 사상적 체계를 세우고, 경세론을 전개한 양명학자이다. 몇 차례 과거시험에 실패한 뒤 과거공부를 그만두었으나, 영의정 김수항金壽恒의 천거로 관직 생활을 시작했다. 처음에는 주자학을 공부하다가 양명학에 심취했다. 아들 정후일鄭厚一과 윤순尹淳, 김택수金澤秀, 이광사李匡師 형제 등이 그의 문인으로 학풍을 계승했으며, 소론少論의 가학家學으로 학파를 형성하였다.

41세 때 안산安山의 추곡楸谷으로 이주했으며, 61세에 강화도 하곡으로 거처를 옮길 때까지 안산에서 거주했다. 시호는 문강文康이다.

原文 136

先生曰；安東松月齋李公時善，八十不出著書云云，其言有所見.

선생께서 말씀하시기를 "안동安東 송월재松月齋의 이시선李時善[1] 공公은 나이 팔십에도 책을 저술하지 않았다."는 등등의 말씀을 하셨는데, 뜻하는 바가 있어서 하신 말씀이다.

주석

1 이시선 : (1625~1715). 본관은 전주全州, 자는 자수子修, 호는 송월재松月齋이다. 태종의 서자庶子인 온녕군溫寧君 이정李裎의 후손으로, 부친은 이영기李英基이고, 모친은 안동권씨安東權氏 권벌權橃의 증손녀이다. 부인은 상주의 유학자 이전李㙉의 손녀이다. 3남 4녀를 두었는데, 아들은 이근李瑾, 이해李瑎, 이영李玲이고, 딸은 정로鄭輅, 권진열權震說, 권영수權永秀, 정석기鄭碩耆에게 각각 출가했다. 대대로 한양에 살았으나 부친이 임진왜란壬辰倭亂 직후 정치적 혼란을 피해 처가가 있는 안동으로 내려가서, 이시선李時善은 안동부 춘양현 유곡에서 태어났다. 젊어서 과거를 준비했으나 부친의 가르침에 따라 공부를 접고 전국을 유람하고 고향으로 돌아와 송월재松月齋라는 서재를 지어 혼자 책을 읽고 글을 쓰며 학문을 닦았다. 높은 인격과 학식이 한양에 알려져 80세에 호군 벼슬을 받았으며, 91세까지 살았다. 저서로 『송월재집松月齋集』, 『하화편荷華編』 등이 있다. 『성호사설』 10권에 〈송월재松月齋〉가, 『성호전집』 50권에 〈송월재집서松月齋集序〉가 나온다.

原文 137

先生嘗曰；世有隱君子而不知姓名者多矣．一日客至入座，長髯長身，風神偉如也．詢之爲南陽弘法士人洪重熙，晩全堂之孫，出爲繼於故監司洪公憲家者，與吾爲戚，適自洛還歷入云．與之談，多識故事，見解不泛人也．問處海曲何以堪寂莫，曰；只以陳篇蠹簡，遮眼消遣，因歎居僻家無書冊，不得多見古書，是爲可恨．不肖後又聞黃斯文運大，言黃其隣人也，洪公果然多讀古書長者人．黃斯文，先生門下士，亦佳士也．

선생께서 이전에 말씀하시기를 "세상에는 숨어 사는 군자君子로 이름이 알려지지 않은 사람이 많다. 하루는 손님이 와서 자리에 들었는데, 긴 구레나룻과 큰 키로 풍채가 대단했다. 물으니 남양南陽 홍법리弘法里에 사는 선비 홍중희洪重熙[1]로 만전당晩全堂[2]의 후손이고, 출계出系하여 예전의 감사監司 홍헌洪憲[3]의 집에 양자養子로 들어갔는데, 나와는 친척 관계로 마침 서울에서 돌아가는 길에 들렀다고 했다. 그와 이야기를 나누니 옛 일에 대해 많이 알고 견해가 남다른 사람이었다. 바닷가에 살면서 그 적막함을 어떻게 견디느냐고 물으니 대답하기를 '좀 먹은 옛 책들[4]로 눈을 가리고 시간을 보낸다.'고 하고 이어 탄식하기를 '궁벽窮僻한 집에서 살아 책이 없으니 옛 책들을 많이 보지 못하는 이것이 한스럽다.'고 했다."라고 하셨다. 내가 뒤에 또 사문斯文 황운대黃運大[5]에게 들으니 황운대가 홍중희의 이웃인데, 홍중희는 과연 옛 책을 많이 읽은 사람 중에서도 으뜸이라고 하였다. 황사문黃斯文은 선생 문하門下의 선비로, 역시 뛰어난 선비이다.

주석

1 홍중희洪重熙 : (1678~1753). 본관은 남양南陽, 자가 경중敬仲이다. 홍견洪覵의 아들이고, 홍담洪曇의 후손이다. 남양에 살았다. 『성호전집』 6권에 〈만홍처사 중희挽洪處士 重熙〉, 65권에 〈홍처사묘지명 병서洪處士墓誌銘 幷序〉가 나온다.

2 만전당晩全堂 : 홍가신洪可臣(1541~1615). 본관은 남양南陽, 자는 홍도興道, 호는 만전당晩全堂·간옹艮翁이다. 부친은 홍온洪昷이며, 모친은 군수 신윤필申允弼의 따님이다. 민순閔純의 문하에서 수학했다. 정여립鄭汝立과 가까이 지내 정여립의 모반 사건 때 파직 당했다. 홍주목사로 부임해 이몽학李夢鶴이 반란을 일으키자 민병民兵을 규합해 난을 평정했는데, 난을 평정한 공으로 청난공신淸亂功臣 영원군寧原君에 봉해졌다. 형조판서로 관직에서 물러나 아산에서 운명했다. 어릴 때부터 뛰어난 재주로 사문師門의 촉망을 받았으며, 문장과 함께 성리학에도 깊은 관심을 기울였다. 시호는 문장文壯이다. 저서로 『만전집晩全集』과 『만전당만록晩全堂漫錄』이 있다. 『성호전집』 50권에 〈만전당홍선생문집서晩全堂洪先生文集序〉가 나온다.

3 홍헌洪憲 : (1585~1672). 본관은 남양南陽, 자는 정백正伯, 호는 사촌沙村·묵호默好·은계銀溪이다. 홍언광洪彦光의 증손으로, 조부는 좌참찬 홍담洪曇이고, 부친은 직제학 홍종록洪宗祿이며, 모친은 군수 이희의李希義의 따님이다. 음보蔭補로 세마洗馬가 되었고, 알성문과에 병과로 급제하여 승문원 권지가 되었고, 인조仁祖의 시신侍臣으로 재직했다. 강원도 관찰사가 되었을 때 관하 각 고을에 자기 선생의 부의賻儀를 강요했다 하여 파직 당했다. 네 임금을 섬기는 동안 성실 근엄했고, 글씨에 뛰어났다. 저서로 『은계필담銀溪筆談』이 있다. 『성호전집』 64권에 〈관찰사홍공묘지명 병서觀察使洪公墓誌銘 幷序〉가 나온다.

4 좀 먹은 옛 책들 : 원문의 '진편陳篇'은 『시경詩經』 「국풍國風 진풍陳風」을 말하는데, 여기서는 성인聖人이 지은 옛 책을 대표하는 말로 사용되었다.

5 황운대 : (?~1757). 본관은 창원昌原, 자는 득보得甫이다. 동지중추부사 황집黃㙫의 아들로, 경기도 남양南陽에 거주했으며 성호의 문인으로 벼슬에 나가지 않고 가난하게 살면서 학문에만 전념했다. 특히 천문학에 정통했으며 성호와 학문을 논한 편지가 『성호전집』 27권과 28권에 다수 보인다. 『성호전집』 5권에 〈차황득보 대운 유산운 5수次黃得甫 運大 遊山韻 五首〉, 52권에 〈황득보유산시서黃得甫遊山詩序〉가 나온다. 황운대가 운명하기 한 해 전에 둘째 아들을 잃었고, 황운대와 같은 해에 큰아들과 부인이 전염병으로 운명했다고 한다.

原文 138 或問松谷曰；公詩似太巧，公曰；詩三百篇，無非巧也．此亦先生所傳．

어떤 사람이 송곡선생松谷先生[1]에게 "공公의 시詩는 기교技巧가 지나친 것 같다."고 하니, 송곡선생이 "『시경詩經』 삼백 편에 기교 아닌 것이 없다."고 했다 하는데, 이것도 선생께서 전하신 말씀이다.

주석

1 송곡선생松谷先生 : 이서우李瑞雨(1633～1709). 【원문 17】의 2번 주석 참조.

原文 139 先生曰；某氏文亦有作者風，而但無頭說起段，段相續而出，是病也．眉相之稱簡易太過，而簡易後眉翁爲最，其次溪谷稍勝．又曰；某氏爲鄭某墓文銘，辭頗善．

선생께서 말씀하시기를 "어떤 사람의 글도 작자作者의 풍모風貌가 있으나, 다만 단락을 시작하는 머리글이 없어 단락이 연이어 나오니, 이것이 문제이다. 미수眉叟 상공相公[1]께서 간이簡易[2]가 너무 지나치다고 평가했는데, 간이 이후로는 미수 상공이 가장 뛰어나고, 그 다음으로는 계곡谿谷[3]이 조금 낫다."고 하셨다. 또 말씀하시기를 "어떤 사람이 정모鄭某의 묘지문墓誌文과 묘지명墓誌銘을 지었는데, 그 말이 제법 좋다."고 하셨다.

주석

1 미수 상공 : 허목許穆(1595~1682). 【원문 27】의 2번 주석 참조.
2 간이 : 최립崔岦(1539~1612). 본관은 통천通川, 자는 입지立之, 호는 간이簡易·동고東皐이다. 부친은 진사 최자양崔自陽이다. 빈한한 가문에서 태어났으나 타고난 재질을 발휘했다. 식년문과에 장원으로 급제한 뒤 외직을 지냈고, 2년을 연이어 주청사의 질정관으로 명明나라에 다녀왔다. 호군으로 이문정시에 장원을 했고, 승문원 제조를 지내다가 다시 주청사의 질정관으로 명나라에 다녀왔고 이어 주청부사로 명나라에 다녀왔다. 형조참판을 거친 뒤 사직하고 평양에 은거했다. 당대 일류의 문장가로 인정을 받아 중국과의 외교문서를 많이 작성했으며, 중국에 갔을 때에 중국 문단에 군림하고 있던 왕세정王世貞을 만나 문장을 논해 그곳의 학자들로부터 명문장가라는 격찬을 받았다. 그의 글과 차천로車天輅의 시, 한호韓濩의 글씨를 송도삼절松都三絶이라고 했다. 시보다 문장에 뛰어났다. 저서로 『간이집簡易集』이 있고, 시학서詩學書로 『십가근체시十家近體詩』와 『한사열전초漢史列傳抄』가 있다.
3 계곡 : 장유張維(1587~1638). 【원문 27】의 1번 주석 참조.

原文 140

癸丑甲寅年間, 先生適入京, 爲赴宗會也. 有客自水原雙阜, 委拜先生, 不遇而還. 先生歸而聞之, 歎其失相面, 仍言初不知有此人, 近來聞知爲金某. 卽士夫人, 而讀古人書者也, 豈不可貴. 金公乃故承旨一夔氏族姪, 名普慶. 年老習儒家書, 其所以委來者, 欲質問者, 必多有事在其中, 而不過文, 文山正氣歌中一句云. [此則剡中少年所傳]

계축癸丑 갑인년甲寅年[1] 사이에 선생께서 마침 서울에 가셨는데, 종회宗會에 참석하기 위해서였다. (이때) 수원水原의 쌍부雙阜에서 선생을 만나 뵈러 어떤 객客이 찾아왔지만 만나지 못하고 돌아갔다. 선생께서 돌아와 (이 말을) 들으시고 만나지 못한 것을 한탄하시면서 이어 애초에는 이런 사람이 있는 줄을 몰랐지만, 근래에 김모金某라는 것을 들어서 알았다. 사대부士大夫로 옛 사람의 책을 읽는 사람이니, 어찌 귀하지 않겠는가. 김공金公은 바로 예전의 승지承旨 일기씨一夔氏[2]의 집안 조카로 이름은 보경普慶[3]이다. 늙어서도 유가儒家의 책을 익혔으니 (나를) 찾아온 것은 질문하려고 해서일 것인데, 틀림없이 그 (질문) 안에는 많은 일이 있을 것이지만 글귀를 넘어서지는 않을 것이니, 문천상文天祥[4]의 「정기가正氣歌」[5] 중 한 구절일 것이라고 말씀하셨다. [이것은 섬중剡中[6]의 소년이 전해준 것이다]

주석

1 계축 갑인년 : 계축년癸丑年은 1733년, 갑인년甲寅年은 1734년으로 성호의 나이 53, 54세 때이다.

2 일기씨 : 김일기金一夔(1653~1711). 본관은 강릉江陵, 자는 순경舜卿이고, 부친은 김만시金萬始이다. 이빈李馪의 사위이다. 알성문과에 급제하여 지평·정언·장령·집의·사간을 지냈다.

3 보경 : 김보경金普慶. 누구를 말하는 것인지 구체적으로 확인하기 어렵다.

4 문천상 : (1236~1282). 자는 송서宋瑞·이선履善, 호는 문산文山이다. 원元나라의 압력에 대해 시종 강경책을 주장하고 천도를 반대한 이유로 면직되었으나 그 후 복직되었다. 의용군을 조직하여 원나라에 대항했으며, 원나라와 강화를 위해 원나라의 진중에 파견되었을 때 포로가 되었으나 탈출하여 각지를 전전했다. 남송南宋이 멸망한 후 원나라에서 벼슬하는 것을 거절했고, 도종의 장자 익왕을 도와 남송의 회복에 노력했지만 실패하고 다시 체포되어 대도로 유폐되었다가 처형되었다. 저서로 『문산전집文山全集』이 있다.

5 정기가 : 중국 송宋나라 말기에 문천상文天祥이 지은 오언 고시이다. 원元나라와의 싸움에서 포로가 되어 옥중에서 읊은 것으로, 충신의 기개를 노래한 작품이다.

6 섬중 : 안산安山의 첨성리瞻星里 인근으로 성호장星湖莊이 있던 곳이다. 첨성리는 『안산군읍지安山郡邑誌』에 점성리占星里로 되어 있으며, 점섬占剡으로도 불렸다. 18세기 이후에는 섬산剡山, 섬계剡溪, 섬중剡中, 섬촌剡村, 섬천剡川 등 점섬과 관련된 호칭들이 더 많이 쓰였다.

原文 141

先生嘗言, 從孫睦某兄弟 [伊溪午溪] 孝友之行可尙, 其伯近又窮居讀書, 尤可喜.

선생께서 이전에 종손從孫 목모睦某 형제의 [이계伊溪와 오계午溪[1]를 말한다] 효도하고 우애 있는 행동을 가상하다고 하셨고, 또 그들의 맏이가 곤궁困窮하게 살면서도 글을 읽어 더욱 좋아할 만하다고 말씀하셨다.

주석

1 이계와 오계 : 목시경睦時敬과 목달경睦達敬을 말한다. 목시경(1694~1739)의 본관은 사천泗川, 자는 사무士懋, 호는 이계伊溪이다. 부친은 성균진사 목중광睦重光이고, 처부妻父는 연안이씨延安李氏 이지방李之昉이며 동생이 오계午溪 목달경이다. 증광시에서 생원이 되었고, 정시에서 병과로 합격하였으며, 중시에서 을과 1위로 합격했다. 목달경(1698~1743)은 【원문 1】의 6번 주석 참조. 목중광의 부친이 목종유睦宗儒이고, 생부가 자헌대부 병조판서 목창명睦昌明이며, 목창명의 처부妻父가 성호의 부친 이하진李夏鎭이어서 목시경과 목달경은 성호의 종손從孫이 된다.

原文 142

先生嘗言, 吾族孫 [淸潭] 某其才極高, 無不可能作之文, 其詩殆於化境, 其所撰, 從言典雅. 又其所爲擇里志, 亦有力量.

선생께서 이전에 선생 집안의 손자[1] [청담淸潭을 말한다] 누구는 그 재주가 몹시 뛰어나 지을 수 없는 글이 없고, 그의 시詩는 조화造化의 경지境地에 가까우며, 그가 편찬한 책은 단정하고 우아한 말로 이루어졌다고 말씀하셨다. 또 그가 지은 『택리지擇里志』[2]도 역량力量이 있다(고 말씀하셨다).

주석

1 우리 집안의 손자 : 이중환李重煥(1690~1756). 【원문 8】의 1번 주석 참조.
2 택리지 : 이중환李重煥이 지은 지리지地理志이다. 【원문 8】의 2번 주석 참조.

原文 143

先生嘗言, 昔有洪氏覩, 能文且博於字學, 手校四書三經字劃, 且點正其淸濁, 極一生精力, 一目爲之盲. 有金姓宰相, 同門人也, 來請其書, 謂將印行, 洪公請, 書南陽洪覩校五字于書頭, 俾後人知我. 金諾之而取去, 果印行于世, 而沒其名示, 若自己所爲云, 此所謂庚戌板者是也.

선생께서 이전에 오래전에 홍도洪覩[1]라는 사람이 있었는데 글을 잘 지었고, 또 자학字學에 대해 널리 알아서 손수 사서삼경四書三經의 자획字劃을 교정하였고 또 그 (소리의) 맑고 탁함을 바로잡느라 한평생의 정력을 다 써서 한 눈이 멀게 되었다. 김씨金氏 성姓을 가진 재상宰相이 동문同門이었는데, (홍도)를 찾아와 (홍도가 교정한 사서삼경) 책을 청하며 인쇄하여 펴내려고 한다고 하자 홍공洪公이 '남양 홍도 교정[南陽洪覩校]'이라는 다섯 글자를 책머리에 써서 후세 사람들이 자신(이 교정했다는 것)을 알게 해달라고 요청하였다. 김재상金宰相이 그러겠다고 하고 (그 책을) 가지고 가서 과연 세상에 인쇄하여 펴냈지만 (홍도의) 이름을 명시하는 것을 빠트려서 마치 자기가 한 것처럼 했다고 말씀하셨다. 이것이 경술년庚戌年 인쇄한 판板이라는 것이다.

주석

1 홍도 : 누구인지 구체적으로 확인하기 어렵다. 『서경의오해經書疑誤解』 2권을 편찬했고, 1668년 성균관의 경서 교정청에 이단하李端夏, 김만중金萬重, 박신朴紳, 김학배金學培 등과 함께 경서 교정관으로 임명되었는데, 이때 홍도에 대해 "아는 것이 많고 기억을 잘했으며 자학字學에 매우 밝았는데, 마음을 다하여 교정하니, 다른 사람들은 성공을 함께 누리기를 기다릴 뿐이었다."라고 평가했다.

原文 144

又嘗曰 ; 昔於衿陽路上, 遇一士人, 在後行馬上. 初不相語, 吾歷入衿邑族人家, 其人亦隨之, 要同入, 蓋已認爲吾也. 旣入相語, 知其衿川具斯文梡也. 自言多年費心力, 纂集歷代人物表, 名曰全書寶鑑, 欲一就質久矣. 今始相遇云. 叩之其言滚滚, 具氏蓋亦爲此眼爲之損明, 其專勤如此.

또 이전에 말씀하시기를 "오래전에 금양로衿陽路[1]에서 뒤따라오는 말 위에 있는 어떤 선비를 만났다. 처음에는 이야기를 나누지 않았는데, 내가 금양衿陽 마을에 있는 일가친척의 집에 들어가니 그 사람도 따라와 함께 들어가기를 요청하였으니, 이는 이미 나를 알고 있기 때문이었다. 들어간 뒤에 함께 이야기를 나누다가 그가 금천衿川의 사문斯文 구완具梡[2]이라는 것을 알았다. 그 사람이 '수년 동안 마음과 힘을 써서 역대歷代 인물人物의 표表를 모아 책으로 엮어 『전서 보감全書寶鑑』이라고 하고, (나를) 한 번 만나 물어보고 바로잡으려고 한 지 오래되었는데 이제야 처음 만났다.'는 이야기를 했다. 묻기만 하면 그의 말이 끊임없이 이어졌는데, 구완도 이 책을 엮느라 시력이 나빠졌으니 (그가) 한 분야에 부지런한 것이 이와 같았다."라고 하셨다.

주석

1 금양로 : 금양衿陽이 경기도 광명시光明市와 시흥시始興市의 옛 이름이니 금양로衿陽路는 이 지역으로 가는 길을 말한다.

2 구완 : (1680~미상). 본관은 능성綾城, 자는 명숙明叔, 호는 죽수竹樹로 서울에서 살았다. 생부生父는 장사랑 구문한具文漢이고, 부친은 선교랑 구문필具文泌이며, 본생가 형은 구익具榏이다. 1719년 증광시에서 진사가 되었다.

原文 145

昔尹氏鍈大憲孝全庶子, 完平庶女壻, 李忠武 [舜臣] 庶外孫也, 多有著述云. 其子居安山之古池井村, 名鴻濟也, 曾爲進士, 先生居憂時來弔. 曾見寒岡爲尹大憲挽辭, 有近思通解在, 必有通解書者, 尹公所纂也. 問尹, 尹不知, 後姜主簿世鼎, 言尹家有李忠武古鎗與刀傳來者, 其必鎔之增鋤刃矣. 其無文如此, 宜不知通解有無矣.

오래전 윤영尹鍈[1]은 대헌공大憲公 윤효전尹孝全[2]의 서자庶子로 완평부원군完平府院君[3]의 서녀庶女 사위이니 이충무공李忠武公[4]의 [이순신李舜臣이다] 서외손庶外孫으로 저술이 많다고 한다. 그의 아들이 안산安山의 고지정촌古池井村에 살았는데, 이름이 윤홍제尹鴻濟[5]로 일찍이 진사進士가 되었다. 선생께서 상喪 중에 있을 때 조문弔問을 왔었다. 이전에 한강선생寒岡先生[6]이 쓰신 대헌공의 만사挽辭[7]를 보았는데 『근사록통해近思錄通解』가 있다고 하셨으니, 틀림없이 『근사록통해』라는 책은 대헌공이 편찬한 책일 것이다. 윤홍제에게 물었으나 윤홍제는 (그 책에 대해) 알지 못했는데, 뒤에 주부主簿 강세정姜世鼎[8]이 '윤씨尹氏 집안에 이충무공이 (사용하셨던) 오래된 솥과 칼이 전해 내려오고 있는데 틀림없이 그것을 녹여서 호미를 만들었을 것이다.'라고 하였다. 그 (집안이) 이처럼 법도法度가 없으니 『근사록통해』라는 책의 존재 여부를 모르는 것이 당연하다.

주석

1 윤영 : (1611~1690추정). 본관은 남원南原, 자는 맹화孟和, 호는 동재桐齋이다. 부친은 윤효전尹孝全이고 모친은 이순신李舜臣의 서녀庶女이다. 백호白湖 윤휴尹鑴의 6년 위 서형庶兄으로 오리梧里 이원익李元翼의 서녀와 결혼했다. 집이 가난했으나 젊어서 경세제민지학經世濟民之學을 좋아하여, 장인 이원익이 재상감이라고 했다. 북벌北伐을 실천하는 입장에서 지리적으로 북쪽의 사정을 잘 알았으며, 기략機略을 좋아하고 열사烈士의 풍이 있었다는 평가를 받았다. 청렴하고 근면하여 가난에도 굴하지 않았으나 곤궁하여 끝내 굶주리다 죽었다고 한다. 『성호사설』 1권의 〈동국지도東國地圖〉에 나온다.

2 윤효전 : (1563~1619). 본관은 남원南原, 초명은 윤효선尹孝先, 자는 영초詠初, 호는 기천沂川이다. 윤관尹寬의 증손으로, 조부는 윤호尹虎, 부친은 윤희손尹喜孫이고, 모친은 이수李琇의 따님이며, 아들이 윤휴尹鑴이다. 현감으로 증광문과에 병과로 급제했고, 왕자사부를 거쳐 충청도 관찰사로 나갔다. 익사공신翼社功臣 2등에 책록되었고, 대사헌으로 임해군臨海君의 옥사를 모사한 이이첨李爾瞻·정인홍鄭仁弘의 꼬임에 빠져 곤혹을 치렀다. 호남의 군수로 재임했을 때 김시양金時讓과 함께 시험을 관장하던 중 시제가 휘호에 저촉되어 탄핵을 받기도 했다.

3 완평부원군 : 이원익李元翼(1547~1634). 본관은 전주全州, 자는 공려公勵, 호는 오리梧里이다. 한성부 출신으로, 태종의 아들 익녕군益寧君 이치李袳의

4세손이며, 수천군秀泉君 이정은李貞恩의 증손으로, 조부는 청기수靑杞守 이표李彪이고 부친은 함천정咸川正 이억재李億載이며, 모친은 감찰 정치鄭錙의 따님이다. 강서姜緖·조충남趙忠男 등과 교유했으며, 키가 작아 키 작은 재상으로 불렸다. 15세에 동학東學에 들어가 사마시에 합격했고, 별시문과에 병과로 급제했다. 남과 어울리기를 좋아하지 않았고, 공적인 일이 아니면 외출도 잘 하지 않는 성품이었다고 한다. 이조판서, 영의정 등의 관직을 역임했다. 성품이 소박하고 단조로워 과장이나 과시할 줄을 모르고, 소임에 충실하고 정의감이 투철했다. 다섯 차례나 영의정을 지냈으나 집은 두어 칸짜리 오막살이 초가였으며, 퇴관 후에는 조석거리조차 없을 정도로 청빈했다고 한다. 시호는 문충文忠이다. 저서로 『오리집梧里集』·『속오리집續梧里集』·『오리일기梧里日記』 등이 있으며, 가사로 「고공답주인가雇貢答主人歌」가 있다.

4 이충무공 : 이순신李舜臣(1545~1598). 본관은 덕수德水, 자는 여해汝諧이다. 고려 때 중랑장을 지낸 이돈수李敦守로부터 내려오는 문반文班의 가문으로, 이돈수의 12대손이다. 부친은 이정李貞이며, 모친은 초계변씨草溪卞氏 변수림卞守琳의 따님이다. 서울 건천동乾川洞에서 출생했다. 시호는 충무공이다. 임진왜란壬辰倭亂과 정유재란丁酉再亂의 해전에서 왜군을 격파하여 승리로 이끈 조선의 명장이다. 진중에서 기록한 『난중일기亂中日記』가 전한다.

5 윤홍제 : (1659~미상). 본관 남원南原, 자는 사점士漸이고 안산安山에 거주했다. 부친은 통덕랑 윤영尹鍈이며, 윤유제尹有濟·윤이제尹以濟가 형이다. 1710년 증광시에서 생원이 되었다.

6 한강선생 : 정구鄭逑(1543~1620). 본관은 청주淸州, 자는 도가道可, 호는 한강寒岡이다. 철산군수 정윤증鄭胤曾의 종손으로, 조부는 사헌부 감찰 정응상鄭應祥이고, 부친은 김굉필金宏弼의 외증손으로 충좌위 부사맹 정사중鄭思中이며, 모친은 성주이씨星州李氏 이환李煥의 따님이다. 5세에 이미 신동神童으로 불렸으며, 13세 때 성주향교 교수인 오건吳健에게 역학易學을 배웠다. 1563년에 퇴계退溪를, 1566년에 조식曺植을 찾아뵙고 스승으로 삼았으며, 성운成運을 찾아뵙기도 했다. 향시鄕試에 합격했으나 과거를 포기하고 학문 연구에 전념했다. 여러 번 관직에 임명되었으나 나가지 않다가 창녕현감으로 관직 생활을 시작했다. 폐모론廢母論을 반대하여 만년에 남인南人으로 처신하지만 서경덕徐敬德·조식曺植의 문인들과 관계를 끊지 않아 사상적으로 영남남인과 다른 요소들이 많았다. 뒤에 근기남인 실학파에 영향을 주었으며, 성리학性理學과 예학禮學뿐만 아니라 다방면에 걸쳐 박학했는데, 특히

예학禮學에 조예가 깊었다. 시호는 문목文穆이다. 저서로 『한강집寒岡集』 등이 있다.

7 대헌공의 만사 : 정구鄭逑의 『한강집寒岡集』 권 1 「만사挽詞」에 〈만윤경주 효전挽尹慶州 孝全〉 3수首가 나오는데, 세 번째 수 미련尾聯에 "『근사록통해近思錄通解』가 남아 있어서 학문의 깊은 조예 알 수 있어라[近思通解在, 所造驗於玆.]."라고 하였다.

8 강세정 : (1644~1733). 복천復泉 강학년姜鶴年의 서손庶孫으로, 유시번柳時蕃의 사위이고, 정기룡鄭起龍의 장인이다. 강문흠姜文欽의 부친이다.

原文 146

先生曰 ; 姜主簿言, 尹氏鍈曾言李澤堂嘗請于完平曰 ; 栗谷何如人, 完平曰 ; 不知也. 李公曰 ; 平日仰德如泰山北斗, 今有仰問, 而不答外待之如此, 請自此辭退矣. 完平始曰 ; 如此如此. [姜復泉庶孫, 有文識居衿川]

선생께서 말씀하시기를 "강주부姜主簿[1]가 이야기를 해 주었는데, 윤영尹鍈[2]이 이전에 말하기를 '이택당李澤堂[3] 공公이 완평부원군完平府院君[4]에게 율곡栗谷[5]은 어떤 사람입니까.'하고 물으니 완평부원군이 '모르겠다.'고 하였다. 이택당 공이 '평소에는 태산泰山과 북두칠성처럼 (그 분의) 덕을 높이 우러러보더니 지금 여쭈어보자 대답하지 않고 이처럼 외면하시니 이제부터 물러나겠습니다.'라고 하니 완평부원군이 그제야 '이러저러하다.'고 말했다고 했다."고 하셨다. [(주부主簿 강세정姜世鼎은) 강복천姜復泉[6]의 서손庶孫으로 학문과 지식이 있으며 금천衿川에서 살았다]

주석

1 강주부 : 강세정姜世鼎(1644~1733). 【원문 145】의 8번 주석 참조.

2 윤영 : (1611~1690추정). 【원문 145】의 1번 주석 참조.

3 이택당 : 이식李植(1584~1647). 본관은 덕수德水, 자는 여고汝固, 호는 택당澤堂·남궁외사南宮外史·택구거사澤癯居士이다. 좌의정 이행李荇의 현손玄孫으로, 부친은 증좌찬성 이안성李安性이고 모친은 무송윤씨茂松尹氏 공조참판 윤옥尹玉의 따님이다. 뛰어난 학자이자 문장가로 문풍을 주도하여 많은 제자를 배출했다. 신흠申欽·이정구李廷龜·장유張維와 함께 한문4대가漢文四大家로 꼽혔으며, 여한9대가麗韓九大家로도 꼽혔다. 대사헌, 형조·이조·예조 판서를 지냈다. 5언율시를 가장 잘 지었으며, 문장의 짜임새를 정교하게 다듬는 것을 장기로 삼았다. 시호는 문정文靖이다. 저서로 『택당집澤堂集』·『초학자훈증집初學字訓增輯』·『두시비해杜詩批解』 등이 있고, 『수성지水城志』·『야사초본野史初本』 등을 편찬했다.

4 완평부원군 : 이원익李元翼(1547~1634). 【원문 145】의 3번 주석 참조.

5 율곡 : 이이李珥(1536~1584). 강원도 강릉 출생으로, 본관은 덕수德水, 자는 숙헌叔獻, 호는 율곡栗谷·석담石潭·우재愚齋이다. 부친은 증좌찬성 이원수李元秀이며, 모친은 사임당 신씨師任堂申氏이다. 아명을 현룡見龍이라 했는데, 어머니 사임당이 그를 낳던 날 흑룡이 바다에서 집으로 날아 들어와 서리는 꿈을 꾸었다 하여 붙인 이름이다. 퇴계退溪와 함께 조선의 최고 학자로 추앙받았다. 13세의 나이로 진사시에 합격했고, 23세가 되던 해에 도산으로 가서 퇴계를 방문했다. 서장관으로 명나라에 다녀왔으며, 『명종실록』의 편찬에 참여했다. 당쟁을 조장한다는 동인東人의 탄핵으로 사직했다가 다시 판돈녕부사와 이조판서를 지냈으나 49세를 일기로 운명했다.

6 강복천 : 강학년姜鶴年(1585~1647). 본관은 진주晉州, 자는 자구子久, 호는 복천復泉·자운紫雲이다. 조부는 강운상姜雲祥이고, 부친은 대사헌 강첨姜籤이다. 병이 잦아 벼슬을 단념하고 은거했다. 학행學行으로 천거되어 연기현감에 임명되었으나 나가지 않았다. 장령으로 공신들에 의한 정치의 폐단을 상소하여 파직당하고 은진으로 유배되었다가 풀려났다. 홍명하洪命夏의 상소로 신원되었고, 대사헌에 추증되었다. 초서에 뛰어났으며, 청빈했고 의를 내세워 선비들의 추앙을 받았다.

原文 147

先生嘗撰張公應一墓文，起頭以爲旅軒學于寒岡云云．其後孫以爲旅軒非寒岡受業門人也，平日尊慕則有之，無自謂弟子之事，請改之，不得已許改竄頭辭．

선생께서 이전에 장응일張應一[1] 공公의 묘문墓文[2]을 지으셨는데, 글의 첫머리에 여헌선생旅軒先生[3]이 한강선생寒岡先生[4]에게 배웠다는 등등의 말씀을 쓰셨다. (여헌선생의) 후손이 여헌선생은 한강선생에게 배운 문인門人이 아니니, 평소 존경하고 사모했다고 한다면 그런 일은 있지만, 스스로 제자라고 한 일은 없으니 고쳐주시기를 바란다고 하자, 어쩔 수 없이 글의 첫머리를 고치겠다고[5] 허락하셨다.

주석

1 장응일 : (1599~1676). 본관은 인동仁同, 자는 경숙經叔, 호는 청천당聽天堂이다. 장계증張繼曾의 증손으로, 조부는 증이조판서 장열張烈이고, 부친은 장현도張顯道이며, 모친은 정괄鄭适의 따님인데, 장현광張顯光에게 입양되었다. 별시문과에 병과로 급제했고, 헌납으로 있으면서 사사賜死의 명이 내려진 민회빈愍懷嬪 강씨姜氏의 구명소救命疏를 9일 동안 계속하여 올렸으며, 장령으로 훈신勳臣 김자점金自點의 탐욕과 방자함을 탄핵했다. 공조참의로 영릉寧陵의 변變의 진상을 밝히려 하다가 무고를 당하여 황간에 귀양 갔으며, 풀려나 우승지·부제학·대사간을 지내고 가선대부嘉善大夫에 올랐다. 성격이 청렴강직했다. 시호는 문목文穆이다.

2 묘문 : 묘문墓文은 묘비나 묘표 등에 쓴 글을 말하는데, 성호가 쓴 장응일張應一의 묘문墓文은 묘비명墓碑銘으로 『성호전집』 58권에 〈홍문관부제학증이조판서청천당장공신도비명 병서弘文館副提學贈吏曹判書聽天堂張公神道碑銘 幷序〉가 나온다.

3 여헌선생 : 장현광張顯光(1554~1637). 본관은 인동仁同, 자는 덕회德晦, 호는 여헌旅軒이다. 부친은 증이조판서 장열張烈이며, 모친은 경산이씨京山李氏 제릉참봉 이팽석李彭錫의 따님이다. 장순張峋에게 학문을 배웠다. 여러 번 관직에 임명되었으나 나가지 않다가 공조좌랑으로 부임했으나 곧 돌아왔다. 병자

호란丙子胡亂이 일어나자 여러 군현에 통문을 보내어 의병을 일으키게 하고 군량미를 모아 보냈으나 이듬해 2월 삼전도三田渡에서의 항복 소식을 듣고 세상을 버릴 생각으로 동해가의 입암산立嵒山에 들어간 지 반년 후에 세상을 떠났다. 일생을 학문과 교육에 종사했고 정치에 뜻을 두지 않았으나, 당대 산림山林의 한 사람으로 왕과 대신들에게 영향력을 행사하기도 했다. 정구鄭逑에게 수학한 적이 있어 퇴계학파로 분류되고 있으나 이기론·심성론 등에서는 퇴계退溪의 학설과 상이한 점이 많다. 시호는 문강文康이다. 저서로 『여헌집旅軒集』·『성리설性理說』·『역학도설易學圖說』·『용사일기龍蛇日記』 등이 있다.

4 한강선생 : 정구鄭逑(1543~1620). 【원문 145】의 6번 주석 참조.

5 글의 …… 고치겠다고 : 원문의 '개찬改竄'은 글의 뜻을 달리하기 위하여 일부 글자나 구절을 일부러 고침을 말한다.

原文 148

先生嘗曰；昔赴妻家葬窆于湖南之淳昌，其葬地自淳二十里谷城地也．會葬日遇本縣士人柳某，卽眉菴後孫也．與之語，家有古蹟文字多可觀，行十里往訪，果多古蹟．出示眉菴簡札與夫人手筆，扺夫子書札，不以諺而以眞書．且有眉菴日記十餘卷極可考，恨無人省識此，移錄一部，傳于世，將就泯沒也．

선생께서 이전에 말씀하시기를 "오래전에 호남湖南의 순창淳昌에서 있었던 처가의 장례葬禮[1]에 갔었는데, 장사葬事 지내는 곳이 순창에서 이십 리 떨어진 곡성谷城 땅이었다. 마침 장사를 치르는 날에 그 현縣의 선비 유모柳某를 만났는데, 미암선생眉菴先生[2]의 후손이었다. 그와 이야기를 나누다가 그의 집에 볼만한 옛 글이 많다고 해서 십 리를 찾아가니 과연 옛 글이 많았다. 미암선생의 편지와 부인의 필적, 선생의 편지까지 꺼내 보여주었는데, 언문諺文이 아니라 진서

眞書[3]였다. 또 『미암일기眉菴日記』[4] 십여 권을 몸시 자세히 살펴볼 수 있었는데, 이것들을 자세히 살펴보고 한 부를 옮겨 적어 세상에 전할 사람이 없어 앞으로 사라지게 될 것이 한스러웠다."고 하셨다.

주석

1 장례 : 원문의 '장폄葬窆'은 구덩이를 파고 하관下棺하여 장사葬事를 지내는 일을 말한다.

2 미암선생 : 유희춘柳希春(1513~1577). 본관은 선산, 자는 인중仁仲, 호는 미암眉巖이다. 원문의 암菴은 암巖의 오자이다. 부친은 유계린柳桂隣이며, 부인은 여류시인인 송덕봉宋德奉이다. 처음에 최산두崔山斗에게 배웠고, 다시 김안국金安國에게 사사師事했다. 별시문과에 급제했고, 사가독서賜暇讀書 뒤, 수찬 · 정언 등을 지냈으나 을사사화乙巳士禍가 일어나자 파직되어 귀향했다. 양재역벽서사건良才驛壁書事件에 연루되어 제주도로 유배되었다가 함경북도 종성鍾城으로 이배移配되었다. 이곳에서 19년 동안 유배 생활을 하면서 퇴계退溪와 서신교환을 통해 주자학에 대한 토론을 계속했다. 선조宣祖 즉위 이후 석방되어 이조참판 등을 지내고 낙향했다. 경학에 몰두하여 『주자대전朱子大全』을 교정하고 『국조유선록國朝儒先錄』을 편찬했으며, 율곡栗谷과 함께 경서의 구결口訣과 언해諺解를 정하여 유학의 발전에 많은 공헌을 했다. 시호는 문절文節이다. 저서로 『미암집眉巖集』 · 『속몽구續蒙求』 · 『속휘변續諱辨』 · 『역대요록歷代要錄』 · 『천해록川海錄』 · 『헌근록獻芹錄』 · 『주자어류전해朱子語類箋解』 · 『강목고이綱目考異』 · 『시서석의詩書釋義』 · 『완심도玩心圖』 등이 있다.

3 언문이 아니라 진서 : 언문諺文은 한글을 낮추어 부른 말이고, 진서眞書는 한글을 언문諺文이라고 낮춘 것에 대해 한자漢字와 한문漢文을 높여 부르던 말이다.

4 미암일기 : 원문의 암菴은 암巖의 오자이다. 유희춘柳希春의 친필 일기로, 조선시대 개인 일기 중 가장 방대한 것이다. 1567년 10월부터 1677년 5월까지 약 10년간 개인의 일상적인 일에서부터 국정의 대요, 인물의 진퇴 등 당시의 정치 경제 사회 풍속 등을 상세하게 기록했다. 약자 · 속자가 사용되었고, 오탈誤脫과 연문衍文이 개재해 있으며, 중간에 파손 · 마멸된 자구와 약간 빠진 것도 있지만 임진왜란壬辰倭亂으로 1592년 이전의 『승정원일기承政院日記』가 모두 불타 없어져 『선조실록宣祖實錄』을 편찬할 때 사료史料로 사용되었다.

原文 149

先生偶言及公州進士吳喜昌能文事. 先生擧舊所聞, 吳所爲漏樂說事, 屋漏以鍮承之, 其聲如樂作云爾. 吳以債繫秋曹, 自囊中上其文, 李判書彦綱見而奇之, 卽放之, 且延譽於縉紳之間云云. 又言申復泰 [後改名景濬] 來見少年, 而其文非凡俗士人也. [辛亥年]

선생께서 우연히 글을 잘 지었던 공주公州의 진사進士 오희창吳喜昌[1]의 일에 대해 말씀하셨다. 선생께서 예전에 들으신 오희창이 〈누악설漏樂說〉을 지을 때의 일을 거론하셨는데, 지붕에 물이 새어 그릇으로 빗물을 받았는데 그 소리가 노랫소리와 같아 지은 것이라고 하셨다. 오희창이 빚 때문에 형조刑曹에 잡혀가서는 주머니 안에서 그가 지은 글을 꺼내 올리자 판서判書 이언강李彦綱[2]이 보고 기특하게 여겨 곧 풀어주었다고 하며, 조정朝廷의 관료官僚들 사이에서 명성을 떨쳤다는 등등의 말씀을 하셨다. 또 신복태申復泰[3]가 [뒤에 경준景濬으로 이름을 바꾸었다] 와서 소년을 보았는데, 그 글이 세상의 평범한 선비가 지은 것이 아니었다는 말씀을 하셨다. [신해년辛亥年이다]

주석

1 오희창 : (1656~미상). 본관은 보성寶城, 자는 경백慶伯이며, 금천衿川에서 살았다. 부친은 통훈대부 오전吳烇이며, 적형嫡兄이 오순창吳順昌이고, 오서창吳瑞昌·오여창吳與昌이 아우이다. 식년시에 진사가 되었다. 『승정원일기承政院日記』 정조 9년 11월에 경복궁景福宮 위장衛將 오희창吳喜昌이 병으로 직職을 수행할 수 없어 체직遞職을 청하는 병조兵曹의 계문啓文이 나오는 것으로 보아 말직末職에 종사했던 것으로 추정된다. 시詩에 능했다는 기록이 있으나 더 이상 구체적인 사항은 확인하기 어렵다. 『율리소방栗里笑方』이라는 문집이 있다.

2 이언강 : (1648~1716). 본관은 전주全州, 자는 계심季心이다. 이양휴李揚休의

증손으로, 조부는 이시만李時萬이고, 부친은 이백린李伯麟이며, 모친은 심지한沈之漢의 따님이다. 증광문과에 을과로 급제해 승문원 정자로 있으면서 중시에 급제했다. 경신환국庚申換局 때 사간원 정언으로 남인南人들의 공격에 앞장서서 윤휴尹鑴·오정위吳挺緯·허견許堅 등의 처벌을 주장했다. 청요직淸要職을 두루 거쳤으며, 윤지완尹趾完의 부사로 일본에 다녀왔다. 기사환국己巳換局으로 남인이 집권하자 관작을 삭탈당하고 귀양 갔으나 갑술환국甲戌換局으로 서인西人이 재집권하면서 병조참판을 역임했다. 동지사로 청淸나라에 다녀왔고, 형조판서 등을 지냈다. 기지가 있고 영리했으며, 문장에도 능했으나 여러 차례 과거 시험을 관장하면서 부정을 행하고 청탁도 받아 지탄의 대상이 되기도 했다. 시호는 정효貞孝이다.

3 신복태 : 신경준申景濬(1712～1781). 본관은 고령高靈, 자는 순민舜民, 호는 여암旅菴이다. 부친은 신숙주申叔舟의 아우 신말주申末舟의 10대손인 진사 신내申淶이고, 모친은 한산이씨韓山李氏 이의홍李儀鴻의 따님이다. 33세까지 여러 곳으로 옮겨 다니며 살다가 33세부터 43세까지 고향에 묻혀 살면서 저술에 힘썼다. 43세에 증광시에서 을과로 급제하여 종부시 정 등을 역임했으며, 『여지승람輿地勝覽』·『문헌비고文獻備考』·『동국여지도東國輿地圖』의 편찬에 참여했다. 제주목사 등을 역임하고 고향으로 돌아가 70세로 생을 마쳤다. 문자학文字學·성운학聲韻學·지리학地理學 등을 중심으로 다방면에서 업적을 남겼다.

原文 150 先生嘗言及東平尉鄭公聞見錄曰 ; 其意在於警世矣.

선생께서 이전에 동평위東平尉 정공鄭公[1]의 『문견록聞見錄』[2]에 대해 말씀하시기를 "(이 책을 지은) 뜻은 세상을 놀라게 하는 데 있다." 고 하셨다.

주석

1 동평위 정공 : 정재륜鄭在崙(1648~1723). 본관은 동래東萊, 자는 수원秀遠, 호는 죽헌竹軒이다. 정창연鄭昌衍의 증손으로, 조부는 정광성鄭廣成이고, 부친은 영의정 정태화鄭太和이며, 모친은 민선철閔宣哲의 따님인데, 좌의정 정치화鄭致和에게 입양되었다. 효종의 다섯째 딸 숙정공주淑靜公主와 혼인하여 동평위東平尉가 되었으나 숙정공주가 일찍 죽고, 외아들 정효선鄭孝先이 요절하자 재취再娶하게 해 줄 것을 상소하여 왕의 허락을 받았으나, 대간臺諫의 반대로 이루지 못했다. 이때부터 부마駙馬들은 재취할 수 없다는 법규가 정하여졌다. 사은정사와 동지정사, 동지 겸 사은정사로 청淸나라에 다녀왔다. 『열성지장통기列聖誌狀通記』를 증보 간행했으며, 기국器局이 뛰어났고 생활이 검소하여 왕의 사위인 줄을 몰랐다고 한다. 시호는 익효翼孝이다. 저서로 『공사견문록公私見聞錄』·『한거만록閑居漫錄』이 있다.

2 문견록 : 『공사견문록公私見聞錄』을 말한다. 4책의 필사본으로 동평위東平尉 정재륜鄭在崙이 효종孝宗·현종顯宗·숙종肅宗·경종景宗 네 임금에 걸쳐 궁중에 출입하면서 보고 들은 이야기와 선행善行을 모은 야사野史이다.

原文 151

不肖嘗擧金公始振所論, 孟子萬章問舜事, 不若是恝, [怨慕章, 南子爲南蒯, 畫是劃, 邑同] 文字上下, 倒錯云云者, 似近之, 先生以爲然曰 ; 如孟子浩然章, 吾不惴焉, 吾以爲音讀當改正, 此反語也. 與金縢之戚我先王, 相似亦反語也. 又擧中庸某公所論, 人皆曰予知章云云, 先生曰 ; 吾意亦如此, 而吾所解, 又有長短承接, 與其言不同處, 直以此改讀, 似通順云云. 又問民鮮能久矣句, 與孟子馮婦章士則之卒爲善句, 先生多印可.

내가 예전에 김시진金始振[1] 공公이 『맹자孟子』에서 만장萬章이 순舜임금의 일에 대해 물은 곳의 '이렇게 근심 없는 것 같을 수 없다[不若是恝]'는 부분[2]은 [〈원모장怨慕章〉이다. 남자南子는 남괴南蒯[3]이고, 화畫는 획劃이니 읍邑과 같다] 글자 위아래가 뒤섞인 것 같다는 등등의 이야기를 한 것을 거론하며 (이치에) 가까운 것 같다고 하니 선생께서 그렇다고 하시고 말씀하시기를 "예를 들어 『맹자』 〈호연장浩然章〉의 '나를 두려워하지 않는다[吾不惴焉]'는 부분[4]과 같은 곳은 내가 생각하기에 음독音讀을 바르게 고쳐야 하는 것이니 이것은 반어反語이다. 『서경書經』 「금등편金藤篇」의 '우리 선왕을 근심하게 한다[戚我先王].'는 것[5]도 (이치에) 가까운 듯하지만 이것도 반어이다."라고 하셨다. 또 『중용中庸』에 대해 어떤 공公이 이야기 한 '사람들이 모두 나를 지혜롭다고 말한다[人皆曰予知]'는 장章[6] 등등을 거론하니, 선생께서 말씀하시기를 "내 생각도 이와 같다. 그러나 내가 풀이한 것이 또 (소리의) 길고 짧음과 (구두句讀의) 이어짐에서 그의 말과 다른 부분이 있으니, 단지 이렇게 고쳐서 읽으면 (글의 의미가) 순조롭게 통할 것 같다."라고 하셨다. 또 『중용』의 '백성들은 오래할 수 있는 사람이 드물다[民鮮能久矣].'는 구句[7]와 『맹자』 「진심편盡心篇」 〈풍부장馮婦章〉의 '선비들이 본받았고 마침내 선한 사람이 되었다[士則之, 卒爲善]'는 구句[8]에 대해 여쭈니 선생께서 대체로 인정해 주셨다.

주석

1 김시진 : (1618~1667). 본관은 경주慶州, 자는 백옥伯玉, 호는 반고盤皐이다. 좌의정 김명원金命元의 증손으로, 조부는 김수인金守仁이고, 부친은 김남헌金南獻이며, 모친은 사인 권흔權昕의 따님이다. 정시문과에 병과로 급제하여 이듬해 검열이 되었고, 이후 여러 관직을 거쳐 전라도 관찰사가 되었다. 이때 이몽학李夢鶴의 당여黨與로 오해받아 장살당한 김덕령金德齡의 신원伸寃을 건의했다. 승지를 지낸 뒤 경기좌균전사로 파견되었으며, 사은부사로 청淸나라에 다녀와서 한성부 좌윤·호조참판 등을 지냈다.

2 맹자에서 …… 부분 : 『맹자孟子』의 「만장편萬章篇」 제 1장에 나오는 내용으로, 이 장을 〈원모장怨慕章〉이라고 한다. 『맹자』에 "만장이 물었다. '순이 밭

에 가서 하늘을 우러러 소리 높여 울었으니 어찌하여 그가 소리 높여 운 것입니까.' 맹자가 말했다. '원망하고 사모하신 것이다.' 만장이 말했다. '부모가 사랑하신다면 기뻐하며 잊지 않고, 부모가 싫어하신다면 근심하나 원망하지 않습니다. 그렇다면 순은 원망한 것입니까.' 맹자가 말했다. '장식이 공명고에게 묻기를 순이 밭으로 간 것은 곧 제가 이미 들어 알고 있습니다. 하늘과 부모께 우러러 운 것은 제가 알지 못합니다. 하니 공명고가 이것은 자네가 알 수 있는 것이 아니라고 했다. 공명고는 효자의 마음이 그와 같이 이렇게 근심 없는 것 같을 수 없다고 여긴 것이다.'[萬章問曰 ; 舜往于田, 號泣于旻天. 何爲其號泣也. 孟子曰 ; 怨慕也. 萬章曰 ; 父母愛之, 喜而不忘, 父母惡之, 勞而不怨. 然則舜怨乎. 曰 ; 長息問於公明高曰 ; 舜往于田, 則吾旣得聞命矣, 號泣于旻天于父母, 則吾不知也. 公明高曰 ; 是非爾所知也. 夫公明高以孝子之心, 爲不若是恝.].”는 내용이 나온다.

3 남괴 : 춘추시대春秋時代 노魯나라 남유南遺의 아들로, 노나라 계씨季氏의 읍재邑宰가 되었는데, 소공昭公 12년에 계평자季平子가 즉위하여 자기를 예우하지 않자 비읍費邑을 차지하고 반란을 일으키려 하면서 점을 쳤는데, '곤지비坤之比'인 '황상원길黃裳元吉'의 점괘가 나왔다. 남괴南蒯는 이것을 크게 길한 점괘라고 여겨 반란을 일으켰으나 실패하였다.

4 맹자 …… 부분 : 『맹자孟子』의 「공손추편公孫丑篇」에 나오는 내용으로, 이 장을 〈호연지기장浩然之氣章〉 또는 〈호연장浩然章〉이라고 한다. 『맹자』에 "옛날에 증자께서 자양에게 말씀하셨다. '자네는 용기를 좋아하는가. 내가 일찍이 선생님께 큰 용기에 대해서 들은 적이 있다. 나 자신을 돌아보고 떳떳하지 않다면, 비록 비천한 사람이라도 나를 두려워하지 않는다'[昔者曾子謂子襄曰 ; 子好勇乎. 吾嘗聞大勇於夫子矣. 自反而不縮, 雖褐寬博, 吾不惴焉.].”라고 하였다.

5 서경 …… 한다는 것 : 『서경書經』 「금등편金縢篇」에 나오는 내용으로, 『서경』에 "주공이 말하기를 우리 선왕을 근심하게 하지 말라 하셨다[周公曰 ; 未可以戚我先王.].”고 하였다.

6 중용에 …… 장 : 『중용中庸』의 7장章에 나오는 내용으로, 『중용』에 "공자께서 말씀하시기를 '사람들이 모두 나를 지혜롭다고 말하지만 그물과 덫과 함정 가운데로 휘몰아 넣어도 피할 줄을 알지 못하고, 사람들이 모두 나를 지혜롭다고 말하지만 중용을 택하여 일 개월도 지키지 못한다.'고 하셨다[子曰 ; 人皆曰予知, 驅而納諸罟擭陷阱之中, 而莫之知辟也, 人皆曰予知, 擇乎中庸, 而不能期月守也.].”고 하였다.

7 중용의 …… 구 : 『중용中庸』의 3장章에 나오는 내용으로, 『중용』에 "공자께

서 말씀하시기를 '중용은 도달할 수 있는 것이지만, 백성들은 오래할 수 있는 사람이 드물다.'고 하셨다.[子曰; 中庸其至矣乎, 民鮮能久矣.]."고 하였다.

8 맹자 …… 구 : 『맹자孟子』의 「진심편盡心篇」에 나오는 내용으로, 이 장章을 〈풍부장馮婦章〉이라고 한다. 그런데 이 글에서는 선비들이 본받았고 마침내 선한 사람이 되었다[士則之, 卒爲善.].라고 하였으나 『맹자』에서는 "'맹자께서 말씀하셨다. '이것은 풍부같이 되는 것이다. 진나라에 풍부라는 사람이 범을 잘 잡았는데, 마침내 선한 사람이 되었다. 언젠가 들에 나갔는데 사람들이 범을 쫓고 있었다.'[孟子曰; 是爲馮婦也. 晉人有馮婦者, 善搏虎, 卒爲善士. 則之野, 有衆逐虎.].고 하셨다."라고 되어 있다.

原文 152

先生曰; 嘗欲禁破族爲昏者, 而未及而已成昏者多矣. 蓋論一家間而已.

선생께서 말씀하시기를 "예전에 혼인婚姻으로 인해 친족親族이 깨어지는 것[1]을 막으려고 했으나 그렇게 하지 못해 이미 혼인한 사람이 많다."고 하셨으니 한 집안 사이를 말씀하신 것일 뿐이다.

주석

1 혼인으로 …… 깨어지는 것 : 원문의 '파족破族'은 혼인으로 인해 집안 내 친족親族 간의 위계位階와 서열序列이 깨어지는 것을 말한다. 성姓이 다른 친척 간의 통혼通婚에 관한 주장은 다양한데, 『상변통고常變通攷』 6권 「혼례昏禮 의혼議婚」의 〈혼인파족昏姻破族〉과 『예의유집禮疑類輯』 2권 「혼례」의 〈이성파족혼異姓破族昏〉에 자세히 나온다. 성호도 『성호사설』 10권의 〈중표혼中表婚〉에서 중표혼에 대해 비판적인 견해를 밝혔다.

原文 153

不肖論唐仲友事, 先生笑而不答. 先生又言朱子答林黃中言. 不肖又妄曰 ; 退溪不會山陵, 與人書, 分疏甚多. 先生亦笑而不答, 蓋可想其愼謹矣.

내가 당중우唐仲友[1]의 일을 이야기하니 선생께서는 웃으면서 답하지 않으셨다. 선생께서 또 주자朱子가 임황중林黃中[2]에게 답변한 이야기를 말씀하셨는데, 내가 또 제멋대로 "퇴계선생退溪先生께서 산릉山陵에 가시지 않고 남에게 보내신 편지[3]에 조목조목 (이유를) 설명하신 것이 너무 많습니다."라고 하자 선생께서 또 웃으시고 답하지 않으셨으니 (이는) 대체로 조심하고 삼가는 뜻임을 알 수 있다.

주석

1 당중우 : (생몰년 미상). 남송南宋의 절강성浙江省 금화현金華縣 출신으로, 이름은 홍정興正, 자는 여정與政 또는 중우仲友이고, 호는 설재說齋이다. 진사로 시정을 논하여 강서제형江西提刑으로 발탁되어 저작랑著作郎과 신주信州・대주臺州의 지사知事가 되었으나 주자朱子의 탄핵을 받아 파직되었다. 경제학에 힘썼고, 경학經學에 전념하여 『육경해六經解』를 지었으나 지금은 전하지 않는다. 저서로 『황극경세도보皇極經世圖譜』와 『제사정의諸史精義』 등이 있다. 『성호사설』 18권에 〈당중우唐仲友〉가 나온다.

2 임황중林黃中 : 임률林栗(생몰년 미상). 송宋나라 복청福淸 사람으로 벼슬이 병부시랑兵部侍郎에 이르렀다. 주자朱子의 『주역周易』과 『서명西銘』 풀이가 불합리하다고 보고 주자와 논쟁했으나 의견이 맞지 않자 황제에게 주자를 무고誣告했으나 자신이 파면된 적이 있었다.

3 퇴계선생께서 …… 편지 : 퇴계退溪는 1565년 문정왕후文定王后의 상喪과 1567년 명종明宗의 상喪에 가지 않았는데, 이 때 자신의 처지를 구봉령具鳳齡과 기대승奇大升에게 각각 편지로 보낸 적이 있다. 『퇴계전서退溪全書』「속집續集」 5권 〈답구경서答具慶瑞〉와 『퇴계선생문집退溪先生文集』 17권 「서書」 〈답기명언 정묘구월이십일일答奇明彦 丁卯九月二十一日〉에 나온다.

原文 154

先生曰；鄭汝逸［名尙驥］三十年費工夫，爲八道地圖，又將改正兩界圖而曰；眼中歷歷如身履其地，山川脉絡，皆分明云．先生友也．

선생께서 말씀하시기를 "정여일鄭汝逸[1]은 [이름이 상기尙驥이다] 삼십 년 동안 공부에 힘을 쏟아 팔도지도八道地圖를 만들었고, 또 양계도兩界圖[2]를 바르게 고치려고 하면서 말하기를 '내가 직접 그 땅을 밟은 것처럼 눈에 선하니 산천山川의 맥락脈絡이 모두 분명하다.'고 했다."고 하셨다. (여일汝逸 정상기鄭尙驥는) 선생의 친구이다.

주석

1 정여일 : 정상기鄭尙驥(1678~1752). 본관은 하동河東, 자는 여일汝逸, 호는 농포자農圃子이다. 정인지鄭麟趾의 후손이며, 성호의 친구이자 문인이다. 7세 때에 부친을 여의었고, 몸이 약하여 과거를 단념하고 학문에만 몰두했으며, 중년 이후에는 저작에만 힘썼다. 아들 정항령鄭恒齡의 공으로 첨지중추부사가 되었다. 오랫동안 전국을 답사하여 역대 국경 변천의 역사지리학적인 검토를 꾀했고, 지도 제작에 백리척百里尺을 이용한 축척법縮尺法을 사용하였다. 아들 정항령 역시 지도 제작을 계승했고, 손자 정원림鄭元霖도 왕명으로 『여지고輿地考』를 보수했다. 저서로 『인자비감人子備鑑』·『농포문답農圃問答』·『심의설深衣說』·『도령편韜鈴篇』·『향거요람鄕居要覽』·『치군요람治郡要覽』 등이 있다. 『성호사설』 1권의 〈동국지도東國地圖〉와 3권의 〈공험비公嶮碑〉, 4권의 〈병거목거마兵車木拒馬〉, 15권의 〈거강車舡〉, 〈회토축성灰土築城〉과 『성호전집』에 나온다.

2 양계도 : 원래 양계兩界는 고려와 조선 시대의 특별 행정 구역으로, 동계東界와 북계北界를 합해 부르면 명칭이다. 동계는 함경도와 강원도의 일부 지역, 북계는 평안도 지역에 해당한다. 뒤로 오면서 양계는 하나의 지역을 둘로 나눈 것을 지칭하는 일반 명사로 쓰이기도 했다. 여기서 말하는 양계도兩界圖는 함경도와 평안도를 중심으로 하는 우리나라 북쪽 지방의 지도를 말하는 것으로 보인다.

原文 155

又曰；昔戊午年間，備局所成兩界圖說，所見極博，似出於尹氏鍈，非此人，無可以爲此者．

또 말씀하시기를 "오래전 무오년간戊午年間에 비변사備邊司[1]에서 만든 양계도설兩界圖說[2]은 소견이 아주 박식하여 윤영尹鍈[3]씨가 만든 듯하니, 이 사람이 아니라면 이렇게 만들 수 있는 사람이 없다."라고 하셨다.

주석

1 비변사 : 조선 중・후기 의정부議政府를 대신하여 국정 전반을 총괄한 실질적인 최고의 관청으로, 비국備局・묘당廟堂・주사籌司라고도 했다.
2 양계도설 : 함경도와 평안도를 중심으로 하는 우리나라 북쪽 지방의 지도와 지도에 딸린 설명을 말한다. 【원문 154】의 2번 주석 참조.
3 윤영 : (1611～1690추정). 【원문 145】의 1번 주석 참조.

原文 156

先生庶從孫錫煥病重，先生命藥治病，頗用峻劑．嘗問曰；此藥無乃過峻乎．先生曰；些少峻藥，何至有損於病．曰；若此則設用若于參附，亦豈有補於氣乎．先生笑之．

선생의 서종손庶從孫 이석환李錫煥[1]의 병이 위독하여 선생께서 약을 처방하여 병을 치료하셨는데, 약성藥性이 강한 약을 많이 쓰셨다. 이전에 선생에게 여쭈기를 "이 약은 너무 독한 것이 아니겠습니까." 하니 선생께서 말씀하시기를 "조금 독한 약으로 어떻게 병을 치료할 수 있겠는가."라고 하셨다. (그래서) 말씀드리기를 "그렇다면 만약 인삼人蔘을 약간 곁들여 쓴다면 또 어찌 기운을 돕지 않겠습니까."하니 선생께서 웃으셨다.

주석

1 이석환 : (1723~1745). 자는 혜길惠吉이다. 성호의 둘째 형 섬계剡溪 이잠李潛의 서손庶孫으로, 부친은 이을휴李乙休이고, 모친은 안동권씨安東權氏 권취경權就經의 따님이다. 23세의 젊은 나이에 죽어 형 이조환李祖煥의 아들 이재순李載詢이 양자로 후사를 이었다.

原文 157

先生嘗言, 如隋煬當改書曰帝廣. 又當曰后㬇. 如宋劭魏操宋溫之類一也. 如宋高難免云云, 如晉末事極核, 而多愼重之意.

선생께서 이전에 수양隋煬[1]은 제광帝廣이라고 고쳐 써야 한다.[2] 또 후조后㬇[3]라고 해야 한다. 송소宋劭[4]·위조魏操[5]·송온宋溫[6] 같은 무리들은 모두 마찬가지이다. 송宋나라 고종高宗 같은 경우는 벗어나기 어려웠다는 등등의 말씀을 하셨는데, 진晉나라 말기의 일에 대해서는 몹시 밝으셨으나 신중한 뜻이 많으셨다.

주석

1 수양 : 수隋나라의 제2대 황제(재위 604~618)를 말한다. 이름은 양광楊廣, 연호年號는 대업大業, 묘호廟號는 세종世宗, 애초의 시호諡號는 명제明帝였다. 수나라 문제文帝의 둘째 아들로, 모친은 문헌독고황후文獻獨孤皇后이다. 현재

알려진 시호 양제煬帝는 당唐나라에서 그를 폄하하여 붙인 시호인데, '양煬'은 악랄한 황제를 뜻한다고 한다. 시황제始皇帝와 함께 중국사상 최악의 폭군으로 평가받고 있다. 개황開皇 2년 진왕晉王에 봉해지고, 9년 군대를 이끌고 가 진陳나라를 멸망시켰다. 개황開皇 20년 권신權臣 양소楊素와 결탁해 형 양용楊勇을 모함해서 태자의 자리를 빼앗았고, 인수仁壽 4년 부친 문제를 살해하고 제위에 올랐다. 즉위한 뒤 큰 토목공사를 계속 벌여 백성에게 과중한 부담을 주었고, 자주 전쟁을 일으켰다. 만년에 사치스런 생활이 더욱 심해 백성들의 원망이 높아졌고, 강도江都를 남순南巡하다가 신하 우문화급宇文化及에게 살해되었다.

2 제광이라고 …… 한다 : 『성호사설』 26권의 〈유소양광劉劭楊廣〉에서 성호는 "유소劉劭・양광楊廣 같은 무리들은 죄악이 하늘에 통했으니, 이를 부르는 것만으로도 입이 더러운데 하물며 그 작爵을 부르겠는가. …… 내 생각에는 사가史家가 그 극악極惡・대간大奸을 구별하여 특별히 제소帝劭・제광帝廣이라고 쓰고 그 죽음에도 사死라고 써서 권면하고 징계하는 도를 삼는 것이 옳다고 여긴다[劉劭楊廣輩, 罪惡通天, 名亦汚口, 況其爵乎. …… 余欲於史, 別其極惡大慝, 特書曰帝劭帝廣, 其死書死, 以爲勸懲之道, 可也.]."라고 하였다.

3 후조 : 당唐나라 측천무후則天武后가 스스로 만든 자신의 이름이다. 측천무후의 이름은 무조武曌인데, 무후武后・무측천武則天이라고도 한다. 당나라 태종太宗의 후궁後宮으로 궁에 들어와 태종이 죽은 뒤 아들 고종高宗의 비妃가 되어 궁중 내의 비빈妃嬪들을 제거하고 황후皇后를 폐위시킨 뒤 자신이 황후가 되었다. 고종이 병들어 정사政事를 돌볼 수 없게 되자 정치의 전권을 장악하여 40년 이상 중국을 통치했다. 생애 마지막 15년(690~705) 동안은 스스로 황제가 되어 국호를 당에서 주周로 변경했다. 여기서 '후조后曌'라고 한 것은 수양隋煬을 제광帝廣이라고 한 것처럼 측천무후 역시 죄악이 크기 때문에 후조라고 써야 한다는 말이다.

4 송소 : 유소劉劭. 남조南朝 송宋나라의 3대 임금 문제文帝의 첫 번째 아들로 아버지 문제(유의륭劉義隆)가 자신을 세자世子에서 폐廢하려 하자 문제를 시해弑害했으나 동생 유준劉濬에게 살해되었다. 유준은 남조 송나라의 4대 임금 효무제孝武帝가 되었다.

5 위조 : 조조曹操(155~220). 자는 맹덕孟德, 아명은 아만阿瞞으로 패국沛國 초현譙縣 출신이다. 원래 성은 하후夏侯인데 부친 조숭曹嵩이 후한後漢의 대환관大宦官인 조등曹騰의 양자가 되면서 조씨曹氏가 되었다. 삼국시대三國時代의 군웅群雄 중 한 사람으로 위魏나라를 세웠다. 황건적黃巾賊의 난을 평정하

면서 두각을 드러내기 시작했고, 후한後漢 헌제獻帝의 후견인이 되어 정권을 장악했으며, 위공魏公을 거쳐 위왕魏王에 올라 위나라의 기반을 마련했다. 조조는 이때 황제와 다름없는 권력을 행사하고 있었으나 끝내 황제의 자리에는 오르지 않았다. 66세의 나이로 낙양洛陽에서 병사病死하자 아들 조비曹丕가 헌제를 폐하고 스스로 천자가 되어 위나라 문제文帝로 등극했고, 조조는 태조太祖 무황제武皇帝로 추증되었다.

6 송온宋溫 : 누구를 말하는지 분명하지 않다.

原文 158

又曰 ; 如丁酉稷山之捷, 未見其大段, 甚可疑也. 又得見日本人所著, 論多新聞.

또 말씀하시기를 "정유년丁酉年 직산稷山의 승리[1]에 대해서는 그 개략을 볼 수 없으니 몹시 의심스럽다. 또 일본인이 지은 것을 보니 그 이야기들이 대부분 처음 듣는 것이다."라고 하셨다.

주석

1 직산의 승리 : 정유재란丁酉再亂 당시 직산稷山 지역에서 북상北上하던 일본군日本軍의 진격을 저지한 전투를 말한다. 정유년丁酉年 9월에 있었던 전투로, 명明나라 부총병副摠兵 해생解生이 지휘한 명나라 군과 구로다 나가마사黑田長政가 지휘한 일본군이 직산 지역에서 벌인 전투이다. 이 전투에서 일본군이 패배하여 직산에서 철수했는데, 이후 명량대첩鳴梁大捷으로 일본군의 보급과 후속 부대의 상륙이 저지당하자 일본군은 전면 퇴각하게 된다. 일본군의 북상을 저지한 승리였음에도 불구하고 전투의 주력이 명나라 군대였다는 이유로 잘 알려져 있지 않은 전투이다. 평양・행주의 싸움과 함께 임진왜란壬辰倭亂 육전陸戰 삼대첩三大捷 중의 하나로, 직산 북방 소사평素沙坪에서 있었던 전투여서 소사전투素沙戰鬪라고도 한다.

原文 159

先生教兒必讀家語, 教人必先禮節, 敎兒多以綱目, 使學者必觀退溪集. 庚戌夏, 有大鳥墮死西村, 遂作鵷鶵賦, 唐音長篇有註解.

선생께서 아이들을 가르치실 때 반드시 『공자가어孔子家語』[1]를 읽히셨고, 사람을 가르치실 때 반드시 예절禮節을 먼저 하셨으며, 아이들을 가르치실 때 대부분 『강목綱目』[2]으로 하셨으며, 학자學者들에게 반드시 『퇴계집退溪集』을 보도록 하셨다. 경술년庚戌年 여름에 큰 새가 서쪽 마을에 떨어져 죽은 일이 있자 마침내 〈원거부鵷鶵賦〉[3]를 지으셨고, 『당음장편唐音長篇』[4]을 주석註釋하고 풀이하셨다.

주석

1 공자가어 : 350년경에 만들어진 책으로, 공자孔子의 언행과 제자들과 나눈 문답을 정리한 책이다. 【원문 121】의 1번 주석 참조.
2 강목 : 『자치통감강목』을 말한다. 【원문 119】의 1번 주석 참조.
3 경술년 …… 원거부 : 경술년庚戌年은 1730년 영조英祖 6년으로 성호의 나이 50이 되던 해이다. 〈원거부鵷鶵賦〉는 『성호전집』 2권에 〈원거행鵷鶵行〉으로 나오는데, 성호는 〈원거행鵷鶵行〉 서문序文에서 이 작품을 경술년 여름이 아니라 신해년辛亥年(1731) 겨울에 지었다고 했다.
4 당음장편 : 당唐나라 때 지어진 시詩 가운데 고시古詩를 중심으로 좋은 시를 가려 뽑아 엮은 책이다. 편저자編著者나 간행刊行 연도 등 책의 서지에 관한 사항은 확인되지 않는다.

原文 160 先生不御午飯, 以紙爲冠, 或黑布爲之. 又曰 ; 麥勝於稻.

선생께서는 점심을 드시지 않으셨고, 종이로 관冠을 만드셨는데, 검은 베로 (관을) 만들기도 하셨다. 또 말씀하시기를 "보리가 쌀보다 낫다."고 하셨다.

原文 161 先生嘗言, 昔有士人年少者, 謁寒岡, 堂階高峻, 客偶失足, 不至重跌. 旣入座, 先生命侍者, 取下架上所置木盤, 以油紙覆其上者, 乃藥屑也. 先生手撮口嘗之, 勸客喫屑, 客不敢違, 數次嚼呑之. 退詢之門人, 乃無價散作末者也. 恐客之重傷, 勸以此物云, 寒岡蓋善醫理.

선생께서 이전에 옛날 어떤 젊은 선비가 한강선생寒岡先生[1]을 뵈려고 하다가 집의 계단이 높고 가팔라서 객客이 뜻하지 않게 발을 잘못 디뎠으나 심하게 넘어지지는 않았다. 자리에 앉은 뒤에 한강선생께서 (선생을) 모시고 있는 사람에게 시렁 위에 있는 기름종이로 위를 감싼 나무 그릇을 내리게 하셨으니 약가루였다. 한강선생께서 손수 맛을 보시고 객에게 약가루를 먹도록 권하시니 객이 감히 (한강선생의 말씀을) 어길 수 없어 몇 차례 씹다가 삼켰다. (객이) 물러나 문인門人에게 물으니 바로 무가산無價散[2]을 가루로 만든 것이었다. (한강선생께서) 객이 심하게 다쳤을까 걱정되어 이 약을 권하신 것이라고 하니 한강선생은 아마도 의술에 뛰어나신 분이실 것이라고 말씀하셨다.

주석

1 한강선생 : 정구鄭逑(1543~1620). 【원문 145】의 6번 주석 참조.
2 무가산 : 글자 그대로 아무 가치가 없이 버려진 분뇨糞尿를 모아 만든 약이라는 뜻으로 사람·개·고양이·돼지의 똥을 말려서 빻은 가루를 말한다. 4종류의 분시糞屎를 모았으므로 사분산四糞散이라고도 한다.

原文 162 有灰酒無灰, 背起與看之說, 先生不從.

찌꺼기가 있는 술에 찌꺼기를 두지 않거나[1] (책을) 배접褙接하고 잘 꾸며서 조심스럽게 본다[2]는 말을 선생께서는 따르지 않으셨다.

주석

1 찌꺼기가 …… 두지 않거나 : 원문의 '회주灰酒'는 찌꺼기가 있는 술을 말한다. 『성호사설』 4권의 〈회주灰酒〉에서 성호는 "주자의 편지에, '술을 마시니 재가 있다.'는 말이 있는데, 재란 것은 찌꺼기라는 뜻이다[朱子書有飮酒有灰之語, 灰者滓也.]."라고 했다. 무회주無灰酒는 다른 물질을 일체 가미하지 않은 진국의 술을 말한다.
2 배접하고 …… 조심스럽게 본다 : 원문의 '배기여간背起與看'은 책의 표지나 속표지, 도안 따위와 같은 겉모양을 꾸며[裝幀] 망가뜨리지 않고 본다는 말이다.

原文 163 模畫之說, 婆心之稱, 先生印之.

(그림을 그릴 때 겉모습이 같도록) 베껴 그린다는 주장[1]과 인자한 마음으로 하는 이야기를 선생께서는 인정하셨다.

주석

1 베껴 그린다는 주장 : 대상을 그림으로 그릴 때 그 대상의 모습과 흡사하도록 그려야 한다는 주장을 말한다. 『성호사설』 5권의 〈논화형사論畫形似〉에서 성호는 "지금 만약 그림을 그리되 겉모습은 같지 않게 해도 되고, 시를 짓되 앞에 보이는 경치를 읊지 않아도 된다고 한다면, 이치에 맞는 말이라 할 수 있겠는가[今若曰論畫形不似, 賦詩非此物, 其成說乎.]."라고 했는데, 성호의 이 주장은 '사진寫眞'을 의미한다.

原文 164 先生曰 ; 南坡洪先生, 吾家從叔南原公將赴會圍, 以有雨不入云. 家兒有如是事, 吾甚悅之.

선생께서 말씀하시기를 "남파南坡 홍선생洪先生[1]께서 우리 집안 종숙從叔이신 남원공南原公[2] 어른께서 회시會試[3]에 가려고 했는데, 비가 와서 (과거科擧 시험장에) 들어가지 못했다고 하셨다. 우리집 아이[4]에게도 이런 일이 있으니 내가 몹시 기쁘다."라고 하셨다.

주석

1 홍선생 : 홍우원洪宇遠(1605~1687). 본관은 남양南陽, 자는 군징君徵, 호는 남파南坡이다. 홍온洪昷의 증손으로, 조부는 형조판서 홍가신洪可臣이고, 부친은 한성서윤 홍영洪榮이며, 모친은 이조판서 허성許筬의 따님이다. 별시문과에 병과로 급제하여 봉교·정언을 지냈고, 예안현감으로 시폐時弊를 논하는 상소를 올렸다. 김홍욱金弘郁의 신원伸寃과 윤선도尹善道의 석방을 주장하다 파직 당했다. 이후 남인南人이 집권하면서 복직되어 이조판서·공조판서 등을 지냈는데, 경신환국庚申換局으로 남인이 몰락하자 허적許積의 역모사건에 연루되어 명천으로 유배되었다가 나이가 많다는 이유로 문천으로 이배된 뒤, 그곳에서 운명했다. 학문이 고명高明하고 성품이 직절直節하여 파직되었을 때마다 조정에서는 서용敍用할 것을 국왕에게 진언했다. 시호는 문간文簡이며, 저서로 『남파집南坡集』이 있다.

2 남원공 : 이광진李光鎭(1615~1692). 본관은 여주驪州, 자는 숙겸淑謙이다. 조부는 소릉공少陵公 이상의李尙毅고 부친은 창주공滄洲公 이지유李志裕, 모친은 권희權憘의 따님과 성여격成汝格의 따님이다. 이지유가 성호의 조부 지평공持平公 이지안李志安의 바로 위 형이어서 이광진은 성호의 종숙부從叔父가 된다. 진사가 되었으나 몇 차례 과거科擧에서 낙방落榜한 후 대과大科를 포기하고 문음門蔭으로 관직에 진출했으나, 남원부사에 임명된 이후 관직에서 물러났다.

3 회시 : 원문의 '회위會圍'는 회시會試의 별칭이다. 회시는 조선시대 과거시험의 한 단계로, 1차 시험인 초시初試에 합격한 사람이 서울에서 다시 보는 시험인 복시覆試를 말한다.

4 우리집 아이 : 성호의 외아들 이맹휴李孟休(1713~1751)를 말한다. 【원문 31】의 1번 주석 참조.

原文 165　先生嘗言, 松谷末年, 亟推許東州詩.

선생께서 이전에 송곡선생松谷先生[1]께서 말년에 동주선생東州先生[2]의 시를 몹시 인정했다고 하셨다.

주석

1 송곡선생 : 이서우李瑞雨(1633~1709). 【원문 17】의 2번 주석 참조.
2 동주선생 : 이민구李敏求(1589~1670). 【원문 21】의 1번 주석 참조.

原文 166　先生曰 ; 古禮酒戒重於肉, 酒徵於色故也.

선생께서 말씀하시기를 "옛날의 예법禮法에 술에 대한 경계가 고기보다 무거웠으니, 술은 여색女色을 부르기 때문이다."라고 하셨다.

原文 167　學者客至亦令勿止讀, 室窄挾冊出外吟誦, 室中雖窄, 亦使坐一隅, 口內念誦, 口不作聲, 目不敢他注. 對客談話, 答人書札, 授學者文. 或看書作文, 未有一時閒逸無事, 而左右酬應, 神氣自如, 功澤之及人者廣矣. 理家亦然, 臨奴僕, 嚴而慈, 每事大體而已, 隨便恕之, 厚其衣食, 薄於自待, 毋論豊凶, 量歲入爲家計, 飢飽與下同之, 不責以難事.

(선생께서는) 학자學者는 객客이 찾아와도 독서讀書를 그쳐서는 안 되니 방이 좁으면 책을 끼고 바깥에 나가 (책을) 읊고 외우며, 방이 비록 좁다고 하더라도 한쪽 모서리에 앉아서 입 속으로 생각하며 외워 입 (바깥)으로 소리를 내지 않고, 눈으로 다른 곳을 주시注視하지 않는다. 객과 이야기를 나누거나 남의 편지에 답할 때 학자의 글로 (답해) 주는 것이다. (학자는 늘) 책을 보거나 글을 써서 잠시라도 한가하거나 일이 없어서는 안 되니 주변의 요청에 응답할 때 정신과 기운이 자연스럽고 편안하면 공덕功德과 은택恩澤이 널리 미칠 것이다.

집안을 다스리는 것도 이러하니 종들을 대할 때 엄하면서도 자상하게 해 주고, 언제나 일은 요점과 근본을 따르지만 편의를 따라 헤아려주며, 의복과 음식은 풍족하게 해 주되 자신에게는 박薄하게 하고, 풍년이나 흉년을 가릴 것 없이 수입을 헤아려 집안을 꾸려갈 계획으로 삼으며, 굶주리고 배부름을 아랫사람과 같이하고 (이루기) 어려운 일을 요구하지 않는다. (라고 하셨다)

原文 168

先生於馬上, 端拱而坐, 喪人使勿以杖挾于馬鞍裏, 必使奴持之. 無別奴, 則使牽馬者, 挾之而行.

선생께서는 말 위에 단정하게 두 손을 모으고 앉아 계시면서, 상喪을 당한 사람이 상례喪禮에 사용하는 지팡이[1]를 말안장에 끼워두지 않게 하셨고, 반드시 종이 가지고 가게 하셨다. 별도로 종이 없으면 말을 끄는 사람이 가지고 가게 하셨다.

주석

1 상을 …… 지팡이 : 상장喪杖을 말한다. 상장은 상례喪禮에서 상주喪主와 상제喪制가 짚는 지팡이로 상주의 것(저장苴杖으로, 부친상과 같이 참최복斬衰服에 해당하는 상에 쓰는 검정빛의 대지팡이)은 대나무로 만들고, 상제의 것(삭장削杖으로, 모친상과 같이 재최복齊衰服에 해당하는 상에 쓰는 오동나무 지팡이)은 오동 또는 버드나무로 만들되 밑은 모가 나게 위는 둥글게 깎아 만든다. 『성호사설』 14권에 〈유장柳杖〉이 나온다.

原文 169 先生少時淸弱人, 不期以壽. 欲昏之家, 多難之. 松谷贈詩, 有淸寒逼人骨句.

선생께서는 어렸을 때 (용모가) 깨끗하고 준수했지만 (몸이) 허약해서 사람들이 오래 살 것이라고 기대하지 않았다. 그래서 혼인婚姻을 하려는 집안에서 대부분 기피하였다. 송곡선생松谷先生[1]이 준 시에 '맑고 싸늘한 기운이 뼈 속에 사무치네[淸寒逼人骨]'[2]라는 구절이 있다.

주석

1 송곡선생 : 이서우李瑞雨(1633~1709). 【원문 17】의 2번 주석 참조.
2 맑고 …… 사무치네 : 『성호사설』 29권의 〈송파시松坡詩〉에 전문이 나온다.

原文 170　先生於字學甚熟, 音訓必明.

선생께서는 자학字學[1]에 몹시 공부가 깊으셔서 (글자의) 소리와 뜻이 반드시 분명하셨다.

주석

1 자학 : 글자의 유래나 소리, 뜻 등 글자 그 자체에 대해 연구하는 학문을 말한다.

原文 171　趙氏龜命言, 先生之論三事, 勝於前人云.

조귀명趙龜命[1]은 선생께서 논하신 세 가지 일[三事][2]이 이전 사람들보다 뛰어나다고 했다.

주석

1 조귀명 : (1693~1737). 본관은 풍양豐壤, 자는 석여錫汝・보여寶汝, 호는 동계東谿・건천자乾川子이다. 첨정 조태수趙泰壽의 아들이다. 조선 후기 소론少論의 벌열가문閥閱家門인 풍양조씨 집안에서 태어났으나 벼슬에는 뜻을 두지 않고 오로지 문장으로 자처했다. 특히 산문에 뛰어나 팔문장八文章으로 평가되었다. 저서로 『동계집東谿集』과 『건천고乾川藁』가 있다.
2 세 가지 일 : 무엇을 말하는 것인지 구체적으로 확인하기 어렵지만, 『성호전집』 47권의 〈삼의론三疑論〉에서 성호가 옹규雍糾의 아내 옹희雍姬와 이최李璀, 회음淮陰의 의부義婦에 관해 논한 것을 말하는 것이 아닐까 추정된다.

原文 172

先生於史漢諸傳，多有懸讀，不取左氏傳，以其誣也. 獨頻看春秋集傳，似以其諸家之說，各有可取也. 啓蒙之解，參同之辨，愚學未逮，未之詳也.

선생께서는 『사기史記』[1]와 『한서漢書』[2]의 여러 전傳은 대체로 토吐[3]를 달아 읽으셨는데, 좌구명左丘明의 『춘추좌씨전春秋左氏傳』[4]은 읽지 않으셨으니 사실이 아닌 말이 많기 때문이다. 유독 『춘추집전春秋集傳』[5]을 많이 보셨는데, 여러 학자들의 학설에서 각각 취할 만한 점이 있기 때문인 듯하다. 『계몽啓蒙』[6]에 대한 이해와 『참동계參同契』[7]에 대한 판단은 나의 배움이 미치지 못하여 자세하게 알 수가 없다.

주석

1 사기 : 전한시대前漢時代 사마천司馬遷이 편찬한 기전체紀傳體의 역사서를 말한다. 원래 명칭은 『태사공서太史公書』로 모두 130편인데, 황제黃帝 때부터 전한前漢의 무제武帝 천한 연간天漢年間까지 약 3,000여 년의 중국 역사를 기록했다. 기록 중 「무제기武帝紀」·「삼왕세가三王世家」·「귀책열전龜策列傳」·「일자열전日者列傳」 등과 무제 천한 연간 이후의 역사는 저소손褚少孫이 보충한 것이다. 본기本紀·세가世家·열전列傳·서書·표表의 5부분으로 구성되어 있다.

2 한서 : 후한後漢의 반고班固가 완성한 중국의 역사서로 모두 120권이다. 반고는 아버지 반표班彪가 지은 한漢나라 역사서 『후전後傳』을 이어 『사기史記』를 바탕으로, 무제武帝 이전의 한나라 역사를 덧붙이고 한나라 고조高祖부터 왕망王莽의 멸망까지 230년의 역사를 기록했다.

3 토 : 원문의 '현두懸讀'는 한문에 구결口訣을 다는 현토懸吐를 말하는데, 한글로 된 구결口訣을 언토諺吐라고 하고, 다른 말로 현두懸讀·언두諺讀라고도 한다. 중국의 경우 일상 언어가 그대로 문자文字가 되기 때문에 글귀를 뗄 곳에 구두句讀만 찍어 읽는다. 우리나라처럼 원문原文 이외에 구두句讀를 자기 나라 말로 만들어 읽는 것을 현토懸吐라고 한다.

4 좌구명의 춘추좌씨전 : 공자孔子의 『춘추春秋』를 노魯나라 좌구명左丘明이 해석한 책으로 『춘추좌씨전春秋左氏傳』·『좌씨춘추左氏春秋』·『좌전左傳』이라고도 한다. 좌구명은 『논어論語』의 「공야장公冶長」에 나온 인물이나 그에 대한 구체적인 내용은 확인하기 어렵다. 주자朱子의 집주集註에서 좌구左丘가 성이고 명明이 이름이라고 했는데, 성호는 좌구左丘를 성이라고 한 것을 근거가 없는 것으로 보았다. 『춘추좌씨전』은 기원전 722~481년의 역사를 다룬 것으로 『국어國語』와 이어지며, 『공양전公羊傳』, 『곡량전穀梁傳』과 함께 춘추삼전春秋三傳의 하나이다. 경문에 나오는 독립된 역사 이야기와 문장 및 인물묘사로 인해 문학작품으로도 뛰어나다고 평가받는다. 좌구명에 대한 성호의 논의는 『성호사설』 19권의 〈춘추서시春秋書弑〉와 20권의 〈좌구명左丘明〉에 나온다.

5 춘추집전 : 『춘추春秋』의 전傳을 모은 책으로, 『춘추집전대전春秋集傳大全』을 말하는 듯하다. 『춘추집전대전』은 명明나라의 호광胡廣 등이 왕명에 따라 만든 책으로 모두 55권 55책이다. 『춘추』의 대표적인 4가지 주석서 『좌씨전左氏傳』·『공양전公羊傳』·『곡량전穀梁傳』·『호씨전胡氏傳』을 모두 모은 춘추주석서의 집대성이다.

6 계몽啓蒙 : 『역학계몽易學啓蒙』을 말하는 듯 하다. 『역학계몽』은 주자朱子가 초학자初學者를 위해 지은 『주역周易』의 해설서이다. 모두 4권으로, 1186년에 완성했으며 내용은 4부분으로 나뉜다. 주자의 『역학계몽』 이외에도 계몽啓蒙이라는 이름의 역학서易學書는 다양한데, 중국 송宋나라의 호방평胡方平이 지은 『역학계몽통석易學啓蒙通釋』과 명明나라 때 편찬된 『역학계몽부주易學啓蒙附註』, 우리나라의 최항崔恒 등이 편찬한 『역학계몽요해易學啓蒙要解』, 퇴계退溪가 해설한 『계몽전의啓蒙傳疑』, 서명응徐命應이 편찬한 『역학계몽집전易學啓蒙集箋』, 편자 미상의 『역학계몽단석易學啓蒙段釋』·『역학계몽복역易學啓蒙覆繹』 등을 들 수 있다.

7 참동계 : 『주역참동계周易參同契』를 말한다. 『주역참동계』는 도교道教의 연단煉丹 경전 중 하나로 『참동계參同契』라고도 한다. 모두 3권으로 후한後漢 때 위백양魏伯陽이 지었다. 연단煉丹과 도교道教의 신선사상神仙思想 그리고 『주역周易』 세 가지가 맞물려 있기 때문에 '참동계'라고 부르게 되었다. 『참동계』에 대해서는 『성호사설』의 여러 곳에서 나오는데, 대표적인 것이 28권의 〈참동계參同契〉이다.

原文 173

先生又於律呂之書, 以爲朱子尙似有未盡, 其許西山者, 亦恐有疏脫.

선생께서는 또 음악[律呂]에 관한 책은 주자朱子도 오히려 미진未盡한 곳이 있다고 여기셨는데, 주자가 인정했던 서산西山[1]에게도 소략하고 빠진 부분이 있을까 걱정하셨다.

주석

1 서산西山 : 채원정蔡元定(1135~1198). 중국의 남송南宋 건주建州 건양建陽 사람으로, 자는 계통季通, 호는 서산西山, 시호는 문절文節이다. 벼슬에 나가지 않고 학문에 몰두했다. 어려서 아버지 채발蔡發에게 배웠고, 장성하여 정호程顥, 정이程頤와 소옹邵雍, 장재張載의 학문을 배웠다. 나중에 주자朱子를 찾아가 수학했는데, 주자가 강우講友로 대우했다. 영종寧宗 경원慶元 연간에 심계조沈繼祖 등이 주자를 공격할 때 연루되어 도주道州로 귀양을 갔다. 많은 책을 섭렵했고, 의리義理를 깊이 연구하여 주자의 사상을 계승 발전시킨 주요 인물로 평가된다. 악률樂律에 조예가 깊어 18악률樂律을 개발했다. 상수학象數學과 의리학義理學을 종합하려는 입장을 취했으며, 그의 학문은 아들 채연蔡淵에게 계승되어 가학으로 이어졌다. 저서로 『황극경세지요皇極經世指要』·『홍범해洪範解』·『서산공집西山公集』 등이 있다.

原文 174

先生於東海潮汐之說, 不取久菴, 只取多方解箕田說孟子怨慕章說, 亦取之.

선생께서는 동해東海의 조수潮水에 대한 논의에서는 구암久庵[1](의 주장)을 인정하지 않으셨지만,[2] (구암의) 〈다방해多方解〉[3]와 〈기전설

箕田說〉,[4] 『맹자孟子』 〈원모장怨慕章〉에 대한 주장[5]만은 취하셨으니, 역시 인정하신 것이다.

주석

1 구암 : 한백겸韓百謙(1552~1615). 본관은 청주淸州, 자는 명길鳴吉, 호는 구암久菴이다. 정선군수 한승원韓承元의 증손으로, 조부는 문천군수 한여필韓汝弼이고, 부친은 판관 한효윤韓孝胤이며, 모친은 예빈시 정 신건申健의 따님이다. 민순閔純의 문인이다. 생원시에 합격한 뒤 관직에 종사했으며, 정여립鄭汝立의 모반사건 때 자살한 정여립의 시신을 거두어 염殮했던 사실이 발각되고, 정여립의 생질인 이진길李震吉과 친분이 두터웠다는 이유로 장형杖刑을 받고 귀양 가기도 했지만, 임진왜란壬辰倭亂 때 내린 사면령으로 석방된 이후 다시 관직에 들어가 청주목사·호조참의 등에 기용되었다. 역학易學에 뛰어나 『주역전의周易傳義』의 교정을 보았다. 『동국지리지東國地理志』를 저술했고, 『기전고箕田考』의 〈기자도箕子圖〉·〈기전설箕田說〉 등의 저술을 남겼으며 저서로 『구암집久菴集』이 있다.

2 동해의 …… 않으셨지만 : 이 이야기는 『성호사설』 3권의 〈조석潮汐〉에 나온다. 여기에서 성호는 "구암久庵 한백겸韓百謙이 동해東海에 조석潮汐이 없는 것을 사람 몸의 혈맥을 가지고 비유하여 논했으니 이것은 잘못이다[韓久庵百謙論東海無潮汐, 以人身血脉爲比, 此非也.]."라고 하였다.

3 다방해 : 다방多方은 『서경書經』의 편명으로 여러 지방을 말한다. 무왕武王의 아들 성왕成王이 왕위에 오르자 엄奄과 회이淮夷가 반란을 일으켰는데, 「다방편多方篇」은 엄奄을 정벌征伐하고 돌아와서 지은 고체誥體의 글이다. 『성호사설』 18권의 〈다방해多方解〉에서 성호는 "한구암이 논한 정전井田과 조석潮汐, 성정性情 등에 관한 이야기들을 실험하여 추적해 보니 어긋나고 잘못된 점이 많으나, 「다방해多方解」 한 편만은 가장 이치에 가까운 듯하다[韓久庵論井田論潮汐論性情之類, 驗之實迹, 多所違失, 獨其多方解一篇, 最有理.]."라고 하였다.

4 기전설 : 『기전고箕田考』에 실려 있는 한백겸韓百謙의 글로, 기자箕子의 정전井田 제도制度가 실제 시행되었던 제도라는 것과 이를 우리나라에 적용하는 방법에 대해 논의한 것이다. 『성호사설』 12권의 〈기자전箕子田〉과 『성호전집』 56권의 〈서한구암기전도설書韓久庵箕田圖說〉에 나온다.

5 맹자 …… 주장 : 〈원모장怨慕章〉은 『맹자孟子』 「만장상편萬章上篇」의 제1장

을 말하는데, 그 첫머리에 "만장이 묻기를, '순임금이 밭에 가서 하늘을 부르짖으며 우셨으니, 어찌하여 부르짖으며 우신 것입니까?' 하자, 맹자가 말하기를, '원망하고 사모한 것이다.' 하였다[萬章問曰 ; 舜往于田, 號泣于旻天, 何爲其號泣也. 孟子曰 ; 怨慕也.]."는 내용이 나온다. 이 이야기는 『성호전집』 17권의 〈답홍서일 무진答洪敍一 戊辰〉에 나온다.

原文 175 記言論禮記, 先生多考正其錯誤處, 手自註, 明見冊頭.

『기언記言』[1]에서 『예기禮記』에 대해 논의한 것 가운데 『기언』의 잘못된 곳을 선생께서 대부분 바로 잡으셔서 손수 주석註釋을 하셨으니, 책의 두주頭註[2]에서 분명히 볼 수 있다.

주석

1 기언 : 허목許穆의 글을 엮어 간행한 시문집이다. 93권 25책으로, 흔히 『미수기언眉叟記言』으로 불린다. 허목이 직접 편찬한 책인데, 숙종의 명에 의하여 간행되었다. 문집의 이름을 '기언記言'이라고 한 것은 언행이 군자의 관건이며 영욕의 갈림길이므로, 이것이 두려워 날마다 반성하기 위해 말로 기록했기 때문이라고 하였다. 허목의 서문이 있고, 권말에는 5대손 허뇌許磊의 발문이 있다.

2 두주頭註 : 책의 본문 위에 써 놓은 주해註解나 주석註釋으로, 윗주註 또는 오두鼇頭라고도 한다.

原文 176 蔡台 [希菴] 言欲選詩, 名爲玉樓集, 而未果云.

(선생께서) 채재상蔡宰相[1]이 [희암希菴을 말한다] 시詩를 가려 뽑아 옥루집玉樓集이라고 하려 했는데, 실행하지 못했다고 한다(고 하셨다).

주석

1 채재상 : 채팽윤蔡彭胤(1669~1731). 본관은 평강平康, 자는 중기仲耆, 호는 희암希菴·은와恩窩이다. 채충연蔡忠衍의 증손으로, 조부는 채진후蔡振後이고, 부친은 현감 채시상蔡時祥이며, 모친은 권홍익權興益의 따님이다. 증광문과에 급제하여 검열을 지낸 뒤, 그 해 사가독서賜暇讀書 했다. 시명詩名이 높았으며, 정언으로 홍문록弘文錄에 올랐으나, 율곡栗谷·우계牛溪의 문묘출향文廟黜享을 주장한 이현령李玄齡의 상소에 참여했다 하여 삭제되었다. 병조참판·동지의금부사·부제학을 역임했다. 어려서부터 신동이라 불렸고, 특히 시문과 글씨에 뛰어났다. 해남의 두륜산頭輪山 〈대화사중창비大花寺重創碑〉와 〈대흥사사적비大興寺事蹟碑〉를 지었다. 저서로 『희암집希菴集』이 있고, 『소대풍요昭代風謠』를 편집했다. 성호의 아들 이맹휴의 장인이다.

原文 177 先生嘗曰 ; 恨家貧無財耳. 使有財力, 可以買得佳山水, 好境界, 居之矣.

선생께서 이전에 말씀하시기를 "집안이 가난하여 재물이 없는 것이 한스러울 뿐이다. 만약 재력財力이 있었다면 산수山水와 경계境界가 좋은 곳을 사서 (그곳에서) 살았을 것이다."라고 하셨다.

原文 178 玉洞筆訣太極兩儀乾坤點方圓畵, 先生曰 ; 吾未之逮.

『옥동필결玉洞筆訣』[1]과 태극양의太極兩儀,[2] 건곤점방원화乾坤點方圓畵[3]에 대해 선생께서 말씀하시기를 "나의 (지식知識과 식견識見이) 미칠 수 없는 것이다."라고 하셨다.

주석

1 옥동필결 : 성호의 셋째 형 옥동玉洞 이서李溆가 쓴 서예書藝 이론서理論書를 말한다. 『주역周易』의 음양陰陽 · 오행五行 · 삼정三停 · 사상四象을 바탕으로 서도書道를 풀이한 책으로, 우리나라 최초의 서예書藝 이론서理論書이면서 동국진체東國眞體라고 하는 우리나라 서법書法의 이론을 논의한 서예 이론서이다.

2 태극양의 : 구체적으로 무엇을 말하는지 분명하지 않으나 일반적으로 '태극양의太極兩儀'는 『주역周易』에 근거하여 천지天地와 도道의 근본을 태극太極으로 보고, 이 태극太極에서 천지天地 · 건곤乾坤 · 음양陰陽 등이 나타남을 풀이하고 설명한 이론이나 서적, 그림 등을 말한다.

3 건곤점방원화 : 무엇을 의미하는 것인지 정확하지 않으나, 내용으로 보아 세계지도世界地圖나 천문도天文圖 · 천체도天體圖를 의미하는 것으로 보이지만, 구체적으로 지칭하는 것이 무엇인지 확인하기 어렵다.

原文 179 先生曰 ; 䙛字初見於三才圖會云, 此字五禮儀已有之, 恐偶失照檢耳.

선생께서 말씀하시기를 "보䙛 자字가 『삼재도회三才圖會』[1]에서 처음 나왔다고 하지만, 이 글자는 『오례의五禮儀』[2]에 이미 있으니, 아마 우연히 찾아내지 못한 것[3]일 뿐이다."라고 하셨다.

주석

1 삼재도회 : 명明나라 가정嘉靖·만력萬曆 연간에 왕기王圻를 이어 왕사의王思義가 편찬한 책을 말한다. 일종의 백과사전으로, 저자의 자서自序를 보면 최초에는 왕기가 저술했는데, 후에 그의 아들 왕사의가 속집續集을 편찬한 것으로 보인다. 여러 책의 도감을 모아 문자설명을 덧붙였으므로 그림·문자가 모두 강조된 유서類書라고 할 수 있다. 모두 106권이며, 14부문으로 나누어져 있다.

2 오례의 : 『국조오례의國朝五禮儀』의 준말이다. 『국조오례의』는 국가의 기본 예식禮式인 길례吉禮(제사祭祀 등)·가례嘉禮(조하朝賀·혼인 등)·빈례賓禮(외국 사신에 대한 연향宴享 등)·군례軍禮(대열大閱·강무講武 등)·흉례(凶禮(상장喪葬 등)에 대해 규정한 예전禮典이다. 세종世宗 대에 편찬을 시작하여 성종成宗 대에 와서 신숙주申叔舟, 정척鄭陟 등에 의해 완성되었다.

3 우연히 찾아내지 못한 것 : 원문의 '조검照檢'은 문서나 장부 등에 비추어 검사하는 것을 말한다.

原文 180

先生曰 ; 道袍唐巾, 可用於送終. 三加省爲一加儀. [詳見文集]

선생께서 말씀하시기를 "도포道袍[1]와 당건唐巾[2]은 돌아가신 분을 장사葬事 지낼 때 사용할 수 있다. 삼가례三加禮[3]를 줄여서 한 번만 입히고 씌우는 것으로 가례家禮를 만들었다."[4]라고 하셨다. [문집文集에 자세히 나온다]

주석

1 도포 : 조선시대 선비들이 평상복으로 입던 겉옷으로, 소매가 넓고 등 뒤에는 딴 폭을 대어 만든 옷을 말한다. 색은 주로 백색이나 옥색玉色이고, 저마苧麻나 면綿으로 만들었다. 깃·섶·고름은 두루마기와 같으나 매우 넓으며, 소

매는 넓은 두리 소매로 품도 넓고 길이도 발목까지 왔다. 뒷자락은 두 겹으로 중심이 터졌으며 그 위에 전삼展衫을 붙여 터진 곳을 가렸다. 『성호사설』 5권의 〈도포道袍〉, 14권의 〈제기제복祭器祭服〉, 『성호전집』 12권의 〈답정여일가례질서문목 임자答鄭汝逸家禮疾書問目 壬子〉, 24권의 〈답안백순 정복 문목 정묘答安百順 鼎福 問目 丁卯〉, 32권의 〈답인별지 신해答人別紙 辛亥〉, 32권의 〈답인 을묘答人 乙卯〉, 36권의 〈답병휴문목 정묘答秉休問目 丁卯〉, 48권의 〈산절관의刪節冠儀〉 등에 나온다.

2 당건 : 옛날 중국에서 쓰던 관의 하나로, 당唐나라의 제왕들이 쓴 두건에서 유래하여 후대에 선비들이 많이 쓰고 다녔다고 한다. 오사모烏紗帽·오건烏巾· 검은 두건·오사烏紗라고도 하는데, 은거하여 벼슬하지 않는 사람이 이 두건을 많이 썼다. 『성호전집』 12권의 〈답정여일가례질서문목 임자答鄭汝逸家禮疾書問目 壬子〉, 14권의 〈답홍덕해答洪德海〉, 37권의 〈답병휴문목 무진答秉休問目 戊辰〉, 44권의 〈복건고幅巾攷〉 등에 나온다.

3 삼가례 : 관례冠禮에서 세 차례에 걸쳐 옷과 관冠을 갈아입히고 씌우던 의식을 말한다. 첫 번째의 개관복改冠服 의식을 초가례初加禮, 두 번째 의식을 재가례再加禮, 세 번째 의식을 삼가례三加禮라고 한다. 『성호사설星湖僿說』 6권의 〈난삼襴衫〉, 『성호전집』 15권의 〈답강자순 박答姜子淳 樸〉, 24권의 〈답안백순 정복 문목 정묘答安百順 鼎福 問目 丁卯〉, 48권의 〈산절관의刪節冠儀〉 등에 나온다.

4 삼가례를 …… 만들었다 : 성호가 관례冠禮에서 세 차례에 걸쳐 옷과 관冠을 갈아입히고 씌우던 의식을 한 번으로 줄이는 것을 자기 집안의 예법禮法으로 삼았다는 말이다. 『성호사설』 6권의 〈난삼襴衫〉과 『성호전집』 15권의 〈답강자순 박答姜子淳 樸〉, 24권의 〈답안백순 정복 문목 정묘答安百順 鼎福 問目 丁卯〉, 48권의 〈산절관의刪節冠儀〉 등에 나온다.

原文 181 先生曰 ; 襴衫軟巾, 非禮服, 其大帶尤異常.

선생께서 말씀하시기를 "난삼襴衫[1]과 연건軟巾[2]은 예복禮服이 아닌데, 대대大帶[3]는 더욱 이상하다."고 하셨다.

주석

1 난삼 : 상의上衣와 하상下裳이 이어져 있으며, 소매가 없는 옷으로, 우리나라에서는 조선 초기부터 입었던 것으로 추정된다. 삼衫의 아랫부분에 가로로 난襴을 잇대어 상裳의 모양을 만든 옷이다. 심의深衣와 비슷하며, 길복吉服으로 많이 사용했는데, 북주北周 때부터 입기 시작했으며, 사인士人들이 주로 입었고 명·청明淸대까지 유행했다. 난삼襴衫은 사마시司馬試에 합격한 사람들이 백패白牌를 받을 때에 입던 예복으로 쓰였다. 『성호사설』 6권의 〈난삼襴衫〉, 15권의 〈진사난삼進士襴衫〉 등에 나온다.

2 연건 : 소과小科에 합격한 사람들이 백패白牌를 받을 때에 쓰던 건巾이나 관례冠禮의 삼가三加에서 복두幞頭 대신 관례冠禮를 치르는 사람에게 씌우는 관을 말한다. 『성호전집』 44권의 〈복건고幅巾攷〉 등에 나온다.

3 대대 : 남자의 심의深衣와 여자의 원삼圓衫에 두르는 넓은 띠나 제복祭服에 매는 무늬 없는 비단으로 만든 띠, 또는 고려 말부터 조선 시대까지 왕과 문무 관원·왕비의 예복에 띠던 큰 띠로, 허리 부분과 아래로 늘어뜨리는 부분과 매는 끈으로 구성되어 있는 띠를 말하는데, 여기서는 남자의 심의에 두르는 넓은 띠를 말하는 것으로 보인다. 『성호사설』 12권의 〈대帶〉와 『성호전집』 36권의 〈답병휴문목 무진答秉休問目 戊辰〉, 38권의 〈의례경전상복지의儀禮經傳喪服志疑〉 등에 나온다.

原文 182 先生令兒輩削竹塗紙爲尾扇狀, 着油揮蠅, 名曰洞中扇.

선생께서는 아이들에게 대나무를 잘라 종이를 바르고 미선尾扇[1] 모양으로 만들게 하시고, 기름을 발라 파리를 쫓으시면서 '동중선洞中扇'이라고 하셨다.

주석

1 미선 : 원문의 '미선尾扇'은 한국식 한자어로, 부채의 한 종류를 말한다. 대를 가늘게 쪼개어 살로 하고, 이 살을 둥글게 펴서 실로 엮은 뒤 종이를 바른 부채를 말하거나 궁중의 잔치에서 노래하거나 춤을 출 때 쓰는 공연 소품의 하나로 자루가 긴 부채를 말한다. 대체로 미선은 대의 한쪽 끝을 가늘게 쪼개어 둥글게 펴고 실로 엮은 뒤, 종이로 앞뒤를 발라 만든 둥그스름한 모양의 부채인데, 두꺼운 종이로 배접하고 그 위에 생초[生紗]를 덧대거나 생비단[生綃]을 발라 만든 뒤 양면에 공작孔雀의 꼬리를 그린다.

原文 183

先生中年以後, 聚落髮爲一大枕曰 ; 他日可隨入棺內也.

선생께서는 중년 이후에 빠진 머리털을 모아서 큰 베개 하나를 만드시고 말씀하시기를 "나중에 관棺 안에 함께 넣을 수 있겠다."라고 하셨다.

原文 184

先生曰 ; 深衣失古制, 幅巾內不着緇冠, 則如退溪言似僧巾. 毛扇非制. 嘗曰 ; 觚不觚, 觚哉觚哉. 甚歎之辭也.

선생께서 말씀하시기를 "심의深衣[1]는 옛 제도制度와 어긋나니 복건幅巾[2] 안에는 치관緇冠[3]을 쓰지 않으면 마치 퇴계선생退溪先生께서 말씀하신 승건僧巾[4]과 비슷한 것이다.[5] 모선毛扇[6]은 제도에 맞지 않다." 라고 하셨다. 이전에 말씀하시기를 "'모난 그릇에 모가 없으면 모난 그릇이겠는가. 모난 그릇이겠는가.'[7]라고 하였는데, (제도에 어긋난 모습을) 몹시 한탄한 말이다."라고 하셨다.

주석

1 심의 : 유자儒者들이 입던 겉옷으로, 백세포白細布로 만들며 깃・소맷부리 등 옷의 가장자리에 검은 비단으로 선襈을 두른다. 포袍와 달리 의衣와 상裳이 따로 재단되어 연결되며, 12폭의 상裳이 몸을 휩싸게 되어 있어 심원한 느낌을 주기 때문에 심의라 부른다고도 한다. 복건幅巾・대대大帶・흑리黑履와 함께 착용한다. 고려시대에 이미 심의를 착용했으며, 고려말 주자학의 전래 이후 주로 유학을 숭상하는 학자들이 입었다. 그 뒤 조선시대 전반을 통해 유학자에게 널리 숭상되었고, 관혼상제의 사례四禮를 행하는 예복으로도 사용되었다. 후대 철릭[天翼, 貼裏]・난삼襴衫・학창의鶴氅衣 등에 영향을 주었다. 『성호사설』 5권의 〈도포道袍〉・〈지척指尺〉, 6권의 〈사십승포四十升布〉・〈난삼襴衫〉, 12권의 〈대帶〉, 13권의 〈하상망혼下殤亡魂〉, 14권의 〈제기제복祭器祭服〉 등에 나온다.

2 복건 : 검은 천으로 만든 관모를 말하는데, 만들 때 온폭[全幅]의 천을 사용하기 때문에 복건幅巾이라고 하며, 복건幞巾이라고도 한다. 흑색 증繒(여름에는 사紗) 6자를 귀 모양으로 만드는데, 드림을 뒤로 하여 머리에 쓰고 윗 단으로 이마를 묶은 후 끈을 두 개 달아 머리 뒤쪽에서 잡아매는데, 우리나라에서는 주자학의 전래 이후 유학자들이 심의와 함께 유가儒家의 법복으로 숭상하여 착용하게 되었다. 또 관례冠禮에서 초가初加 때 심의深衣와 함께 사용되었고, 관례 뒤 흑립을 쓰기 전까지 초립草笠의 받침으로 사용하기도 했다. 뒤에는 남자아이의 돌에 쓰개로 쓰게 하여, 관례를 치르기 전까지 예모禮帽로 착용했다. 『성호사설』 4권의 〈복건幅巾〉, 14권의 〈제기제복祭器祭服〉, 『성호전집』 44권의 〈복건고幅巾攷〉 등에 나온다.

3 치관 : 치포관緇布冠의 줄임말로, 검은색 베로 만들어 유생이 평상시에 쓰는 관인데, 상투를 쌀 수 있을 정도의 작은 크기로 만든다. 동자복童子服을 벗고 관례복冠禮服으로 갈아입으면서 동자 때 쓰지 못하던 치포관을 처음 쓴다. 고대에는 항상 포布로 만든 관冠을 쓰고, 제사가 있어 재계齋戒할 때에는 검은색으로 물들여 썼는데, 치포관은 거기에서 비롯된 것이라고 한다. 『성호사설』 6권의 〈발개髮髻〉, 10권의 〈진사건복進士巾服〉, 『성호전집』 44권의 〈복

건고幅巾攷〉 등에 나온다.

4 승건 : 스님이 쓰는 두건頭巾을 말한다.

5 퇴계선생께서 …… 것이다 : 『퇴계선생언행록退溪先生言行錄』 3권, 「유편類編」, 〈음식의복지절飮食衣服之節〉에 "김취려金就礪가 복건幅巾과 심의深衣를 만들어 보내오자 선생께서 말씀하시기를 '복건幅巾이 마치 승건僧巾과 같아서 제도가 잘못되었다는 말이다. 쓰기에 마땅하지 않다.'라고 하셨다[金就礪, 造幅巾深衣以送, 先生曰 ; 幅巾似僧巾, 言失其制 著之似未穩.]."는 내용이 나온다.

6 모선 : 글자 그대로 본다면 새의 깃털로 만든 부채 또는 털부채를 말한다고 할 수 있지만, 모선毛扇은 부채가 아닌 기물의 명칭으로, 얼굴 가리개와 방한용으로 사용한 물건이다. 두 막대기를 누런 담비털로 싸서 대나무 마디 모양을 만들며, 두 막대기 사이를 검은 비단 한 폭으로 잇는데, 간혹 손 방한과 얼굴 보호를 위해 수달피로 막대기를 싸기도 한다. 주로 벼슬아치가 추운 날에 얼굴을 가리던 방한구防寒具로 사용되었으며, 네모반듯하게 겹친 비단 양편에 털이 있는 가죽으로 싼 긴 자루가 달려 있다. 피선皮扇・난선暖扇・초선貂扇이라고도 한다.

7 모난 그릇에 …… 모난 그릇이겠는가 : 『논어論語』 「옹야편雍也篇」에 "공자님께서 말씀하시기를 '모난 술그릇이 모가 나지 않으면 모난 술그릇이라고 할 수 있겠는가, 모난 술그릇이라고 할 수 있겠는가.'라고 하셨다[子曰 ; 觚不觚, 觚哉觚哉.]."라는 구절이 나온다.

原文 185

東方人重外家, 古俗必贅居故然也. 今尙曰 ; 某處書房以此云. 中表昏, 古人許之, [呂原明 黃軨] 東俗不爲之最美風.

우리나라 사람들은 외가外家를 중시하니 옛날 풍속에 반드시 처가妻家에 더부살이를 했기[1] 때문에 그런 것이다. 지금 와서도 여전히 어느 곳의 서방書房[2]이 이러이러하다는 등의 말을 한다. 내외종內外從 사촌 간[3]의 혼인을 옛날 사람들은 인정하였지만, [여원명呂原明[4]과

황로黃輅[5]의 경우를 말한다] 우리나라의 풍속에서는 가장 좋은 풍속으로 여기지 않는다.[6]

주석

1 처가에 더부살이를 했기 : 원문의 '췌거贅居'는 결혼한 남자가 처가에 들어가서 붙어사는 것으로, 처가살이를 말한다. 췌거의 췌贅자는 쓸모없는 또는 군더더기를 말하는 것으로, 췌담贅談은 군말, 췌론贅論은 쓸데없는 군더더기 이론, 췌서贅壻는 데릴사위를 의미한다.

2 서방 : 원문의 '서방書房'은 한국식 한자어로 남편을 낮추어 부르는 말인데, 관직이 없는 사람의 성姓 뒤에 붙여서 그 사람을 부르는 말로 사용하거나 성姓 뒤에 붙여, 사위나 매제妹弟, 손아래 동서同婿 등을 가리키거나 부르는 말로도 사용했다. 여기서는 대표 의미인 남편을 낮추어 부르는 말로 풀이하였다.

3 내외종 사촌 간 : 원문의 '중표中表'는 내외종內外從 사촌 형제를 말한다. 즉 외종・고종・이종사촌을 말하는데, 아버지의 자매 및 어머니의 형제자매 쪽 척족戚族(성은 다르지만 혈연관계가 있는 사람)을 가리키는 중표친中表親에서 나온 말이다. 줄여서 표형제자매表兄弟姉妹라고도 하며, 중국에서는 외外형제자매라고도 한다. 『성호사설』 10권에 〈중표혼中表婚〉이 나온다.

4 여원명 : 여희철呂希哲(1039~1116). 북송北宋의 수주壽州 사람으로 송宋나라 철종哲宗 때의 학자이자 명신名臣이다. 자가 원명原明, 봉호封號는 형공滎公이며, 여공저呂公著의 아들이다. 어려서 초천지焦千之, 석개石介, 호원胡瑗에게 수학하고, 후에 다시 정호程顥, 정이程頤, 장재張載에게 수학했다. 사람됨이 대범하고 신중하여 궁행실천躬行實踐을 힘썼고, 정심正心과 성의誠意로 임금을 보필하여 만년晩年에 더욱 명성을 날렸다. 저서로 『여씨잡기呂氏雜記』가 있다. 이 글에서 여원명을 예로 든 것은 그의 아버지 여공저와 그의 장인 장온지張昷之가 모두 노종도魯宗道의 사위여서 그와 그의 부인 장씨張氏가 이성異姓 사촌 간이었기 때문이다.

5 황로 : 주자朱子의 사위인 면재勉齋 황간黃榦의 아들로 주자의 외손자인데 주자가 황로黃輅를 자신의 친손녀사위로 삼았다.

6 우리나라의 …… 않는다 : 『성호사설』 15권의 〈동국미속東國美俗』에 이 이야기에 관한 내용이 나온다.

原文 186 先生不信夢兆. 胤子大科時, 人或言有壯夢, 先生獨不信.

선생께서는 꿈에 나타난 길흉吉凶의 징조를 믿지 않으셨다. 아드님이 대과大科를 치를 때 좋은 꿈을 꾸었다고 말하는 사람이 있기도 했었지만, 선생만은 믿지 않으셨다.

原文 187 僿說不示人, 嘗曰 ; 君則取見, 他人不可也. 他人或有得見, 先生甚未便.

『성호사설星湖僿說』을 남들에게 보여주지 않으셨는데, 이전에 말씀하시기를 "자네는 볼 수 있지만, 다른 사람은 안 된다."고 하셨다. 혹시라도 다른 사람이 보면 선생께서는 매우 불편해 하셨다.

가

나

다

마

바

사

성호선생 언행록

– 영인본 –

– 뒷표지(안쪽) –

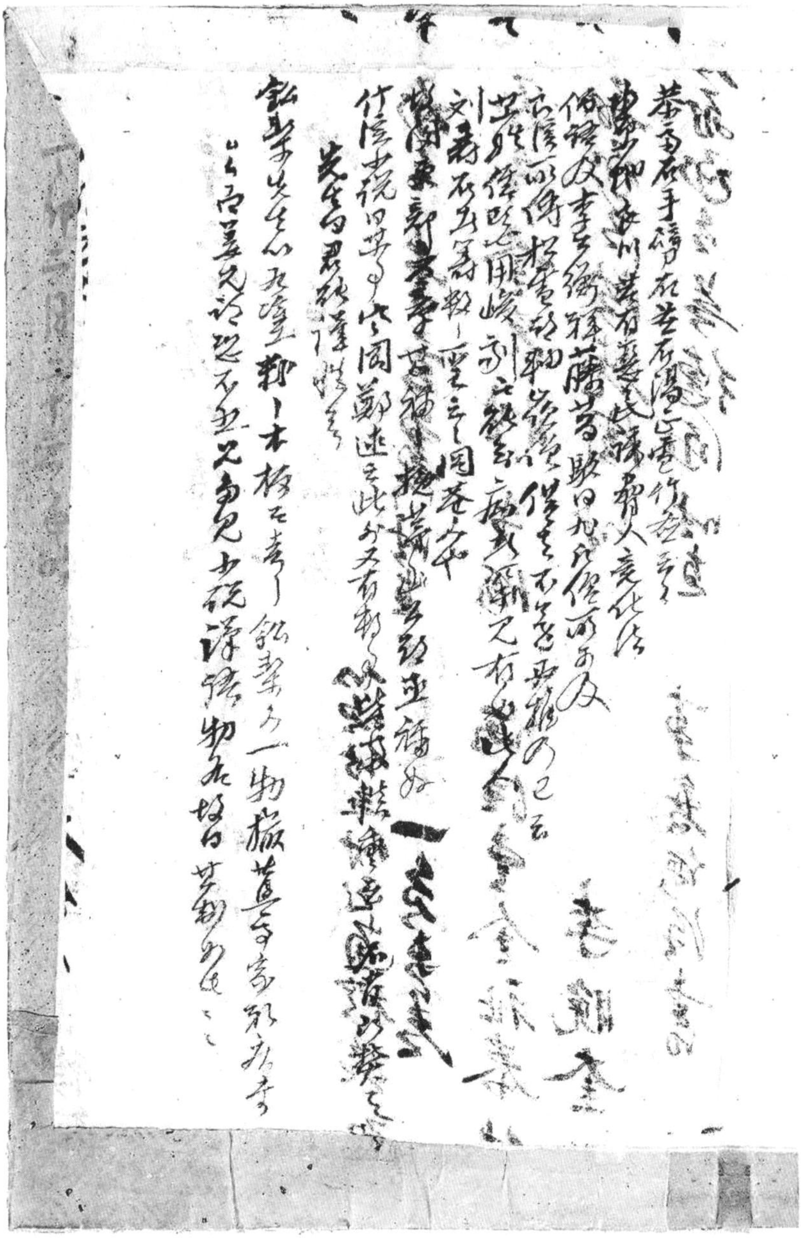

星湖先生言行錄

後學 柳慶種 錄

後學 李命九 校

先生眼彩炯炯照人語音洪暢言語時諧笑或相雜焉每於嚴肅中有和悅之氣焉黃丈季昇(都事黃公昺字也)嘗言先生聲音極和暢姜兄光之(豹菴字也)言先生像恰肖朱子畫像其英氣傍襲神宇清明頭骨耳根好而長望之儼然睦丈午溪(睦進士達敬先生妣氏之孫)言從祖鼻嶽重且厚壽限似長

先生對人講論言語袞袞不休不覺其多而眞有味

末年亦歷歷記少時事曰雖欲忘之何可得也

先生晩年語及同氣閒及仲氏公事必爲之含淚末年聞李姊氏訃慟甚人有慰之者必受弔原州先墓火山火及之哭臨受人弔爲草帶此加麻也

先生於年長二十年以上必致敬謹私室言語亦加恭禮其人有德行世誼尤遜謹焉城主或訪見其明日必船造謝之客訪亦卽謝之

嘗爲子迎婦所入極省只用綿布染色爲幣衣服用家中所織曰未知世人何爲而有許多費財也又嫁女而笑曰雖欲極省終有所費財處未知古人賣一

夫行禮者何能如此無貴乎教女子甚嚴至十歲後亦然云

嘗曰貧家當喪服輕者安得人人製服只用布巾帶亦可但布帶不可半破幅而爲且不可太短必要雙垂中腰容紐結之可也

又曰貧家入棺之具莫善於白紙之潔精且近家之葬不必充滿也結棺之索用藁可也紼索亦然不必乞人麻索也葬棺之法尹孤山家只用白棺洪芝溪家法松脂塗棺亦佳又孤山家葬不擇日只用曆書安葬日葬之又嘗曰吾堂叔父太湖公解地理卜妻

葬于交河月籠山尹判書絺過而見之以爲旺氣太盛傳者誤傳去日邊(去日邊王字也)則播于世耳公大驚即奔往即時掘移權厝他阜倉黃不備儀而卒無事風水之不足取信有如此

嘗曰山之來去吾所未知此風水家言也未知其(指清潭公)何以知而言之乎(擇里志所言)

不肖少嘗聞先生奉慈夫人居宗家及慈夫人下世三年喪畢盡以家貲付之宗姪而移居焉雖毁勵瑣細無一隨身者(昪省四阜雛亦然)

又嘗聞宗姪少得病甚重至浹歲先生躬爲救護煎

藥調飲或為之徹夜整衣帶端坐不寐而忘其勞也

先生仲氏玉洞主簿公書畫謙讓不居

先生嘗燕居星湖庄有一雉飛入窓內益為獵者所逐竄也先生隱傷之覆以笆待其人来索以五十文買而放之

先生嘗寓居茅山村時値荒春貸主家二甕醬按成團片如紅花狀貼壁乾之以一鉢水和醬與蠻椒碎片服之以代飾食亦讀書不輟里婦傳之為歎茅山第卽

甥姪女睦氏夫人空舍

先生家雖貧於奉先接賓皆盡心焉先世輪行之祀

星湖先生 一言行 三

備送祭物于京中油柴之屬亦無遺漏接賓亦隨力而嘗值荒年屢空遠賓至而不能設午餅每言之以爲歎自奉極簡夏日麥餅烹葱而甘之若珍味嘗曰人以飮食爲第一事可笑之說也

先生學貫天人行盡倫常其餘文章之高友義之篤經世之務後人必賴之翼經之見前儒所未發淑人之效賙恤之惠及於九族洽于鄕黨仰不愧天俯不怍人此雖而在下而達施亦及于世者也此古人所謂道義之樂而貧賤非所論也

先生嘗謂不肖曰君伯父言韓士得（韓公德師字乙卯生）暗誦

文獻通考數其行墨云矣吾未曾見韓面其後逢于洛下問之答曰暗誦則安可能傳者過耳益謙辭也而大抵博學行義之士也韓公之從弟德麟孝子也與先生同辛酉少時友也早逝先生每言之

先生於朋友之際不以患難而替舊誼其於一家之親毋論遠近皆敦篤其於及門之人雖有親疎賢愚之別各盡其情

先生婦翁申公必清爲順興倅及其赴任也先生與之俱訪陶山退溪有因地興想之契又觀清涼山諸勝與琴氏諸儒講學晚年每欲重游嶺外而未果焉

亦有擧家移居之意而勢不從矣不肖問申公訪松谷醉後相詰有恠駭事傳于世此何故也先生曰彼此老少固別與之論詩主客俱醉李公先失言申公又語侵之李公勃然怒申公遂語及其先世終必駭擧至於捽髮跨其胷上此又仰面辱之此兩俱失也未幾二公俱下世此其徵兆之先見者也可歎也已

先生曰世無不可教之人教而豈有不成人之理雖極鈍者十回教授期於必熟不厭勞苦至難解蒙者竟至識字嘗侍坐語以尚書初卷日中星鳥方位乎外之說不肖蒙昧不能領曉又嘗承聞易卦噬嗑之

說時適設餠敎以人於醬餠危時鼻涕自出嗟噫卦有此義云云不肖素昧易義全未解聽後每悔之已無逮矣

先生嘗言科文之弊汩喪良心有才自棄虛拋一生都在於此尙閥之弊只東國有是嘗以輿地勝覽考之今之顯仕者只十餘姓世貴世居城內而已鄕曲無取也中土又無是法矣人才豈有遠近之別又豈有榮枯之殊乎今之二南幾與西北無異西北亦何可擯不用焉

先生嘗及種柿接培成實事曰君輩何不爲吾略種

之不幾年見效收實頗多奉祭接賓不患不足

先生曰李東州嘗言吾除詩文只以讀史隨筆一部可以傳後矣（隨筆先生亦未之見云）

先生與楊根崔希奉道鳴氏生平不相識面而交誼甚厚書札往復頗數嘗借見其所貯周易折中（康熙時所輯李光地等所解）亟稱之其後亦以多所未盡如來之德易先生謂未嘗見只聞人所傳說者數條語而已

先生於李公栻昔年有往復書論堂室之說而未竟然重其人每稱李公行實又為文字稱李高城先生

又嘗曰毋論心學性學其必有所自見得者矣豈凡

人悠悠者所及乎

先生嘗於冬月謂門人曰吾今歲有過冬之粮有菁葅有醬有燈油有奴爲樵柴亦可以溫埃與君輩講學則吾事不旣濟矣乎

先生曰大豆之軟柔者有別種可以作飦不難於咀嚼又大豆爲粥甚好又大豆爲戰國醬者味好又大豆黃卷爲菜爲葅俱好爲三豆會三豆歠又曰吾家惟種大豆于田故能食醬洞內族人家皆貧甚無有合醬者矣且曰俗謂水荏者古之靑蘇也水浸灑曝日久之後笮油無臭其淸美毋讓芝麻之油可以調

和飮食也遺響所謂白鹿青蘇卽是物也

先生曰少時松谷曰尊先公嘗語余曰吾於遺響與義已盡知矣爾須學於我其時笑而不學至今有遺悔也松谷仍言遺響數句之旨吾亦恨不畢聞之也唐音絶句亦然而今所記者僅十數條耳又從子抱川進士嘗言遺響之義無難解矣問汝何以知之曰見溫飛卿李長吉二集註曉然矣君家曾有此二書姪子所借見亦此書也君見之可得之也時吾家書借人闕失不復得見

先生嘗言東人無解文章徑路者如某某家不足言

如溪谷稍勝耳又曰眉翁文最古如東洲撰李延原
碑言公於昏朝杜門惟時時奉朝請而已世稱文章
云不肖奉質曰近時如朴西溪文最有力且南藥泉
文明愷可謂經世之文矣先生曰朴公文果善其後
又要借鄙家南相集閱而還之曰君言然矣
先生曰聰敏者未必勝於鈍滯鈍而大讀者其成就
可觀殆勝於聰敏而不讀者矣近世以鈍根而大讀
成文者三家如孤山眉叟朴西溪皆非凡人可及云
云以此見之孤山亦果鈍才耶如金柏谷不在計數
中

延勅時南大門設畵障巨幅一日尹恭齋着道袍往觀焉先生問何爲尹公曰觀畵也問何人畵尹公曰此安堅畵龍也可觀故往觀之耳

先生曰人死固可悲然旣死矣命也柰何最可憐者不生不死飢餓將絶之時也此時生者尤可哀於死者矣

先生哭壯子旣病數年救療之百方勞心悴力其得延數年之久者亦至誠得其道之力也旣卒一慟之後卽斷置不復過悲傷也蓋已知其不可爲也久矣而亦平昔定力也船自治喪從容詳盡人不見其有

異於常時也其後或語及亡胤輒仰視含淚或哽塞竊歎其處之得其中也

先生少時聰明絕人於詩學文詞亦頗着力故髦老罕所誦念者嘗誦起李白全篇偶失一句曰老矣不能記其常誦全集而不忘可知也

先生偶見不肖案上置詩人玉屑笑曰此甚劣之書也又見架上弇州全集曰君叔父言少日嘗歷覽至三遍云矣 於弇州似甚許之

先生曰近來新書甚多而人多不觀蓄之何補余以為事文類聚古之好書也勸孫兒觀此書毋為求見

新出書許也

先生少睡一夜只眠一覺又晝無睡七十後始有午睡亦即時覺矣

先生曰人之貧者無變爲富人之術矣只安分節用免於餓死足矣人於親喪用債物治喪纔成服索債者登門無策可償豈非貽辱之甚乎

先生曰教兒每朝書所讀經書大文數章于粉紙內舍壁上掛一片外舍壁柱上又掛一片兒每早起使必仰瞻口念一遍既梳洗入內拜母又必仰瞻所掛口念一遍明日易新章日日如是以爲常久而能記

此要法也
先生家內子孫早起出外必拜入內必拜其還必拜經宿之地尤然室家或有拜辭于庭者年相敵者相過不揖必兩相拜嘗曰揖似不恭也
先生曰長幼之禮列於五倫而今俗都不講朋友之義淪喪久矣以是論之五倫中廢之者幾半矣父子之倫重大姑勿說行身處心若是其於君臣之義不爲懷利祿者幾何而夫婦之間不以袵席豢眷之私而以禮別者幾何吁其可嘅也又曰人有危言盟誓尚以負盟言爲恥下賤亦然況夫婦之間昏禮之書

星湖先生 言行 九

曰玆有先人之禮謹行納幣之儀其於交拜之席大
書之曰二姓之合万福之源其約誓之重何如也又
此父母所命也妻之所以移天於夫家者也此而可
背將無所不薄此而失信將無所不至矣其可忍乎
先生末年曰吾戒孫兒宜着藁鞋嶺南士人皆手結
草屨着之豈不好乎繩鞋麻鞋亦貴價難繼也又曰
祖墓在百里外而孫兒尚未省拜者只緣畜騎之甚
艱一番徒步往省年弱尚未果也
先生於草木物名多識解兼通其性味凡花卉亦然
三禮儀者近世朴相所撰也先生每稱其精核嘗著

姑在服及孫承重者於父亡於祖喪三年內不可之
說 詳文集

先生曰余貧者也故喪禮欲以薄爲道祭祀亦隨力
爲可繼之道可也人於婚喪不量力效人爲之遂事
賣土蕩盡無餘上不得奉其祀下不得保其身此豈
道理乎又言士人家奉四代先祀之過分最長房奉
主其室之非宜貧室無奉主之所褻辱者多矣 國
典六品官以上奉三代況無官之匹夫乎此說甚長
見行狀又見文集

先生曰士人之以文章才望有名稱於世極可畏況

處在京洛賓客過從言語脫口易招謗毁此不保身之道唯鄉居差勝交游言辭自簡少耳斷絕世念毋有希望庶幾免矣夫

先生曰家兒得病於冬月陞補塲屋蓋失時耐冷祟在是矣不能禁止此則吾之過也

先生曰人踐東西仕路謂之兩班先祖雖有官位而後孫無官者尚稱兩班可乎

先生居處衣冠衾席寒儉之狀實有他人所不可堪者而先生處之泰然雖以先生家計言之雖曰貧窶似不至如是之薄而先生則以是爲分内事家人亦

化之

先生曰飲食正味富貴豪侈之人皆不之知也知之者惟吾輩耳終日忍飢至暮而進粥其甘如飴此正味也仍言孟子飢渴害之之義

先生曰湖西農夫有一日食一斗穀者酒也飯三時又有傍點心者二時也酒必四五升而飰亦每一升有餘高覆盂上幾半出也如是而民安得不貧乎又曰婢僕之子四五歲者每見其腹脹膨欲坼彈之如出琴絃聲其能不死者亦異矣然病則深矣其遇凶年先死者此輩也漂海人見東人之飽食譏之云

先生曰菜食之久忘味已久未覺菜味之有異於肉味也又肉味亦一咀嚼入喉之間既過喉之後已成臭腐矣其有間乎

族人有以居鄉之肉饌為言者先生曰山僧亦蔬食堪之矣又有以久久獨處之難為言者先生笑曰閹宦尚耐過矣此亦一時雅謔

先生雖貧未嘗貸人債官糴只謹輸租稅先於人奴僕之外雖隣近下賤未敢以醜辱相加初嘗禁之末乃感化而成習自不為鬪閧之事

先生少時喜為山水游晚年每言之娓娓於己卯遊

楓嶽頗草草爲恨不肖乙卯夏賞金剛還先生問遊
山次第洞壑遠近歷歷若昨日事又言少賞天磨得病事
先生笑曰人若各享年六十各生一子一女而止人
人皆然則無不均之患而奈世無此理何哉又笑曰
人若節慾使各生子女而止他無浪費精力豈有痼
疾夭札之悲乎而奈人不知限節何哉
先生孫元陽暑月在憂服弱年棘人流汗伏苫先生
指而憫然曰聖人制禮豈至使如是乎
先生曰人於煙茶糜事妨工者極多而人不自覺也
不特費財損氣而已

先生於世間一切所傳鬼物靈恠之說皆不信

先生曰關王神異事古今多記之華人無不家奉香火我國亦有祠宇然吾以為此皆魔也非眞關王也關有靈豈僅始於宋徽宗時出為林靈素役使乎

先生曰蜂蜜與造清黑糖兩執而嘗之則蜂蜜差勝然各嚼之黑糖亦可食祭祀無用蜜之文黑糖精潔用之為好况貧家難得用者乎

又曰黑糖用處亦不過藥飡水團花煎赤豆粥等俗節所用也引楚辭粔籹蜜餌之文曰古者似有蜂蜜然楚巫之事也俗有조악吾以為造角角黍之遺也

嘗笑曰生與死二者置于前使人自擇則不容不曰欲生也然以吾論之生無可戀而死非所恸矣東諺曰雖轉於馬糞之上此生爲好此必有所樂生而然也

先生嘗侍坐茅山座有外客至即鄭公載岱也鄭公年老而行色極儉約入座見公與之曾相親呼爾汝鄭公爲南陽倅茅山公爲水原倅

先生言詩每稱松谷清白稱茅山公

先生言嘗侍茅山公時金公 鍰 在座公語金公曰身後汝當記吾行狀云云 又鄭公世寧承呵責事鄭公女壻也

先生言茅山公論喪人哭聲弔者哭聲趙公仲氏論其可否

先生曰爲文而不多看書冊未有能爲文者書冊不可不多覽家無書冊而爾可以爲文者不成說話也

先生曰唐音絶句與遺響難解處松谷多知之恨不能於少時多學得也不肖畧聞一二而今盡忘

村中一家自京新下鄕一日先生嘗其饌餘歎曰不久此祭將廢矣問其故曰祭需有蜜甚甘此難繼之道也

先生曰君年少聰明何不觀着實書每看不切文字如堯山堂記西湖志者類乎

先生曰人之才性有限有十斗之量有七八斗之量五四斗之量又或有一二斗之量比諸盛物之器焉先以雜物充入其內或過半或至其半然後欲加他緊要之物于其上則其入難矣雖或小入其些可知豈不可惜乎凡學者先觀雜書飫充然後更欲納眞正書籍于量溢之上可得入乎又曰看書稱十行俱下五行俱下者吾不信也豈有如此而能領會文意者乎

某在喪中先生勸讀禮書某曰不可解處多矣曰固然如陳氏註豈不可考古人居喪讀喪禮及此時着

工豈不好乎禮記中五六篇最可觀

先生曰文章不出六經吾見則如是見某公文曰儘好矣但用頃字此豈合用者乎

先生曰字彙者人之坐傍不可無之書也

先生曰古人所紀古人事揔非可信仍指架上史書曰吾則以為此中言語皆不足信也

先生曰如朱書節要退溪先生節而要之然以吾所見此亦太多選耳若更約則尤好

先生曰吾聞諸松谷退溪之文雖非先生道德惟以文章亦可以傳後久遠

先生言鴻書事云云嘗進松谷柚往二册公覽而悅之夜携入內寢燈下盡覽明日言曰此書龍洲宅稗史之類矣稗史者王圻所輯龍洲宅曾有此册公借看三十年乃還云（此書本是許筠物爲錦陽尉所得者而錦陽奉贈松谷松谷借閱自爲點節句讀云）

先生曰貧家蠟燭祭用難繼代以紙燈無妨

先生曰家計惟在節用而已君輩豈知此乎後必覺之矣

先生曰籌數開益人心智學者先學數可也如琴操欲令令胤學之而未果也

星湖先生言行

圭

先生少有酒德中年節之晚歲痛斷之

先生曰奇高峰繼體服之議退溪稱善以愧汗浹背然嫂叔全父子服之説未見其然詳見本集及僿説

先生曰愼懋晩湖行高之人也爲作傳又爲磻溪作傳又作鮮于遯菴傳

先生曰貫通五經文義而窮餓者未有如尹幼章者也邵南東奎 諱安百順順菴鼎福 諱經學尚踈史書則貫穿古今矣稱其所撰東史綱目曰海東信史此可傳後其正統立綱與之商確一從先生議論

先生稱古洒川尹公俫不俗之士尹公逝已久尹公

學川之考也

先生言窮理之學必稱從兄良溪先生又言良溪善醫又良溪論易多所見如生蓍之說如睽卦之說鑿鑿中窾又言良溪無知風雨陰晴良溪古簡臨終不傳于子而傳于余

先生曰李熹無論某事未嘗聞其文之不足也又曰此人朝家必有一用處矣又曰無問故事未嘗不應聲即對而間多杜撰

先生曰吾平生不爲不切要之事如煙草雜技之屬如地理相人卜筮星命佛經及西游水滸演義等書

一切痛禁而其中尤不可近者乾象兵書太乙六壬奇門之類士子何可一時遮眼乎切宜戒也如東方稗乘　國憲家猷前言往行可考閱者則未嘗不悅覽

先生曰吾從子用休能詩詩思頗深與爾可相知也

先生曰中原小說如說郛稗海豈不益人博覽而顧有緊重於是者何可枉費精力於此等乎

先生聞人遭艱登時必修吊狀見人閱札即時修覆未或淹稽曰後時之事未易成

先生曰古人之待後人有太薄處人有慰人父母喪

者已之在喪受人問者雖之文翰豈不能為此而吊人與答人皆設為定式令人輒謄錄行之似近不情各修情分厚薄自為之恐可也

先生治家或使種麥種豆種綿枲或種麻種油麻然水田之種稻者未嘗看檢付之幹奴而已未甚察之也幹奴亦忠順服喪禮且學籌數云

先生曰東人最無才惟長於七言律詩耳又曰高麗人騈儷皆善如高麗史有可觀常常考閱曰古人識作之未知何所見也

先生禁婦女粉粧行昏禮不用俗間雜儀奉祀隨家

力定爲一家式無或加減家間不殺鷄犬惟祭祀殺鷄聞親知情厚者之喪必哭臨或遣人弔問之迎孫婦之時不許用粧奩(俗稱首母)與俗行服飾

先生外室頹仆貧不能改遂移入內屋附室居處十年至狹窄也亦安之曰向使元無外室亦能堪之也溺罷盖柄墜穿孔指而笑曰此當修改而未能矣然賴此能通氣故免於脫盖時點滴沾汚之患此乃露氣之結於盖然

先生架上所揷書冊不甚多而皆貫穿精洽借人書籍必修補其弊損處而還之

先生曰吾貧無物人豈有向吾求乞者乎所求者只文字耳豈可并此慳吝乎以故有求之者不辭而輒應副之

先生曰吾死後欲戒孫兒勿招魂勿設祭何以言之人死而無所知則已苟有知豈肯守此半間屋而淹留乎魂氣飄飄必將廣覽海宇內外以快心膏若是則招魂何爲魂魄不欲返則祭之何益此雖一時雅謔而謹記之

先生言宗室南原君來訪言赴燕時事曰見遼東野以後始知世間有野字見醫巫閭山以後始覺世間

有山字又見燕京都會万人往來歸見吾東人物瑣
瑣似非人類其言極豪又言其見林本裕問答又權
儉再隨入燕言歷宿豐潤谷氏家卽應泰孫也夜深
後出示其家舊藏古衣冠以為子孫不知舊衣冠何
狀弊則必改造一襲貯之以為示後孫計又曰南原
有識人也嘗往來玉洞門下

先生每言堂叔父太湖公精識通才

先生曰吾先人赴燕購書籍至於小說皆取之而獨
無風水說一卷

先生教兒書毋論鈍敏諄諄善誨必有近效故宗族

長幼多有成就久而後知感德

先生嘗與客同行過水原地歸路轉一山坡客在前行見有一隊人持杖聚會益有人方葬於山回處此輩將禁逐之者而誤認客爲會葬者先下手摔下馬將毆之先生在後而躊躇且見客之受辱不可不前救適有一人在於作拏之中見先生至驚曰公何以此曰適過路也彼客亦與吾偶同過耳其人卽投杖拜遍言于衆曰此某地某公也遂無事客亦免此蓋非偶然

問百諺解似韓詩外傳先生曰是

八儉說矯俗之弊救世之惑誠百世可行之言

祭乳母文懇惻

續釋親如爾雅朱子亦有此

先生嘗枉臨鄙所見架上諸書喜曰每有移居他地之意而亦將爲君家書籍難捨去矣

先生嘗稱某公文氣呵成眞文章矣

先生嘗侍葬山公公使代書答人札曰此子拙於筆非乃家風矣又曰汝欲得吾書乎曰固所願矣公乃取各色紙多爲揮灑而贈之云

先生嘗言東方文集不足觀仍言嘗訪黃正叔戚言

東集之無可觀指其架上諸集曰彼皆可燒也見有漫浪集亦在其中吾曰漫浪集亦然乎黃友曰此則不然

先生所著句讀指南誠初學之寶鑑音韻高低清濁之說眞學者之要訣

先生曰退溪當稱曰李子嘗抄論禮文字爲一書

先生雖尋常小簡札文辭皆可傳無可以易稿者

心經附註非附註乃附經云云

先生曰春秋難看安知一字一言之褒鉞必如解者之言

綱目筆法與纂多未可曉如褚淵馮道李林甫皆書
卒
不肖問禮記胡獨無疾書先生曰云云
先生曰家語雖不純尚謂是聖人之言豈不可貴教
兒必家語
婢僕或有自中無禮者必訶禁之止之乃已
不肖問易曰不可知矣問書曰吾不能知也問儀禮
經傳通解及通解續曰吾一生看得尚多難曉處況
於君輩生眼乎
先生嘗得某公所著溫錄亟稱之曰好議論

先生於禮記註疏借見鄙家書積年不肖嘗請還還之與書曰君欲覽之耶或他人要借乎一朝離去有若嚴師畏友之去吾左右甚覺悵然不肖承教不久畏以還納

隣氏有爲神祀者不禁也蓋非吾所知之意也

高麗全史亦借閱鄙家冊有年有同鄕金某要一覽不肖請如其請如何先生曰君欲見固可還若欲借他人毋寧留吾所使吾久看閱也

先生本年一眼視全昏尙不廢看細書只一眼尙明

先生嘗曰朴仲禮多讀書之人其文有斤兩朴公諱僾文

又嘗曰李壽長雖是寫字官可貴者能為字學精熟字畫多正

先生嘗曰吾聞桐泉南上舍兄弟(夏征夏行)相會一堂各有坐席次第不錯和樂而有禮法可敬吾家兒當過之而歸言如此

又嘗曰今世知舊中能父父子子兄兄弟弟家行可觀者惟龍洲子孫為然趙仲裕聖由兄弟每年來安山頻歷訪焉問其故為叅外王父母忌日貞獻也其篤於追慕如此如趙仲裕者豈不誠賢士乎哉吾每感歎

先生聞人向學攻文先問有何有用工夫可觀識乎

先生嘗論三事雍糾妻李璀淮陰婦是也詳見文集中又曰吳三桂云云

先生嘗曰廣州隣界有士人請教其兒子許之送置半年別無才識己而歸去其後不見者十餘年一日於路上見一少年士下馬端拱而立初不認記彼告其生名始覺其為某士之子也威儀禮貌極可觀儼成佳士問之學于某人之門有年不意成就奕變成就之乃爾始覺彼之善誨人有力非吾所及也士人趙氏名漢師其人居安城

先生嘗曰昔安公時相以史官傳　諭尹相于東山與吾外家爲近戚爲來相訪問何事滯留曰　上問人才尹相方思而仰對故留數日受其答　啓而來聞來訪耳問所薦者何人曰鄭齊斗李某二人也尹相請不次擢用先試之方面漸置入閣之位而用之云云

先生曰安東松月齋李公時善八十不出著書云云其言有所見

先生嘗曰世有隱君子而不知姓名者多矣一日客至入座長鬚長身風神偉如也詢之爲南陽知法士

人洪重熙晩全堂之孫出爲繼於故監司洪公憲家者與吾爲戚適自洛還歷入云與之談多識故事見解不泛人也問處海曲何以堪寂莫曰只以陳篇蠹簡遮眼消遣因歎居僻家無書册不得多見古書是爲可恨不肖後又聞黃斯文運大言黃其隣人也洪公果然多讀古書長者人黃斯文先生門下士亦佳士也

或問松谷曰公詩似太巧公曰詩三百篇無非巧也 此亦先生所傳

先生曰某氏文亦有作者風而但無頭說起段段相

續而出是病也眉相之稱簡易太過而簡易後眉翁爲最其次溪谷稍勝又曰某氏爲鄭某墓文銘辭頗善

癸丑甲寅年閒先生適入京爲赴宗會也有客白水原燮皁委拜先生不遇而還先生歸而聞之歎其失相面仍言初不知有此人近來聞知爲金某郎士夫人而讀古人書者也豈不可貴金公乃故承旨一夔氏族姪名普慶年老習儒家書其所以委來者欲質問者必多有事在其中而不過文文山正氣歌中一句云此則判中少年所傳

先生嘗言從孫睦某兄弟(伊溪 午溪)孝友之行可尚其伯
近又窮居讀書尤可喜
先生嘗言吾族孫(清潭)某其才極高無不可能作之文
其詩殆於化境其所撰從言典雅又其所爲擇里志
亦有力量
先生嘗言昔有洪氏觀能文且博於字學手校四書
三經字畫且點正其清濁極一生精力一目爲之旨
有金姓宰相同門人也來請其書謂將印行洪公請
書南陽洪觀校五字于書頭俾後人知我金諾之而
取去果印行于世而沒其名亦若自己所爲云此所

謂庚戌板者是也

又嘗曰昔於衿陽路上遇一士人在後行馬上初不相語吾歷入衿邑族人家其人亦隨之要同入蓋已認爲吾也旣入相語知其衿川具斯文梡也自言多年費心力纂集歷代人物表名曰全書寶鑑欲一覩質久矣今始相遇云叩之其言滚滚具氏蓋亦爲此眼爲之損明其專勤如此

昔尹氏鍈大憲孝全庶子完平庶女壻李忠武舜臣庶外孫也多有著述云其子居安山之古池井村名鴻濟也曾爲進士先生居憂時來弔曾見寒岡爲尹大

憲撓辭有近思通解在必有通解書者尹公所纂也問尹尹不知後姜主簿世鵾言尹家有李忠武古鎗與刀傳來者其必鎔之增鋤刃矣其無文如此宜不知通解有無矣

先生曰姜主簿言尹氏鉠嘗言李澤堂嘗請于先平曰果谷何如人先平曰不知也李公曰平日仰德如恭山北斗今有仰問而不答外待之如此請自此辭退矣先平始曰如此如此 姜復泉庶孫有文識居衿

先生嘗撰張公應一墓文起頭以爲旅軒學于寒岡云云其後孫以爲旅軒非寒岡受業門人也平日尊

墓則有之無自謂弟子之事請改之不得已許改竄
頭辭

先生嘗曰昔赴妻家葬窆于湖南之淳昌其葬地自
淳二十里谷城地也會葬日過本縣士人柳某即眉
菴後孫也與之語家有古蹟文字多可觀行十里往
訪果多古蹟出示眉菴簡札與夫人手筆抵夫子書
札不以諺而以眞書且有眉菴日記十餘卷極可考
恨無人省識此移錄一部傳于世將就泯沒也

先生偶言及公州進士吳喜昌能文事先生擧舊所
聞吳所爲漏樂說事屋漏以諭　承之其聲如樂作

云爾吳以債繫秋曹自囊中上其文李判書彥綱見而奇之卽放之且延譽於搢紳之間云云又言申復泰(後改名景濟)來見少年而其文非凡俗士人也(辛亥年)

先生嘗言及東平尉鄭公聞見錄曰其意在於警世矣

不肖嘗擧金公始振所論孟子萬章閔舜事不若是恝(怨慕章南子爲蒯畫是畫邑同)南文字上下倒錯云云者似近之先生以爲然曰如孟子浩然章吾不惴焉吾以爲晉讀當改正此反語也與金藤之戚我先王相似亦反語也又擧中庸某公所論人皆曰予知章云云先生

曰吾意亦如此而吾所解又有長短承接與其言不同處直以此改讀似通順云云又問民鮮能久矣句與孟子馮婦章士則之卒為善句先生多印可

先生曰嘗欲禁破族為昏者而未及而已成昏者多矣蓋論一家閒而已

不肖論唐仲友事先生笑而不答先生又言朱子答林黃中言不肖又妄曰退溪不會山陵與人書分疏甚多先生亦笑而不答蓋可想其慎謹矣

先生曰鄭汝逸(名尚驥)三十年費工夫為八道地圖又將改正兩界圖而曰眼中歷歷如身履其地山川脈

絡皆分明云先生友也

又曰昔戊午年間備局所成兩界圖說所見極博似出於尹氏鍈非此人無可以為此者

先生庶從孫錫煥病重先生命藥治病頗用峻劑嘗問曰此藥無乃過峻乎先生曰些少峻藥何至有損於病曰若此則設用若干參附亦豈有補於氣乎先生笑之

先生嘗言如隋煬當改書曰帝廣又當曰后璧如宋劭魏擄朱温之類一也如宋高難免云云如晉末事極核而多慎重之意

又曰如丁酉稷山之捷未見其大段甚可疑也又得見日本人所著論多新聞

先生教兒必讀家語教人必先禮節教兒多以綱目使學者必觀退溪集庚戌夏有大鳥墮死西村遂作鵜鶘賦唐音長篇有註解

先生不御午飯以紙爲冠或黑布爲之又曰麥勝於稻

先生嘗言昔有士人年少者謁寒岡堂階高峻客偶失足不至重跌旣入座先生命侍者取下架上所置木盤以油紙覆其上者乃藥屑也先生手撮口嘗之

勸客喫脣客不敢違數次嚼呑之退詢之門人乃無價撒作末者也恐客之重傷勸以此物云寒岡蓋善醫理

有灰酒無灰背起與着之說先生不從

模畵之說婆心之稱先生卬之

先生曰南坡洪先生吾家從叔南原公將赴會圍以有雨不入云家兒有如是事吾甚悅之

先生嘗言松谷末年亟推許東州詩

先生曰古禮酒戒重於肉酒徵於色故也

學者客至亦令勿止讀室窄挾冊出外吟誦室中錐

星湖先生 言行 元

窄亦使坐一隅口內念誦口不作聲目不敢他注對客談話答人書札授學者文或看書作文未有一時閒逸無事而左右酬應神氣自如功澤之及人者廣矣理家亦然臨奴僕嚴而慈每事大體而已隨便恕之厚其衣食薄於自待毋論豊凶量歲入爲家計飢飽與下同之不責以難事

先生於馬上端拱而坐喪人使勿以杖挾于馬鞍裏必使奴持之無別奴則使牽馬者挾之而行

先生少時淸弱人不期以壽欲昏之家多難之松谷贈詩有淸寒逼人骨句

先生於字學甚熟音訓必明

趙氏龜命言先生之論三事勝於前人云

先生於史漢諸傳多有懸讀不取左氏傳以其誣也

獨頗看春秋集傳似以其諸家之說各有可取也啓

蒙之解叅同之辨愚學未逮未之詳也

先生又於律呂之書以為朱子尚似有未盡其許西

山者亦恐有疎脫

先生於東海潮汐之說不取久菴只取多方解箕田

說孟子怨慕章說亦取之

記言論禮記先生多考正其錯誤處手自註明見册

頭

蔡台(樊菴)言欲選詩名爲王樓集而未果云

先生嘗曰恨家貧無財耳使有財力可以買得佳山水好境界居之矣

王洞筆訣太極兩儀乾坤點方圓畫先生曰吾未之逮

先生曰櫓字初見於三才圖會云此字五禮儀已有之恐偶失照檢耳

先生曰道袍唐卄可用於送終三加者爲一加儀(詳見文集)歟

先生曰襴衫軟巾非禮服其大帶尤異常

先生令兒輩削竹塗紙為尾扇狀着油揮蠅名曰洞中扇

先生中年以後聚落髮為一大梳曰他日可隨入棺内也

先生曰深衣失古制幅巾内不着緇冠則如退溪言似僧巾毛扇非制嘗曰鄙不鄙鄙哉鄙哉甚歎之辭也

東方人重外家古俗必贅居故然也今尚曰某處書房以此云中表昏古人許之(呂原明黃幹)東俗不為之最

美風

先生不信夢兆胤子大科時人或言有壯夢先生獨

不信

僿說不示人嘗曰君則取見他人不可也他人或有

得見先生甚未便

辛卯梧秋書于會洞客次

星湖先生言行錄

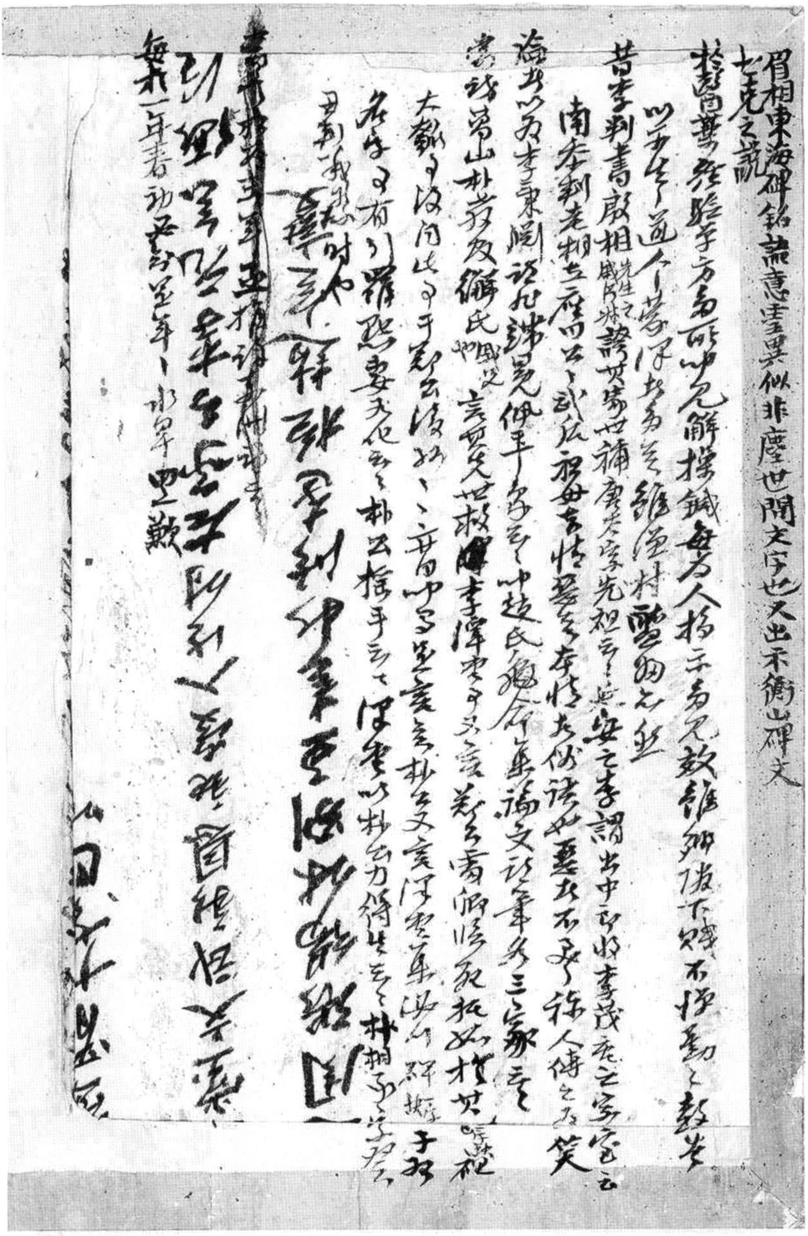

星湖先生言行錄

성호선생 언행록

– 영인본 –